Eine Mutter und sieben Kinder

HELMA HERRMANN-SCHICHT

# Eine Mutter und sieben Kinder

*Schicksalstage in Ostpreußen 1945 – 1948*

Weltbild

Besuchen Sie uns im Internet:
*www.weltbild.de*

Genehmigte Lizenzausgabe für Verlagsgruppe Weltbild GmbH,
Steinerne Furt, 86167 Augsburg

Umschlaggestaltung: Studio Höpfner-Thoma, München
Umschlagmotiv: © Verlagshaus Würzburg GmbH & Co. KG, Würzburg.
(Die verwendeten Fotos stammen aus dem Privatarchiv der Autorin)
Gesamtherstellung: GGP Media GmbH, Pößneck
Printed in the EU
ISBN 978-3-8289-9491-1

2012 2011 2010 2009
Die letzte Jahreszahl gibt die aktuelle Lizenzausgabe an.

# Inhalt

Gemeinsame leibliche Kinder der Eheleute,
deren Eheschließung auf Seite 5 beurkundet ist: Drittes Kind $\frac{A}{c}$

Geburtsregister Nr. 47 des Jahres 1935 C

# Geburtsschein

Vornamen und Familienname:
Helma Brigitta Schlicht.

geboren am 26/ten Juli 1935
in Redden.

Schönbruch am 24. Mai 1938.

(Siegel)

Der Standesbeamte
Arnswald

Wurde getauft am [illegible] 1935 in der evg. Kirche
zu Schönbruch
Paten Franz Bötzel, Amalie Treudenberg, Margarete Treudenberg, Albert Buchhorn, Anna Buchhorn

(Siegel)

Das [illegible] Pfarramt

---

Konfirmation – Erstkommunion: am 2. April 1950
in der evgl. Kirche zu Muschau
durch P. Mielund. Jf. 431

(Siegel)

Mielund, Pf.

# Vorwort

Ich bin am 26. Juli 1935 in Redden, einem Dorf mit 35 Familien, bei Domnau im Kreis Bartenstein in Ostpreußen als drittes Kind meiner Eltern Gustav und Minna Schlicht geboren. Mein Vater war Stellmachermeister und hatte seine Werkstatt auf unserem Hof, zu dem außer unserem Wohnhaus noch eine Scheune gehörte, in der das zu verarbeitende Holz lagerte. Wir waren sieben Kinder. Meine älteste Schwester wurde 1932 und mein jüngster Bruder 1943 geboren. Im Januar 1945 begann die trostlose Zeit, die bis Dezember 1947 dauerte und von der dieses Buch berichtet. Anschließend kamen wir in ein Lager nach Eisenach bei Erfurt und dann nach Vacha an der Werra.

Schon im Lager hatten wir durch verschiedene Bekannte gehört, daß mein Vater, der im Dezember 1944/Januar 1945 in Gefangenschaft geraten war, in der Eifel lebte. Wir versuchten, mit ihm in Kontakt zu kommen, und 1948 bekam meine Mutter dann die Zuzugsgenehmigung für drei Kinder. Sie selbst und drei weitere Kinder mußten noch in Vacha bleiben. Also fuhren Christel, Klaus und Ute, und wir anderen drei (Volkmar, Ernst und ich) blieben mit unserer Mutter dort. Dann wurde die Grenze »befestigt«, und man konnte ganz schlecht »rüber«. Da hat meine Mutter eines Tages alles dagelassen, hat nur uns Kinder gepackt und ist mit uns des Nachts mit verschiedenen Zügen im Westen gelandet. Dort mußten wir erst in Marienfelde ins Lager, bis wir im Sommer auch in die Eifel konnten.

Schon nach einem Jahr wurde ich krank, d. h. ich fiel immer um, ohne Schmerzen zu haben. Im Krankenhaus wurden leichte Schatten auf der Lunge festgestellt. Ich kam also in ein Kindersanatorium, wo die Ärzte feststellten, daß ich Wirbel-Tuberkulose hatte. Meiner Mutter sagten sie, sie hätten keine Hoffnung auf Gesundung und wenn, dann müßte ich wenigstens drei Jahre in Gips liegen. Ich war damals 14 Jahre alt und tröstete meine Mutter, daß ich ja dann mit 17 Jahren wieder zu Hause wäre. Das erstere hatten sie mir verschwiegen. Jetzt tat mir alles gut: die Ruhe, das gute Essen und die Medikamente. All das, was ich die letzten Jahre nicht gehabt hatte.

In dieser ersten Zeit habe ich oft von der Zeit »unter den Russen« erzählt. Es wurde immer mehr zur Selbstverständlichkeit, daß am Abend die anderen Kinder (etwa 12 bis 16 Jahre alt) und die Schwestern an mein Bett kamen und sagten: »Nun erzähle mal wieder was!«, denn liegen mußte nur ich, die anderen Kinder durften alle herumlaufen.

Nach einiger Zeit meinte die eine Schwester, ich solle das Erlebte mal aufschreiben. Davon wollte ich jedoch zunächst nichts wissen. Aber schon nach kurzer Zeit erschien sie mit einer Kladde und einem Stift und sagte: »Du hast jetzt Zeit, und das Erlebte ist alles noch frisch, und später wirst du mal froh sein, daß du alles zu Papier gebracht hast!«

So fing ich dann an und schrieb. Oft hatte ich etwas vergessen aufzuschreiben; dann wurde ein Zettel an die Seite geheftet. Und so entstand in diesem Jahr das Buch. Nach genau einem Jahr durfte ich schon aufstehen und dann nach zwei Monaten gesund nach Hause gehen. Nach meiner Entlassung mußte ich jedes Jahr zur Untersuchung, aber ich blieb gesund.

Das Buch schrieb ich dann mit 17 Jahren ins Reine, änderte aber nichts im Schreibstil.

1959 habe ich dann geheiratet, und obwohl mir aufgrund

der Krankheit davon abgeraten worden war, Kinder zu bekommen, bekam ich später vier Söhne. Man stellt es sich nicht vor, aber vierzig Jahre ist das Erlebte nun schon her. Nur schade, daß ich nicht mehr in meinen Heimatort Redden fahren kann, weil er genau auf der Grenze liegt, auf der Grenze zwischen der Sowjetunion und Polen.

Helma Schlicht

*Im Gedenken*
*an meine*
*tapfere Mutter*

# Weg von zu Hause

Friedlich und lachend sprangen wir sieben Kinder durch Haus und Garten! Was bedrückte auch unsere Seele? Wir wohnten in unserem eigenen Häuschen, das mitten in unserem Dorf stand. Unsere Mutti war immer bei uns, und wenn es im Winter nicht zu kalt war und der Schnee nicht gar zu hoch lag, kam sogar täglich unsere liebe Oma zu uns, die im selben Dorf, etwa 15 Minuten von uns entfernt, bei Onkel Fritz wohnte.

Unser Papa war allerdings nicht daheim, er war schon ziemlich lange im Krieg. Deshalb trauerten wir Kinder aber nicht sehr, denn es war zu schön, wenn er auf Urlaub kam oder auch schon, wenn er jedem von uns ein besonderes Kärtchen schickte. Was Mutti freilich dachte und was sie schmerzte, verstanden wir Kinder noch nicht. Christel, unsere älteste Schwester, zählte zwölf Jahre, und Volkmar, unser jüngster Bruder, war erst ein Jahr alt. Wir sangen und tanzten immer, im Sommer draußen und im Winter drinnen. So war es auch im Januar 1945.

Wir hatten schon seit einiger Zeit Einquartierung in unserem Haus. Wo man hinguckte, sah man deutsche Soldaten.

Es war Abend geworden, und weil draußen hoher Schnee lag und der Wind eisig pfiff, waren wir auch an diesem Januarabend in unserer Küche und tanzten den Soldaten, die am Tisch saßen und rote Grütze aßen, einen Reigen nach dem andern vor. Mutti war um diese Zeit im Stall »verrichten«: Sie versorgte unsere Kuh, die Schweine und das Geflügel. Wir waren so in unser Spielen und Singen vertieft, daß wir gar nicht bemerkten, wie sie in die Küche trat. Sie blieb in der Tür stehen und wartete, bis unser Reigen zu Ende war, dann stellte sie den Eimer mit der frischgemolkenen Milch zur Seite und seufzte:

»Oh ihr Kleinen, ihr versteht noch nichts von Not und Leid!«

Dann ging sie in die Stube, wo unsere Großtante und der Großonkel saßen, die uns durch die offenstehende Tür ebenfalls zuschauten. Sie wohnten erst einige Tage bei uns, seit sie in Königsberg ausgebombt waren. Und jetzt hatten sie keine Bleibe, sondern nur Angst. Bei seiner Ankunft hatte Onkel sogar eine klaffende Stirnwunde von den Bomben. Jetzt sah die Verletzung nicht mehr so schlimm aus, und nur ein kleiner Verband war noch nötig. – Mutti war etwas erregt, als sie in die Stube ging, und die überängstliche Tante erkundigte sich sofort, ob etwas Besonderes vorgefallen sei. Mutti erzählte daraufhin, daß ein Soldat vorbeigekommen und sich nach dem Bauern Betke erkundigt habe. Er sei ganz erstaunt gewesen, hier noch Zivilisten vorgefunden zu haben. Der Bauer Betke war, wie die meisten Bauern, nicht mehr im Dorf. Schon eine Woche vorher waren viele Bauern geflüchtet, aber kurz darauf wieder zurückgekommen. Man nahm es nicht mehr so ernst.

Jetzt waren allerdings, wie der Soldat Mutti mitgeteilt hatte, alle fort, weil der Russe schon in Domnau war. Domnau war unsere nächste Stadt und nur sieben Kilometer von uns entfernt.

Sollten wir nun wirklich fort von unserm Zuhause? Es war gar nicht vorstellbar. Unwillkürlich wünschte ich mir im stillen, wir möchten recht bald flüchten, und ich malte mir aus, wie schön es sein müßte, bis weit ins »Reich« hineinzukommen – bis Berlin oder gar bis Essen. Aus Essen hatten wir im letzten Sommer zwei Ferienkinder in unserm Ort gehabt und stellten uns seither das Reisen als herrliche Sache vor. Daß Flüchten etwas anderes war, kam uns gar nicht in den Sinn. Aber dieser Wunschtraum zerrann schnell, denn gerade sagte Mutti:

»Ich flüchte nicht! Wenn der Russe bis hierher kommt, geht er auch weiter, ob er uns jetzt ein paar Tage früher oder später hat, ist dann gleich!«

Tante und Onkel waren zwar nicht ganz einverstanden, aber Mutti blieb dabei. Der andere Tag war ein Sonntag. Mutti packte trotz ihres Vorsatzes für sich und für jedes Kind einen Rucksack für alle Notfälle. Und das war gut, denn die Wendung kam schneller, als wir gedacht hatten.

Gegen Abend kamen die deutschen Soldaten und sagten, daß noch am selben Abend alles geräumt sein müßte. Wir sollten zum Schloß gehen, wo zwei Autos bereitständen für die kinderreichsten Familien des Dorfes. Das waren wir und dann die Lehrerfamilie. Wir hatten ja keinen Bauernhof, weil Papa Stellmachermeister war, und somit auch kein Pferd und Wagen.

Es war schon dunkel geworden, als wir das Haus verließen. Dichte Schneeflocken fielen vom Himmel, und ein eisiger Wind biß uns in die Nase. Aber Mutti hatte gewußt, wie kalt es war und noch werden konnte, deshalb hatte sie uns, trotz mancher Abweisungen unsererseits, gut und warm »eingepackt«. So zogen wir unsere Wollschals über den Mund bis an die Nase und stapften durch den Schnee, immer hinter Mutti her. Da standen wir auch schon auf dem Schloßhof. Alles wimmelte voll von deutschen Soldaten. Mutti erkundigte sich bei dem Herrn Bürgermeister, der zugleich Schloßherr war, nach dem Auto, das uns zugedacht war. Da fiel der Mann aus allen Wolken. Er meinte, wir wären schon längst weg von zu Hause. Das Auto war längst fort, allerdings ohne uns. Nun war guter Rat teuer. Fort mußten wir heute auf jeden Fall, und in das Auto von Herrn Roß paßten wir nicht mehr. Was nur tun? Die Bauern waren sowieso alle weg. Hin und her wurde überlegt, bis Herr Roß uns zu dem Treckwagen seiner Gutsleute schickte, da sollten wir mit jemandem mitfahren.

Wir gingen also wieder ein Stück zurück bis zum Gutshaus. Ein Wagen war schon fort, und auf dem andern waren so viel Leute und Gepäckstücke, daß man sich nicht in die Nähe wagen durfte. Außerdem schimpfte die aufgeregte Menge noch zwischen das Schreien und Rufen, daß man das eigene Wort kaum verstehen konnte. Durch dieses Geschrei und die zunehmende Kälte wurde uns schon ein Teil unserer Wanderlust genommen. – Jetzt war auch der letzte Gutshauswagen losgefahren – ohne uns natürlich. Wo paßten wir zehn Menschen auch noch hin? Onkel und Tante zitterten auch schon sehr, nicht nur vor Kälte, sondern auch vor Angst, nicht mehr rechtzeitig wegzukommen. Allerdings tat die Kälte den siebzigjährigen Leutchen auch das Ihrige.

Wir gingen also wieder zum Schloßhof zurück, um uns von Herrn Roß Rat zu holen. Der lief hin und her, um eine Möglichkeit zu finden, derweil wir in einer Ecke der Diele warteten.

Auch hier drinnen saßen und liefen überall Soldaten herum. Endlich willigten die Soldaten ein, uns so weit aus dem Dorf zu bringen, bis eine andere Möglichkeit zur Weiterfahrt gegeben war. Auf dem Hof stand ein flacher Wagen der Soldaten, auf den wir Kinder nun gehoben wurden und auf den die Erwachsenen auch kletterten. Zum Abschied reichten die Soldaten uns noch ein paar Drops auf den Wagen, und dann begann die nächtliche Fahrt. Wir waren sehr müde, denn es war für uns ungewohnt, zu so später Stunde noch nicht zu schlafen und jetzt sogar noch auf Fahrt zu sein. Da gähnte bald der eine, bald der andere, und bald schliefen wir Kinder ein. Durch das plötzliche Anhalten des Wagens wurden wir unsanft wieder aufgeweckt. Der Wagen hielt vor einem uns unbekannten Haus und fremden Dorf. Im Dunkeln konnte man zwar nicht viel erkennen, aber wohl war uns nicht in unserer Haut. Hier in Bekarten sollten wir nun die erste Nacht fern von daheim verbringen. Auch in diesem Hause waren deutsche Soldaten. Sie machten ein Zimmer frei, das sie bewohnten, um uns da schlafen zu lassen. Halb im Schlaf lutschten wir noch einige Drops, dann war der feste Schlaf über uns Kinder gekommen.

Ob Mutti auch so schnell schlief, weiß ich nicht, sie hatte sicher noch viele Gedanken zu verarbeiten, von denen wir nichts wußten. Wir waren gerade eingeschlafen, als wir schon wieder geweckt wurden. Steif von der Kälte und vom ungewohnten Liegen, dazu noch sehr müde und unlustig, aber reisefertig, standen wir dann etwa früh um sieben Uhr vor der Haustüre im Schnee. Ein riesengroßes Lastauto mit hohem Verdeck machte einen derartigen Lärm, daß uns die letzte Müdigkeit bald verließ. Da kamen auch schon zwei Soldaten und halfen uns auf diesen Koloß hinauf. Es hockten schon einige Leute zwischen Bündeln und Rucksäcken eingeklemmt oben, und nach uns stiegen auch noch einige dazu. Dann war endgültig kein Platz mehr, wir konnten uns gar nicht mehr bewegen. Der Chauffeur, ein mittelgroßer Soldat mit einer dicken Brille auf der Nase, nahm im Führerhaus hinter dem Steuer Platz, während der andere noch zu uns nach hinten aufstieg. Einige Male kratzte und ratterte die Maschine, bevor der wohl halbgefrorene Motor endlich ansprang und sich der Wagen bewegte. Dann fuhren wir. Wohin mochte die Fahrt wohl gehen? Niemand hatte es gesagt, niemand wußte es.

Die Fahrt war sehr unbequem. Je weiter wir fuhren, desto schlechter wurden die Straßen. Es wurde etwa zehn Uhr, bis wir dazu kamen, etwas zu essen. Von dem unbequemen Sitzen auf engem Raum tat dem einen der Fuß, dem andern der Arm und einem nächsten der Rücken weh. Die Lage ändern war aber nicht möglich, sonst rutschte ein Gepäckstück in die Lücke, und dann hätte man ganz stehen können. So kamen wir durch Preußisch-Eylau. Hier waren die Straßen schlechter als bisher. Lange Ketten von Männern standen an den Straßenseiten und versuchten, die ungeheuren Schneemassen zur Seite zu räumen, damit die Autos durchfahren konnten. Ganz langsam fuhr unser Auto hier weiter. Auf der linken Seite kamen uns Panzer und Panzerspähwagen sowie auch andere Militärfahrzeuge entgegen. Wenn es nicht schnell genug ging, fuhren sie über das vereiste Feld. Da hatte sich schon ein richtiger Weg gebildet.

Plötzlich fuhr in unsere entgegengesetzte Richtung ein Pferdeschlitten. Als wir ihm nachschauten, bemerkten wir, daß die Lehrerfamilie aus unserm Dorf darauf war. Ein Woher und Wohin konnten wir nicht rufen, denn es ging zu schnell. Aber wieso fuhren die wieder zurück?

Da stand unser Auto plötzlich, und es war auch kein Brummen des Motors zu hören. Der Soldat, der hinten bei uns gesessen hatte, stieg ab und ging nach vorne, um zu fragen, was los sei. Gleich darauf kam er und sagte uns, der Motor wäre vom Frost mitgenommen, und jetzt müßten sie erst versuchen, ihn zu reparieren. Also, warten und geduldig sein. Alle suchten wieder etwas zum Essen heraus, inzwischen mußte es bald Mittag sein. Nach einer ganzen Weile war es dann so weit: Der Motor sprang an, und wir fuhren wieder weiter. Jetzt wurden auch die Straßen besser befahrbar, und wir fuhren ziemlich schnell um die Kurven und Biegungen, die hier kamen. So verging der kurze Nachmittag, und es fing bereits an zu dämmern. Wir hatten schon eine ganze Weile kein Haus oder dergleichen gesehen. Alles war weiß und grau von Schnee, und nur die Bäume zeigten uns, wo der Weg war.

Es machte alles einen so trostlosen Eindruck, daß der Mut nur so schwand. Wir hofften, daß wir noch am Abend in Landsberg, einem kleinen Städtchen in Ostpreußen, sein würden.

Plötzlich gab es einen Ruck, und das Auto stand wieder, diesmal auf gerader Straße. Nach einem Moment kam der Soldat zu uns und sagte, der Fahrer hätte gesagt, wir sollten die Nacht dableiben, denn er hätte kein Benzin mehr und könnte jetzt hier auch keines besorgen. Das war unmöglich. Keiner konnte sich bewegen, und es herrschte eine eisige Kälte, und es war immerhin ein Teil kleiner Kinder dabei. Der Soldat, der immer hinten auf dem Wagen war, gab sich mit der Nachricht auch nicht zufrieden, und so stellte er sich zur Straße hin und winkte den vorbeifahrenden Wagen zu. Er wollte, daß uns einer wenigstens bis Landsberg mitnehmen sollte. Aber alles schien vergeblich, alle wollten sicher so schnell wie irgend möglich selbst in Sicherheit kommen. Daher hielt erst gar keiner an. Als wir die Hoffnung dann schon aufgegeben hatten, hielt doch ein Laster an und nahm uns auch tatsächlich im Schlepp mit. Es war inzwischen später Abend geworden und ganz dunkel. An einer zerbrochenen Mauer mitten in dem Städtchen ließ er uns dann stehen und fuhr alleine weiter. Jetzt galt es für die Nacht zu sorgen. Zuerst kletterten wir vom Wagen, um uns die Füße ein bißchen zu vertreten. Aber der eisige Wind ließ uns kaum atmen. Ich wußte nicht, ob noch so kalte Nächte folgen würden oder ob es nur diese ungewohnten Umstände waren. Der Fahrer sagte uns, daß er am nächsten Tag gleich Benzin kaufen wollte und uns dann weiterbrächte, was ja seine Aufgabe war.

Es wurde eine schreckliche Nacht. Wir hatten Hunger und froren jämmerlich, und dazu kam noch ein unerklärlicher Durst, den man eigentlich nur in großer Hitze verspürt. Für uns Kinder war es noch schlimmer, weil wir doch gar nicht verstanden, warum alles so war. Gleich in der Nähe war ein

Lager eingerichtet. Zu dieser Zeit wußten wir noch gar nicht recht, was das war. Wir Größeren bekamen von Mutti die Erlaubnis, dahin zu gehen, um die Nacht zu verbringen, wenn es da besser und wärmer war. Ach, was waren wir Kinder froh, wir dachten wohl an eine gemütliche Stube?! Wie sah es da aber aus? Die Türe ging kaum auf, der ganze Fußboden lag voller Menschen, Körper an Körper. Aus allen Ecken hörte man Stöhnen, Knurren und Schimpfen, besonders wenn – wie jetzt – wieder die Türe aufging. Christel und ich versuchten, uns irgendwo noch ein Plätzchen zu verschaffen, aber es hatte keinen Sinn. Hier bekamen wir weder Ruhe noch Platz, und so gingen wir wieder in Richtung Wagen. Hier war jetzt alles still geworden, und da konnte man schlecht klagen. Mein Durst nahm solche Überhand, daß ich mich entschloß Schnee zu essen, obwohl Mutti es uns streng verboten hatte. Hier war aber alles so schmutzig und durchgetreten, daß ich es doch nicht wagte. Da ging ich alleine und weinend um das große, stille Auto. Der Fahrer, der immer noch vorne im Auto saß und wohl auch zu schlafen versuchte, mußte mich wohl bemerkt und ein wenig Mitleid mit mir gehabt haben. Er fragte nach meinem Kummer und gab mir dann aus seiner Feldflasche Milch zu trinken. Aber selbst diese war zum Teil gefroren. Was machte mir das aber aus, ich trank die kleinen Eisstückchen einfach mit. Dann lief ich wieder um das Auto, zum Stehen war es zu kalt, ich glaube, ich wäre festgefroren. Nach bangen Stunden graute endlich der Morgen. Diese zweite Nacht fern von zu Hause war schlimmer als die erste, aber wer ahnte zu dieser Zeit, daß das alles Kleinigkeiten im Vergleich zu späteren Geschehnissen sein sollten.

# Die Russen kommen

Es hatte aufgehört zu schneien, und es schien ein klarer Tag zu werden. Unaufhörlich sausten Rot-Kreuz-Autos vorbei, die die verwundeten Soldaten in Lazarette in Sicherheit brachten. Auch alle möglichen anderen Autos und Panzer fuhren in Hast und Eile durch die Straßen. Am späten Vormittag, als die Sonne etwas durch die Wolken kam, ging der Fahrer dann los, um Benzin zu kaufen. Ich hatte etwas im Auto geschlafen, aber ich war wie zerschlagen. Wir warteten nun auf den Fahrer, der eigentlich längst hätte zurück sein müssen. Er kam und kam aber nicht. Als er am Nachmittag immer noch nicht zurück war, wußten wir, daß er auch nicht mehr kommen würde. Wahrscheinlich hatte er mit dem Geld das Weite gesucht, um eventuell alleine schneller wegzukommen. Wer wußte aber Genaues? Auf jeden Fall kam er nicht mehr.

»Wenn ich Benzin hätte, könnte ich auch fahren!« meinte der Soldat von hinten, aber woher nehmen? Es blieb uns nichts übrig, als auf dem Auto zu bleiben und abzuwarten. Das Gepäck wurde in eine Ecke gepackt und somit eine bessere Schlafstatt geschaffen. So ging auch diese Nacht und dann der nächste Vormittag vorbei. Wir fühlten uns schon so unwohl am Körper und in den Kleidern, daß wir gerne ein schönes Bad genommen hätten. Daran war allerdings nicht zu denken. Wir wären schon froh gewesen, wenn wir uns zum Schlafen hätten ausziehen können. Am Nachmittag wurden wir dann in ein naheliegendes Zimmer geschickt. Allerdings nicht alle Autoinsassen zum gleichen Ort, hier kamen nur wir hin. In dem Zimmer waren schon zwei Frauen, Mutter und Tochter. Die alte Mutter war schon über achtzig Jahre alt. Im ganzen Raum waren drei Betten, ein Tisch, eine lange Bank und ein paar Stühle. An einer Wand war eine »schwarze Küche« eingebaut, wie sie zu ganz frühen Zeiten einmal üblich waren, und daneben stand ein Schrank. Hinter dem Schrank war eine Tür in ein anderes Zimmer. Auch vom Flur führte eine Tür in den betreffenden Raum, wo zwei Franzosen wohnten. Als sie merkten, daß wir sie da entdeckt hatten, zeigten sie uns, daß die Tür hinter dem Schrank zugenagelt sei und wir uns nicht zu fürchten brauchten. Unsere beiden ältesten Schwestern Christel und Lilli gingen noch einmal vor die Tür und kamen kurz darauf mit großen Kartons Keksen wieder. Klaus rannte auch noch hinaus und kam mit einer Menge Bonbontüten zurück.

Die Geschäfte merkten jetzt wohl, daß sowieso alles wegkam, und warfen alles auf die Straße, damit sich die Menschen noch holen konnten, was sie mochten. Da lagen Kleider und ganze runde Käse zwischen Keksen und Bonbons. Das meiste blieb liegen, wer sollte es gebrauchen? Wir konnten unser eigenes Zeug ja kaum schaffen und dann noch neues dazu?

Mutti hatte inzwischen für Schlafgelegenheit gesorgt. Das eine Bett hatten die beiden Frauen belegt, eins nahmen Tante und Onkel in Beschlag, da blieb für uns nur das eine Bett, dazu die Bank und der Fußboden. Immerhin waren wir ja zehn Personen. Aber unsere Müdigkeit ließ uns schnell einschlafen. Wir schliefen sogar ziemlich fest in dieser Nacht. Am andern Morgen kam uns die Stadt irgendwie besonders unruhig vor. In diesem Haus konnten wir keine Toilette entdecken, und so gingen wir zu einer öffentlichen, die nur kurz um die nächste Straßenecke war.

Mutti war auch am Morgen nicht untätig gewesen und hatte nach dem kurzen Frühstück kleine Schilder aus der Pappe der Kekskartons geschnitten. Auf diese hatte sie je einen Namen von uns Kindern mit der Heimatadresse draufgeschrieben und uns dann jedem das Seine um den Hals unter die Kleider gehängt. Mutti sorgte eigentlich immer vor, sie hat immer gerade, wenn es sein mußte, das Richtige gewußt und getan, gerade in den Jahren, die jetzt vor uns lagen und von denen niemand, auch Mutti nicht, ahnte, daß sie so verlaufen würden.

Gegen elf Uhr etwa am Vormittag wollten Klaus und ich noch einmal zur Toilette gehen, aber wir kamen nur bis an das erste Haus. Ganz plötzlich donnerte die Artillerie in solcher Nähe und so unvermittelt, daß wir schnellstens wieder umkehrten. Mutti war schon beunruhigt, daß wir außerhalb des Hauses waren, und war jetzt ganz froh, uns wieder zu sehen. Alles lief aufgeschreckt durcheinander und klagte, was es jetzt gäbe. Wir rechneten schon damit, daß das Haus gleich zerschossen würde. Dann wurde es urplötzlich still. Es war ganz plötzlich so unheimlich still, daß sich keiner zu rühren getraute. Da kamen die Franzosen zu uns und gaben Mutti eine brennende Kerze. Dann zeigten sie auf eine Holzplatte, die mitten in dem ausgetretenen Steinboden des Flures war und in einen Keller führen mußte. Obwohl sie kaum deutsch sprachen, machten sie uns deutlich, daß die Russen jetzt da seien und wir in den Keller gehen sollten. Alle stiegen sogleich hinab, es wußte ja niemand, was nun am besten war. Zum Schluß folgten uns auch die Franzosen, die hinter sich die Holztür zuzogen und von unten verriegelten. Die Zimmertür hatten wir zugeschlossen, weil wir ja kein Gepäck mit in den Keller genommen hatten.

Ja, zu dieser Zeit waren wir in der Beziehung noch zu unerfahren. Kaum waren wir unten und hatten uns in dem feuchten, durch die Kerze erhellten Kellerraum aneinandergeschmiegt, hörten wir über uns Poltern. Es waren die schweren Soldatenstiefel, die über die Steine im Flur stolperten. Wir Kinder versuchten, uns die Russen vorzustellen. Mutti hatte uns zwar gesagt, daß sie genau wie alle Menschen aussähen, nur andere Uniformen als die deutschen Soldaten anhätten, aber wer von uns nahm das an? Wir hatten einfach das Gefühl, sie seien ganz schwarz. Wahrscheinlich weil wir Angst hatten.

Inzwischen standen die Soldaten oben vor der verschlossenen Tür und rüttelten vergeblich daran. Dann mußten sie wohl die Holztür im Boden entdeckt haben, denn jetzt fingen sie an, mit ihren Stiefelabsätzen darauf herumzustampfen. Es hatte jetzt keinen Sinn mehr, sich zu verbergen. Die Franzosen stiegen die Leiter hoch und sagten etwas durch die verriegelte Luke, was wir nicht verstanden. Darauf riefen die Soldaten nur immer: »Kamm' rad, auf, Kamm'rad auf!« Es waren wohl so in etwa die einzigen Worte, mit denen sie sich verständlich machen konnten. Die Franzosen riegelten nun auf und übergaben ihnen die Schlüssel von den Zimmern.

Wir klammerten uns fester aneinander, denn die Angst wurde immer größer. Oben, im Zimmer über uns, hörten wir sie nun herumwühlen und Sachen umwerfen. Dann kamen einige zu uns in den Keller. Das Gewehr hatte ein jeder schußbereit vor sich, sie rechneten ja damit, daß noch deutsche Soldaten bei uns waren und eventuell auch Schußwaffen besaßen. Nachdem sie sich überzeugt hatten, daß es bei uns keine deutschen Soldaten gab, kamen sie auf uns zu und riefen nur immer das eine Wort: »Urr! Urr!« Dann nahmen sie alle Uhren mit. Darauf zogen sie wieder los, was wir so schnell gar nicht zu hoffen gewagt hatten. Nachdem es im Haus wieder ruhig geworden war, wagten wir uns wieder nach oben. In »unserm« Zimmer sah es schlimm aus. Alles war auseinander gerissen und lag im Zimmer herum. Was ihnen gefallen hatte, hatten sie mitgenommen. Wir sammelten die übriggebliebenen Sachen wieder zusammen und unterhielten uns über diese aufregende Sache. Doch war es nur eine Kleinigkeit, gemessen an dem, was wir noch alles erleben sollten in den folgenden drei Jahren. Wir aßen ein paar Kekse und etwas von dem noch vorhandenen Brot und etwas Speck dazu. Dieses war unsere Beschäftigung für den Rest des Tages. Am Abend versuchte Mutti, in der schwarzen Küche eine warme Suppe zu kochen, was auch tatsächlich klappte. Es war die erste warme Mahlzeit seit unserer Abfahrt von daheim. Nach dem Essen wollten wir gleich schlafen, weil wir nicht wußten, was uns der nächste Tag bringen würde. Aber daraus wurde nichts. Alle Augenblicke erschienen neue russische Soldaten, um zu plündern, was für sie brauchbar schien. Wir Kinder schliefen zwischendurch immer etwas, die Erwachsenen aber sehr wahrscheinlich nicht. Sie hatten neben der Unruhe ja noch die Sorgen. Am folgenden Tag war es wie in der Nacht. Damit die Tür nicht immer zugeschlagen wurde, ließen wir sie schon offen stehen.

## Lilli nimmt Abschied

Der darauffolgende Tag war ein Sonntag. Was würde uns der wohl bringen? Der Morgen begann gerade erst zu grauen, als uns die Russen befahlen, die Stadt zu verlassen. Wir durften natürlich nicht weiter nach Westen, sondern mußten zurück nach Osten. Dazu kam aber, daß wir nicht die kürzeste Strekke nach Hause losgehen durften, sondern zuerst in entgegengesetzter Richtung, also westlich, um später im Bogen wieder nach Hause zu gelangen, wie sie uns versicherten. Die größte Angst war ja, nach Sibirien geschickt zu werden. Der kindliche Traum von der weiten Reise war damit ausgeträumt, aber wir hatten sowieso die letzte Lust verloren. Mutti packte die restlichen Sachen, die uns noch geblieben waren, zusammen, und dann zogen wir am nächsten Morgen in den tiefen Schnee hinaus, um, wie wir glaubten, schnell wieder zu Hause zu sein. Es war sehr frostig, aber klar, und es schien ein schöner Wintertag zu werden.

Wie sollten wir uns irren, der Tag wird immer in unserm Gedächtnis bleiben: Es war der 4. Februar. Sonst waren wir guter Dinge. Bald würden wir ja wieder in unserm Haus sein, in dem sich nach unserem kindlichen Begriff selbstverständlich nichts verändert hätte. So trippelten wir Kinder vor oder hinter Mutti her, die außer ihrem, dem größten Rucksack, auch noch Volkmar, unsern Kleinsten, tragen mußte. Tante und Onkel waren das Laufen sowieso nicht so gewohnt, und nach all ihren Strapazen ging es ihnen schlechter als uns Kindern. Am Anfang unseres Marsches erzählten wir noch ziemlich viel, dann wurden die Füße müde, und da hörte das Erzählen langsam von alleine auf.

Plötzlich sahen wir auf der weißen einsamen Straße vor uns eine Gestalt auftauchen. Es war ein russischer Soldat, der uns da entgegenkam. Unwillkürlich gingen wir dichter an Mutti heran. Beim Vorbeigehen riß er Ute ihr Tütchen Bonbons aus der Hand und zog damit lachend und grölend weiter. Wir blieben unwillkürlich stehen. Gerade die Kleine, Ute, war doch erst drei Jahre alt und verstand doch noch weniger als wir, warum ihr jemand ihr Tütchen wegnahm. Niemand brachte ein Wort heraus, als wir wieder weitergingen. Kurz darauf sahen wir wieder zwei Soldaten kommen und steckten unsere Tüten gleich in die Taschen. Der erste lächelte Ute zu und schenkte ihr ein Tütchen Bonbons, dabei lachte er. Es war aber ein freundliches Lachen, und wieder wunderten wir uns. Ob er in seiner Heimat auch Kinder hatte? Beim Lachen rief er noch etwas von »klein Malinke«, dann war er weg. Aber da kam schon der nächste, und bevor die Kleine ihr Tütchen wegstecken konnte, hatte er es ihr wieder weggenommen. Wir verstanden die Welt nicht mehr, es war alles so unverständlich und lohnte sich doch nicht nachzudenken. Dafür wäre jetzt aber sowieso keine Gelegenheit gewesen. Die Wege waren hier jetzt überall mit halbverschneiten Sachen und kaputten Wagen übersät. Ute fing auch schon an zu weinen, weil ihr die Füße vom Laufen weh taten, aber was sollte Mutti da machen? Müde waren wir alle, aber die kleinen Beine ermüdeten weitaus schneller. Da nahm Lilli sie ein Stück auf den Rücken. Lilli konnte in ihren neuen Schuhen nicht so besonders gut gehen, aber sie hatte heute noch nicht geklagt. Sie war sowieso immer ein bißchen schlecht auf den Füßen, wenn es um weitere Strecken ging. Heute mußte eine Ausnahme sein, und jetzt trug sie auch noch die kleine Ute. Lilli hatte die längsten und dicksten Zöpfe von uns vier Mädchen. Sie war ein Jahr älter als ich und fast elf Jahre alt. Kilometer um Kilometer ertippelten wir uns den Weg, um möglichst schnell zu Hause zu sein. Die Straßen sahen grauenhaft aus. Ganz selten kam nur noch ein Stück Weg, an dem kein zerbrochener Treckwagen oder ein totes Tier lagen. Jetzt erlahmten auch Muttis Arme langsam. Sie konnte Volkmar nicht mehr tragen und sah sich deshalb im Vorbeigehen nach einem passenden Gegenstand zum Tragen um. Da sahen wir an einem ganz zerfahrenen Treckwagen, bei anderem Gerümpel, einen Wäschekorb liegen, und wir blieben stehen. Mutti wollte ihn hervorholen und Volkmar hineinsetzen, damit sie ihn gemeinsam mit Christel tragen könnte. An einem Henkel war ein Seil befestigt und unter dem Berg des kaputten Wagens irgendwo festgeklemmt. Mutti zog fester, um ihn loszukriegen, was ihr nur schwer gelang. Durch die Bewegung des Seiles war das verstreute Gut des Wagens etwas locker geworden, und da bot sich uns ein grausiges Bild. Der Bauer, der den Wagen gelenkt haben mußte, lag tot unter dem Gerümpel und hielt noch die Zügel in der Hand. Daneben und dahinter, halb frei und halb verdeckt, lagen die Frau und zwei kleine Kinder, alle tot, alles still. Wahrscheinlich war es eine ganze Familie, die hier mit einem Schlag ausgelöscht worden war. Dies waren die ersten Toten, die uns zu Gesicht kamen, und es war so grausig, daß wir meinten, es könne nichts Schlimmeres kommen. Jetzt hatte Mutti den Wäschekorb los und setzte Volkmar hinein. Christel faßte an einer, Mutti an der anderen Seite an, das ging doch etwas bequemer. Schnell gingen wir weiter. Alles schwieg, und die Straße war genauso still. Alles weiß verschneit und still. Außer uns war kein Mensch weit und breit zu entdecken. Wir wurden immer müder. Zu essen war auch nicht mehr viel, und die Kälte ließ uns nie lange stehen. Bald seufzte Ernst, der sechs Jahre alt war, bald war es Klaus, der acht Jahre alt war. Man ging wie im Taumel, als ob man immer geschoben wurde, immer weiter, immer weiter ...

Der Frost hielt uns noch wach, wir konnten einfach nicht mehr. Lilli trug noch immer Ute auf ihrem Rücken, sie war wohl die einzige, die man heute nicht klagen hörte. Aber das merkten wir eigentlich erst später. Jetzt sahen wir immer mehr Tote. Menschen und Tiere, alles durcheinander und übereinander, oft an beiden Straßenseiten. In einem Gebüsch am Weg kniete ein Mann, er hatte die Hände wie zum Gebet zusammengelegt und zum Himmel gehoben. Auch den Kopf hatte er zum Himmel gerichtet, aber er war tot. Er mußte wohl einen Genickschuß bekommen haben. Etwas abseits der Straße lag ein deutscher Soldat mit entblößtem Unterkörper und furchtbar zerstümmelt. Da schob Mutti uns schnell weiter, das war selbst für sie zuviel. Wer diese grausigen Bilder nicht selber gesehen hat, kann es nicht glauben, und wer sie gesehen hat, wird sie nie ganz vergessen. Besonders für uns Kinder waren es schreckliche Eindrücke.

Der Sonntag neigte sich langsam dem Ende zu. Es wurde Abend, und da galt es, für eine Schlafstelle sorgen. Aber wo sollten wir hin? Weit und breit war kein Haus zu sehen. Wir waren aber alle auf unsere Mutti angewiesen, wir Kinder genauso wie Tante und Onkel. Die etwa zwanzig Kilometer, die wir an diesem Wintertag zurückgelegt hatten, waren sicher eine Leistung für alle. Zu beiden Seiten der Straße waren hier steile Abhänge. An der linken Seite lag, den Abhang hinuntergestürzt, ein langer Leiterwagen, auf dem noch ziemlich viel Heu lag. Das war die richtige Stelle für ein Nachtquartier. Mutti breitete das Heu auf dem Schnee am Abhang, weit unten aus, und dann legten wir uns alle nebeneinander darauf. Mit einem Rest Heu deckte Mutti uns noch zu und kroch dann selber dazwischen. Zuvor hatte sie an uns das letzte Stückchen Brot verteilt, und so konnte die Nacht kommen. Gerade begannen uns die Augen zuzufallen, als am Fuße des Abhangs ein junges Ehepaar mit einem Säugling kam und fragte, ob sie bei uns bleiben könnten. Wer sollte hier etwas erlauben oder verwehren? So legten sie sich auch noch zu uns. Der Säugling fing aber an zu weinen und zu schreien. Das Geschrei wurde immer kläglicher. Ob es Hunger oder nur die gesamte Umstellung war, wußten wir nicht, auf jeden Fall war kein Ende abzusehen. Und so kam es denn, wie es kommen mußte. Durch das Schreien aufmerksam gemacht, riefen dann von der Straße oben her einige russische Soldaten, wer und was da sei. Sehen konnten sie uns nicht, es war inzwischen stockfinster geworden. Mutti blieb nichts anderes übrig, als hochzusteigen und eine Erklärung abzugeben. Sie sagte ihnen, daß wir schon von Landsberg bis hierher gelaufen seien und es einfach nicht weiter schafften. Die Soldaten sagten aber, daß es da zu kalt zum Schlafen sei und wir da erfrieren würden, und hielten einen vorbeifahrenden Treckwagen an, der uns bis zum nächsten Ort mitnehmen sollte. Die Leute auf dem Wagen, ein junges und ein altes Ehepaar mit zwei oder drei Kindern, waren gar nicht davon begeistert, wir allerdings auch nicht. Viel lieber hätten wir da im Heu geschlafen. Es half aber alles nichts, die Soldaten warteten, bis wir aus dem Heu heraus waren und auf den Wagen stiegen. Die Leute schimpften und meckerten, als ob wir sie um etwas gebeten hätten. Noch eine Frau mit zwei Kindern, die einen Handwagen zog, schloß sich uns an. Sie hatte die beiden Kinder hinten aufgesetzt und hielt sich nur am Wagen fest, damit sie uns nicht verlor.

Die Straße, auf der wir uns jetzt befanden, war die Hauptstraße zwischen Preußisch-Eylau und Bartenstein. Sie war sehr breit, und allmählich verschwanden die Abhänge, und zu beiden Seiten wurden die Felder eben. Schon den ganzen Nachmittag hatten wir das Geschieße lauter werden hören. Jetzt, wo es dunkel war, begann ein unheimliches Schauspiel der Kugeln, die über unsere Köpfe sausten, daß wir sie unwillkürlich einzogen. Trotz dunkler Nacht war es durch die vielen Geschosse richtig hell um uns. Ich wundere mich immer noch, daß uns kein Geschoß getroffen hatte. Jetzt hörten wir aus der Ferne noch Panzergerassel. Kurz darauf sahen wir auch, daß etliche von den riesigen Kolossen hinter uns herkamen. Aber die Straße war ja breit genug, daß sich zwei solche Fahrzeuge aus dem Weg hätten fahren können. Wir saßen auf dem Wagen sehr dicht zusammen und rückten, durch die pfeifenden Kugeln und das Panzergerassel in Angst versetzt, noch dichter zusammen. Lilli und ich saßen nebeneinander etwa in der Mitte. Lilli nach der Straßenseite, ich nach der Seite des Feldes. Als der Bauer, der den Wagen lenkte, die Panzer bemerkte, fuhr er ganz weit nach rechts, halb auf dem Feld. Gröhlend kreischten die Insassen der Panzer zwischen das Rollengetöse der riesigen Kolosse. Das Licht der Lampen blendete uns, die wir rückwärts auf dem Wagen saßen, und die Kugeln der deutschen und russischen Soldaten leuchteten taghell über uns, wenn sie dicht um unsere Köpfe surrten. Wir waren mitten in der Frontlinie. Es war wohl selbst in der Not gut, daß wir Kinder noch gar nicht begriffen, was eigentlich alles war und ob und wie wir je hier durchkommen sollten.

Wir kamen gar nicht auf irgendwelche Gedanken dieser Art. Unsere Mutti war ja da, und da war noch immer alles gut gegangen. Die Panzer waren immer dichter gekommen und da war plötzlich nichts mehr. Ich weiß nichts von einem Stoß oder von einem Krachen, nur daß ich plötzlich auf der Straße lag, was mir im Moment aber auch noch nicht zum Bewußtsein kam. Ich war wie fast alle betäubt gewesen, wußte aber nicht, warum und wieso.

Ich ging also auf der Straße neben Klaus und sagte zu ihm: »Paß auf Klaus, sei vorsichtig, daß wir nicht vom Wagen fallen!«

Dann wurde mir plötzlich bewußt, daß wir auf dem Wagen gar nicht hätten gehen können, er war ja voll beladen. Wir befanden uns also auf der Straße, aber wie kam das? Wir waren nicht abgestiegen und hatten auch nichts von einem Sturz verspürt.

Da hörten wir schon Mutti rufen: »Christel, Klaus, seid ihr da? Helma, Ernst, Lilli, kommt doch!«

Und wenn einer bei ihr war, fragte sie: »Tut dir was weh?«

Aber immer bekam sie die gute Antwort: »Nein, Mutti, mir tut nichts weh!«

Auch Klaus und ich antworteten ihr so. Uns tat nichts weh. Dann hörten wir, wie Mutti in der Dunkelheit rief: »Lilli, bist du auch da?«

»Ja, hier Mutti«, kam es von der Straße!

»Komm her, Kind«, sagte Mutti, aber Lilli antwortete ihr: »Ach Mutti, komm du doch, ich kann gar nicht aufstehen!«

Mutti eilte auf die Stelle, auf der sie Lilli vermutete, und wollte sie aufheben, um sie auf die Wiese, oder besser gesagt auf das verschneite Feld zu tragen, wich im Moment aber entsetzt zurück, um sich aber gleich wieder zu fassen. Sie hatte im Bücken nur in ein zermalmtes Etwas gefaßt und die Hände wieder zurückgezogen. Dann faßte sie höher unter die Arme unserer Schwester und brachte sie so auf das Feld. Wer weiß, wozu alles gut war. In der Dunkelheit konnten wir nicht sehen, wie Lilli verletzt war. Was war nur überhaupt geschehen? Es mußte gegen acht Uhr abends gewesen sein, als das Unglück geschah. Die russischen Panzer hatten in ihren Scheinwerfern den Treckwagen der Deutschen gesehen und ihn sozusagen als Ziel ins Auge gefaßt. Gleich hinten hatten sie kurz eingehakt und dann beim Weiterfahren vorne auch noch ein Stück mitgerissen. Das Pferd, das an der Straßenseite ging, mußte sterben, ihm war die ganze Seite aufgerissen. Bei dem Stoß gegen den Wagen waren wir alle von demselben heruntergeschleudert worden. Wir zur Feldseite, Lilli auf die Straße, wo die Ketten der Panzer über ihre Beine rollten und sie bis dicht an den Körper mit Strümpfen, Trainingshose und Schuhen wie durch einen Fleischwolf gedreht hatten. Für sie war es das einzig Gute, daß sie sonderbarerweise überhaupt keinen Schmerz verspürte. Während die Frau, die hinter dem Wagen hergegangen war, und ein russischer Soldat, der gerade zum Plündern auf dem Wagen war, entsetzlich schrien, war Lilli ganz still, obwohl sie bei vollem Bewußtsein war. Die Frau mußte wohl den Fuß und der Russe den Arm gebrochen haben. Aber obwohl der Russe die vorbeifahrenden Autos seiner Landsleute auf russisch bettelte, ihn mitzunehmen, dauerte es noch eine ganze Weile, bis es einer tat und auch die verletzte Frau mitnahm. Die Leute vom Wagen hatten inzwischen Heu und Betten auf das Feld in den Schnee geworfen, um da ein Nachtlager für alle herzurichten. Mutti hatte sich auf das Heu gesetzt und Lillis Kopf in den Arm genommen, den Körper, soweit es ging, auf den Schoß, und die zerfetzten Beine ließ sie im Schnee liegen. Lilli verlangte nur immer zu trinken, sie mußte unendlichen Durst haben. Da nichts anderes da war, gab Mutti ihr immer Schnee in den Mund. Alles war stiller geworden. Wir Kinder und wohl auch die Erwachsenen waren ganz oder halb eingeschlafen, und die anderen bemühten sich, das gleiche zu tun. Die Kugeln über unseren Köpfen flogen auch seltener. Es war, als ob ein Gewitter gewesen war und es nach dem Einschlag jetzt aufhörte mit Blitz und Donner. So war es ziemlich still und einsam um uns wenige Leutchen in der kalten Schneenacht mitten auf dem Feld, ohne Dach über dem Kopf. Lilli schlief nicht, und auch Mutti wachte. Mutti wußte wohl als einzige, daß Lilli keine Überlebenschancen hatte. Hier hätte ihr wohl nicht mal ein Arzt helfen können. Plötzlich fragte sie in die Stille:

»Mutti, was ist eigentlich mit meinen Beinen los, ich spür' die doch gar nicht?«

Das war wohl alles ein bißchen viel für Mutti, und sie sagte, wahrscheinlich ohne es zu wollen: »Oh, Lill'chen, mußt du mir hier so sterben?«

Und die fast Elfjährige darauf: »Aber Mutti, ich will doch nicht sterben!«

Aber sie mußte wohl für Angst oder Ähnliches zu schwach gewesen sein. Sie klagte nicht und weinte nicht, und doch mußte sie sich mit dem Tod beschäftigt haben, denn ganz plötzlich sagte sie zu Mutti:

»Wenn ich denn nun sterben muß, dann begrabt mich zu Hause auf unserem Kirchhof, und die Kinder sollen mir dann jeden Sonntag Blumen bringen!«

Dann wieder Stille. Wie konnte sie als solch ein Kind solche klaren Gedanken fassen, zumal sie so schwer verletzt war?

Dann fragte Mutti noch: »Soll ich Papa grüßen?«

»Ja, grüß Papa schön!« sagte sie, das waren wohl die letzten Worte. So gegen elf Uhr, also etwa drei Stunden nach dem Unglück, ist sie dann ganz ohne Schmerzen still für immer eingeschlafen. Onkel hatte auch einen Stoß mitbekommen, aber es war keine äußere und auch keine ernste Verletzung, allerdings hatte er einen ziemlichen Schock. Wir andern waren alle ohne Schramme und ohne Schmerz davongekommen. Würde es so bleiben? Danach fragte jetzt niemand. Es war einfach gar keine Zeit für irgendwelche Gedanken, hier zählten nur Taten, es mußte immer sofort gehandelt werden, und damit hatten wir Kinder ja das wenigste zu tun. Da der Wagen auch total zerbrochen war, konnte der Bauer mit seiner Familie auch nicht weiter. Ein zweites Pferd hatte er noch, das war vor dem Unglück an der einen Wagenseite zum Umwechseln angebunden worden. So entschlossen sich die Erwachsenen, das Stück Weg zurückzugehen, bis an die Stelle, wo wir ursprünglich an dem Abhang übernachten wollten, um den Leiterwagen, der da an der Böschung lag, zu holen. Ob sie das wohl schaffen würden? Es war noch ganz dunkel, als die paar Leutchen loszogen, um den schweren Wagen zu holen. Leicht würde es nicht sein, denn er lag ziemlich tief. Aber sie schafften es, und Mutti half mit, die Sachen alle umzupacken. Dann bekamen wir aber zu verstehen, daß sie alleine weiterfahren wollten. Mutti fragte, ob sie unsere tote Schwester wenigstens bis zum nächsten Ort mitnehmen könnten, aber der Bauer meinte, die sollten wir dalassen, jetzt müßte jeder für das eigene Leben sorgen. Diesen Satz konnten wir die folgenden Jahre noch oft hören und spüren.

Mutti hatte zwischen anderen Sachen am Wegerand ein Untergestell von einem Kinderwagen gefunden, das noch alle vier Räder heile hatte. Darauf stellten wir einen Karton mit einigen Habseligkeiten von uns und legten Lilli darauf, die Mutti schon, bevor wir aufwachten, in eine Decke gewickelt hatte. Ihr weißes Gesicht konnten wir noch sehen, aber von ihrer Verletzung haben wir nichts gesehen, und das war auch gut so. Als die Bauersleute merkten, daß wir Lilli doch nicht daließen, warteten sie und ließen unsere beiden Kleinsten noch hinten auf dem Wagen sitzen. Wir mußten schon einen guten Schritt nehmen, um mit dem Fuhrwerk mitzukommen. Denn jetzt wollten wir ja nicht noch auseinandergerissen werden, und es war eine große Hilfe, daß die Kleinen nicht getragen zu werden brauchten.

Die Straßen sahen überall gleich aus, überall lagen tote Menschen und Tiere zwischen zerbrochenem Geschirr, Hausrat und Lebensmitteln im Dreck und Schneematsch. Wir waren in den wenigen Tagen schon so gleichgültig geworden, daß wir kaum noch hinsahen. Es war noch ganz dunkel, als wir durch das Dorf Reddenau kamen. Wie schon oft, kamen uns auch hier russische Soldaten entgegen, die gerne etwas Brauchbares bei uns zu finden gedachten. Sie wollten Mutti den Trauring wegnehmen und auch den von Papa, den Mutti immer bei sich trug, weil er ihn im Krieg nicht mithatte. Um ihn zu behalten, sagte Mutti, daß Papa tot sei. Da gaben sie ihr ihn wieder, aber er rutschte aus der Hand, und obwohl alle danach suchten, blieb er weg. Die nächsten, denen wir begegneten, nahmen Tante die Handtasche mit ganzem Inhalt weg. Sie weinte und jammerte, denn es war ja im Grunde alles, was sie noch besaß, aber darum kümmerte sich keiner. Beim Verlassen des Dorfes kamen wieder Soldaten, die Mutti eine Handtasche gaben, aber obwohl Tante sie bekam, nützte sie ihr auch nichts, denn der Inhalt war ja das Wichtigste, und der war weg. Diese Tasche war sicher genauso einer andern Frau weggenommen worden. Den Inhalt in dem Karton, auf dem die tote Schwester lag, konnten wir vorläufig noch retten. Wenn die Soldaten das tote Mädchen sahen, guckten sie nicht weiter nach. Nach vielen Schritten, die immer langsamer geworden waren, kamen wir dann nach Kirschitten. Hier war die Schießerei wieder in vollem Gange. Wir zogen unsere Köpfe immer ein, und noch nach vielen Jahren höre ich das Sirren durch die Luft. Außerdem stank es hier so eigentümlich nach etwas Gebranntem. Man konnte sich gar nicht erklären, was das war. Als wir in das Dorf kamen, sahen wir aus einem Haus riesige Rauchwolken hochsteigen. Davon mußte der Geruch kommen, aber was mochten sie da verbrennen? Da kamen uns auch schon Russen entgegen und sagten, wir müßten gleich weiter und dürften uns nicht aufhalten, denn wir seien mitten in der Front. Ja, das merkten wir immer deutlicher. Das Geschieße und Geratter der Maschinengewehre und was es sonst noch gab, wurde immer mehr. Jetzt konnten wir auch sehen, was in dem rauchigen Haus geschah. Alle Augenblikke kamen zwei Russen mit einer Trage angelaufen, auf der ein toter Russe lag, und brachten diese in das Haus. Da verbrannten sie ihre toten Landsleute, und daher kam dieser eigentümliche Brenngeruch.

Rechts an der Straße war hinter einem Gartenzaun ein Haus, aus dem uns zwei Frauen entgegenkamen. Sie sagten, wir sollten ganz schnell hereinkommen, und so hoben wir die beiden Kleinen von dem Wagen herunter und gingen mit. Wir konnten kaum noch laufen. Der Bauer wollte nicht warten und fuhr weiter, wohin, weiß ich nicht. Bei den beiden deutschen Frauen konnten wir uns endlich ein bißchen mit Seife waschen, indessen sie uns Kaffee kochten. Dann bekamen wir von ihnen Schmalzbrote dazu, das schmeckte besser als je ein anderes teures Gericht und zudem waren wir noch frisch gewaschen. So bekamen wir schon wieder Mut. Am liebsten wären wir erst einmal hiergeblieben, aber es ging nicht. Wir mußten auf strengsten Befehl so schnell wie möglich weiter und durften Lilli auf keinen Fall mitnehmen. Es war so schwer. Nun konnte Mutti den letzten Wunsch von Lilli doch nicht erfüllen und sie auf unsern Kirchhof mitnehmen. Aber das größte Problem kam jetzt erst noch. Wo sollten wir Lilli lassen? Während wir unsere Schmalzbrote aßen, war Mutti draußen gewesen, um etwas zu suchen. Die Erde war hart gefroren und dick verschneit, wie sollte sie da ein Grab graben, selbst wenn sie noch Handwerkszeug gehabt hätte? Es war beim besten Willen nichts zu machen, die Erde war wie Stein. Überall schlugen um uns die Granaten ein, und wir rechneten schon damit, daß wir auch bald etwas davon abbekamen. Mutti hatte inzwischen eine Notlösung für unsere Schwester gefunden. Sie hatte sie im Schnee beerdigt. Jetzt waren wir noch neun Personen. Wie viele würden wohl übrigbleiben? Beim eiligen Weitermarsch bettelten wir Mutti an, sie möchte uns doch das Grab zeigen, und so durften wir Großen noch mal eben auf den Hügel gehen, wo Mutti das Grab gemacht hatte. Sie hatte Lilli zuerst in eine Decke gewickelt und darum noch ein Bettuch fest umgewickelt. Dann hatte sie das Bündel dicht an einem Gartenzaun auf den Schnee gelegt, so daß die Äste eines im Garten stehenden Baumes über den Hügel reichten. Ein weißer Schneehügel bedeckte die Tote, und obenauf hatte Mutti einen Kranz von Tannen gesteckt. Sie hatte die weit herabhängenden Äste wegen etwaigem Schutz vor allerlei Getier ausgesucht, weil sie ja nicht wußte, wann wir sie holen konnten.

Ihr Namensschild mit Adresse behielt sie um den Hals, falls sie gefunden wurde. Es war ein weißes, kaltes und nasses Grab, das Lilli hatte. Es sollte ja nicht lange dauern, dann wollten wir sie nach Hause holen. Mutti rief uns, ein letztes Lebewohl, obgleich sie tot war, und wir mußten uns eilen, aus diesem Hexenkessel noch irgendwie herauszukommen. Wie das glückte, ist uns immer ein Rätsel geblieben.

## Wir sollen nach Sibirien

Beim Weiterziehen trafen wir mit anderen deutschen Flüchtlingen zusammen. Einige davon kannte Mutti sogar, wenn auch nicht so genau. Je weiter wir gingen, desto mehr Leute gesellten sich zu uns, und jeder war froh, nicht alleine ins Ungewisse wandern zu müssen. Es war schon gegen Abend, als uns russische Soldaten entgegenkamen und uns nicht weiterließen. Sie zeigten auf ein etwas abseits gelegenes Gehöft und machten uns klar, dorthin zu gehen. Wir waren schon ein richtiger kleiner Treck. Aus dem Schornstein des einen Gebäudes stieg Rauch auf, wenigstens sah es so aus, als ob der Rauch aus dem Schornstein kam. Auf jeden Fall mußte jemand dort wohnen, und wir waren im Grunde froh, nicht mehr weiterlaufen zu müssen. Mit letzter Kraft schleppten wir uns dem Hause zu. Der Weg dahin war so matschig und voller Pfützen, daß wir nur schwer hingelangten. Beim Näherkommen sahen wir dann, daß das Wohnhaus abgebrannt und nur noch Stall und Scheune da waren. Die Scheune war uns zu kalt, und so gingen wir in den Stall. Hier drängelte sich schon eine ganze Menge Leute, und bei unserer Ankunft rückten sie noch enger zusammen, denn alle mußten ja Platz haben. Wir bekamen eine Ecke in einem ehemaligen Schweinestall, in dem sogar etwas sauberes Stroh lag. Ach, was waren wir froh, daß wir endlich unsere müden Beine und Körper ein bißchen ausstrecken konnten.

Es waren wirkliche Leistungen, die die vielen Kinderbeine in diesen Tagen schafften. In dem Stall war es auch nicht so eisig kalt, und das genügte uns für den heutigen Tag erst einmal. Die Rucksäcke wurden als Kopfkissen in eine Reihe gelegt, und das Stroh wurde etwas ausgebreitet, dann war unser Nachtlager fertig. Das Stückchen Brot von den netten Frauen am Nachmittag war unser Abendbrot, und jetzt wollten wir nur schlafen. Was der nächste Tag bringen könnte, gab sicher für Mutti Grund zu neuen Sorgen, wir Kinder ahnten nichts davon. Als sich nun alles für die Nacht fertig machte, krochen die jungen Frauen und Mädchen alle hinter die Rucksäcke und unter das Stroh. Wir Kinder ahnten nicht, weshalb sie das taten, und auch nicht, weshalb die Soldaten die ganze Nacht durch kamen und sich die jungen Mädchen und auch Frauen mit Gewalt holten. Es gab viele erbitterte Kämpfe, aber keine der Frauen konnte sich wehren, sie wurden oft mehrmals geholt.

Hier wurden wir Kinder noch alle verschont, weil es genug Jugend gab. Die paar Männer, die noch unter uns weilten, konnten auch nichts tun, außerdem waren es fast nur noch alte Männer. Für uns Kinder war eigentlich nur das ewige Hin- und Herlaufen und der Kampf dabei störend. Nach unruhigem Schlaf graute dann endlich der Morgen, und der Hunger machte sich überall bemerkbar. An der Straße lagen auch hier viele kaputte Treckwagen, wo man zwischen viel Unrat noch viele brauchbare Lebensmittel finden konnte. Durch den Frost und den Schnee verdarb ja nichts so schnell. Man konnte noch viele Sachen ganz sauber verpackt bergen, wenn man eben das Glück hatte. Meistens wagten es nur die Alten und die Buben, an die Wagen zu gehen, wer wußte denn, ob nicht irgendwo ein Soldat wartete. Von uns war Mutti gegangen, sie war von uns die einzige, die alles planen, organisieren und besorgen mußte und konnte. Tante und Onkel waren alt und hatten die größte Angst, und wir Kinder konnten alleine auch nichts, wir waren eben wieder zu klein. Mutti brachte von ihrem ersten Gang ein gutes Teil an Eßwaren mit. Zumeist Fett, Kartoffeln und was sie an Brot und Mehlsachen gefunden hatte.

Alleine ging niemand vom Gehöft, das war zu gefährlich, immer waren es Gruppen. Wir Kinder hatten unterdessen auf dem Hof nach Geschirr gesucht, denn so etwas hatten wir natürlich nicht in unseren Rucksäcken mitgeschleppt. Wir fanden einige Untertassen, die wir brauchbar fanden, und eine Brechschale, die der stolzeste Besitz war, denn er war der größte »Teller«. Zwischen den Wohnhaustrümmern fanden wir dann einen »Grapen«. Es war ein eiserner Kochtopf, wie man ihn zu ganz alten Zeiten an einer Kette über dem Feuer hängen hatte. Das war unser Prunkstück. An einem kleinen Bach, der an dem Haus vorbeifloß, wuschen wir das Geschirr, so gut es ging, und brachten es zu Mutti. Jetzt konnte mit dem Mittagessen Kochen angefangen werden. Überall brannten kleine Feuerstellen; alle wollten Essen kochen, und bei so vielen Menschen war kaum noch ein Plätzchen für uns übrig. Mutti ging mit uns in die Trümmer des Wohnhauses, um den ehemaligen Herd zu suchen. Bei uns zu Hause waren die Herde ja gekachelt und fest eingebaut. Als sie die Ecke gefunden hatte, wo der Herd gewesen sein mußte, fingen wir an, den darüberliegenden Schutt wegzuräumen. Es war eine mühselige Arbeit, und wir Kinder wollten die Hoffnung schon aufgeben. Dann entdeckten wir eine Ecke mit den eisernen Herdplatten. Endlich!

Aber beim Weiterbuddeln mußten wir feststellen, daß der Herd von der Last des Schuttes eingedrückt war und auch die Platte einen mächtigen Sprung hatte. Aber Mutti hatte schon wieder eine neue Idee. Dann bauen wir uns eben einen Herd, meinte sie, die Platte ist die Hauptsache, und die haben wir ja. Ziegelsteine lagen mehr als genug herum, da brauchten wir nur noch anzufangen. Der ehemalige Herd war die Grundlage, alles andere wurde nun gebaut, indem wir Steine übereinander schichteten und die Eisenplatte obendrauf legten. Dann machte Mutti Feuer darunter, und es brannte tatsächlich, viel besser als die andern Feuerstellen, zumal unser Herd noch windgeschützt war. Da kamen dann auch die andern Frauen und baten, auf unserm Herd kochen zu dürfen, was natürlich selbstverständlich war. In unserer Stallecke aßen wir dann endlich wieder eine warme Mahlzeit, eine feine Kartoffelsuppe, die fast nur aus Kartoffeln bestand. Das war gar nicht so einfach mit dem Essen. Erstens saßen wir auf der Erde im

Stroh, und dann hatten wir doch nur die kleinen Untertassen. Dafür gab es dann des öfteren etwas nach. Unsere Löffel hatten wir allerdings immer mitgenommen, die waren auch schlechter zu finden. Nach dem Essen mußten wir wieder am Bach spülen. Es ging alles ohne Probleme, wenigstens in dieser Hinsicht. Fünf Tage verbrachten wir hier auf dem Hof in großer Ungewißheit. Weg durften wir nicht, und was mit uns werden sollte, wußten wir auch nicht. Auf dem Hof liefen noch ein paar Gänse und Schafe herum. Die Gänse waren ziemlich schnell verschwunden, an die Schafe getraute sich jedoch niemand heran. Als die Not dann am größten war, machte Mutti ihnen den Garaus. Ihr Leben war ja so und so zu Ende. Mit dem Taschenmesser, das sie ständig bei sich trug, schlachtete sie sie dann. Das gab wieder ein bißchen Kraft für alle, für die es reichte, denn wir aßen das Fleisch ja nicht alleine auf.

Schon am Abend des dritten Tages sagten die Russen, sie wollten in der folgenden Nacht den ganzen Stall in die Luft sprengen. In der Nacht schliefen wir Kinder nicht einmal. Bei jeder Bewegung dachten wir, es sei so weit. Nach draußen konnten wir auch nicht, denn die Soldaten hatten die Türen verriegelt und öffneten sie nur, wenn sie sich wieder Frauen holten. Die Nacht verging allerdings wie alle vorherigen auch. Am folgenden Tag holten die Soldaten dann allerdings alle Männer, die noch da gewesen waren, von uns weg. Nur die ganz alten ließen sie da. Die folgende Nacht war noch schlimmer, zwischen den Männern fühlte man sich doch noch ein bißchen geschützt, auch wenn die nicht helfen konnten. Aber auch in dieser Nacht wurde nichts gesprengt. Am darauffolgenden Morgen wurden noch alle größeren Jungen abgeholt, so etwa ab vierzehn Jahren. Die Mütter schrien und weinten, aber alles war vergeblich. Mutti war froh, daß wir und unser größter Junge noch so klein waren. Bei uns persönlich hatte sich also nichts seit unserer Ankunft verändert. Der Stall war jetzt erheblich leerer geworden. An diesem Tag, es war der zehnte Februar, starb eine alte Frau im Stall, und kurz darauf wurde in der kalten Scheune ein Kind geboren. Daß das kleine Wesen die Jahre überstanden hat, ist nicht anzunehmen. Das war beides um die Mittagszeit gewesen. Am Abend kamen dann wieder russische Soldaten und holten uns ab. Alles wieder ganz plötzlich und ohne Vorbereitung. Unsere Bündel lagen ja immer fertig, aber wo sollten wir jetzt hin? Die Kranken und allerältesten Leute wurden regelrecht auf einen Leiterwagen geladen, und wir mußten hinterher gehen. Der Weg war so verschmutzt und matschig, daß wir kaum durchkamen, aber die Soldaten ließen keinen zurück. Alle mußten mit. Sie mußten etwas ganz Bestimmtes mit uns vorhaben, aber was nur? Niemand hatte eine Ahnung, zu niemand hatten sie etwas verlauten lassen.

Es war schon spät am Abend, als wir im Gesundheitsamt in Bartenstein ankamen. Es waren jetzt alle Häuser kahl und unmöbliert. Im großen Flur, durch den wir erst mußten, lag der ganze Fußboden voller Glasscherben. In dem großen Raum, der dahinter war und in den wir nun alle hineinmußten, waren an zwei Wänden lange Bänke, die von den Erstankommenden schnell besetzt waren. Rechts hinten stand ein ledernes Untersuchungssofa, welches ziemlich mitgenommen war, uns aber eine gute »Unterlage« gab. Mutti legte uns Kinder alle darauf und setzte sich hinter uns in die Ecke. Onkel und Tante saßen ganz vorne. Es war eine enge Angelegenheit, neun Personen auf einem solchen Sofa. Die Ältesten saßen vorne, und wie schon gesagt, wir Kinder wußten nicht weshalb, aber hatten auch kein Interesse dafür. Wir waren nur müde und fühlten uns richtig elend von den bisherigen Strapazen. Diese Nacht wurde für die Frauen und Mädchen schlimmer als für die andern in dem Stall. Die alten Frauen versteckten die jungen unter den Bänken hinter dem Gepäck und setzten sich dann vor und auf die Bänke, aber es hatte keinen Zweck: Sie wurden alle geholt. Manche klammerten sich irgendwo verzweifelt fest, aber sie wurden sogar an den Haaren herausgezogen. Mitten durch die Scherben wurde nicht nur eine gezogen. Mutti wurde hier noch verschont, weil so viele Kinder bei ihr waren und es genug andere gab. Ein junges Mädchen sagte, warum sie sich so quälen lassen sollte, sie ginge lieber freiwillig mit und bliebe da, dann hätte sie es besser, denn dran kam sie so oder so. Aus dem Flur, in dem die Scherben lagen, ging eine Treppe in die Etage über uns. Dorthin gingen die Russen immer mit den Frauen, und von dort hörten wir sie auch. Sie mußten da oben ein rechtes Saufgelage abhalten, denn wenn sie herunterkamen, stanken sie erbärmlich nach dem Fuselzeug, und die letzten wankten dann auch bedenklich. Draußen war es noch stockdunkel, als wieder einige Frauen herunterkamen. Sie berichteten uns, weshalb wir hier waren. Durch die betrunkenen Soldaten hatten sie verstanden, daß wir am Morgen alle nach Sibirien abtransportiert würden.

Im Augenblick seien alle so betrunken, daß sie alle fest im Rausch schliefen, vom obersten Offizier bis zum untersten Soldaten und den Wachtposten. Wenn es überhaupt noch eine Möglichkeit gab zu entkommen, dann war die jetzt, bevor die Soldaten erwachten. So leise es nur ging, schlichen sich alle hinaus. Das war gar nicht so einfach, durch den scherbenbedeckten Flur an die Außentür zu gelangen, denn es waren viele Menschen. Draußen war es noch dunkel, und schnell suchte sich jeder die Richtung für seinen Weg, die ihm am günstigsten erschien. Die Hauptsache war, daß alle so schnell wie möglich zerstreut und verschwunden waren. Im Dunkeln sahen wir einen riesigen Feuerschein. Er kam vom Arbeitsamt in Bartenstein, das in dieser Nacht den Flammen zum Opfer fiel. Wir gingen weiter und weiter und kamen so aus der Stadt hinaus. Langsam wich unsere Furcht, daß uns die Soldaten noch erwischen könnten. Onkel meinte, wir sollten über Damerau gehen, da sei der Weg kürzer. Mutti wollte erst nicht, weil sie den Weg nicht genau kannte. Onkel versicherte aber, er sei früher oft den Weg gegangen und wüßte Bescheid, und so beschloß Mutti um der Kürze willen, von dem bekannten Weg abzubiegen. Jetzt bogen wir von der Straße ab und gingen alleine weiter; wenn nur keiner der Soldaten nachkam. Als wir an der Sparkasse vorbeigingen, lag das Geld wirklich auf der Straße. Wir gingen darüber hinweg und nahmen nicht eine Mark mit. Wozu auch? Es würde sicher nichts mehr wert sein, selbst wenn, wie wir immer noch dachten, der Krieg schnell zu Ende sein würde.

## Wieder in Beschußlinie

Je weiter wir gingen, desto unbekannter wurde nun unserem Onkel der Weg. Es hatte keinen Zweck, hier weiterzugehen, weil keiner wußte, wo wir dann hinkamen. So bogen wir wieder auf die Hauptstraße, um jetzt geradewegs heimzusteuern. Das Geschieße wurde wieder lauter, und es sirrten auch wieder mehr Kugeln über uns, und da kamen auch schon russische Soldaten und sagten, daß der Weg für uns gesperrt sei, da wäre die Front. Mutti wollte nichts davon wissen und sagte, daß ihr das egal sei und wir so schnell wie möglich nach Hause wollten. Sie schoben uns aber auf einen bewachsenen Feldweg und befahlen uns, da weiterzugehen. Wir mußten gehorchen und hatten keine bessere Wahl. So matschig wie dieser Weg war noch keiner gewesen, wir mußten förmlich durchwaten und konnten doch nicht verhindern, daß uns das schmutzige Schneewasser in die hohen Schuhe zu laufen begann. Aber es ging weiter, denn die Kugeln hinter uns schienen sich zu nähern und immer mehr zu werden. Kurz vor dem Wäldchen, das wir schon von der Straße aus gesehen hatten, stand ein Treckwagen mit einem Ehepaar und einem Kind. Sie erzählten uns, daß sie auch nach hier geschickt worden seien. In der Nähe sollte ein Haus sein, in dem wir Unterkunft finden würden. Bis jetzt konnten sie sich nicht entschließen, von ihrem Hab und Gut wegzugehen. Jetzt schlossen sie sich uns an und kamen mit uns. Es hatte ja keinen Sinn, hier so alleine zu warten, und das Schießen kam immer näher. Jetzt fing es wieder an zu schneien, und wir zogen gemeinsam weiter. Der Weg wurde immer schmaler, zuletzt endete er an einer kleinen Brücke, eigentlich nur ein Steg, über den wir hinüber mußten. Aber dann war guter Rat teuer. Wir standen direkt vor einem umgepflügten Acker, und von einem Haus war keine Spur. Querfeldein über den durchgeweichten Acker war die einzige Möglichkeit, auf die Anhöhe vor uns zu kommen, um uns von da aus weiter umzuschauen. Bei jedem Schritt sanken wir tiefer in den Ackerboden ein. Wir hatten die Anhöhe noch nicht ganz erreicht, als wir die Dachspitzen eines Gehöftes sahen. Den Berg mußten wir wieder hinunter bis an einige Gartenzäune, die wir noch überwinden mußten, um dann auf dem fremden Hof zu stehen. Der Bauer, der sich hier immer versteckt hielt, seine Frau und seine beiden kleinen Kinder waren auf dem Hof geblieben. Sie waren nicht geflüchtet. Einige Kühe und Hühner hatten sie bis jetzt noch halten können. Wenn ein Flüchtling anklopfte, gaben sie alles, was sie konnten, nämlich Obdach und Essen. So etwas selten Hilfsbereites und Freundliches von Menschen habe ich wohl nie mehr angetroffen. Das Haus war bei unserer Ankunft zwar schon bis ans Dach mit anderen Menschen belegt, aber wir wurden wie gute Freunde aufgenommen. Für sich selbst behielt die Frau jetzt nicht mal das kleinste Zimmerchen. Alles teilte sie und legte sich auch zwischen die Fremden. Als wir mit neun Personen ankamen, wurden wir in ein schmales Zimmer geschickt, in dem schon eine Frau mit fünf Kindern, noch ein Ehepaar und ein alter Mann lagen. Wir konnten uns gerade so bewegen. Nur gut, daß keine Möbel mehr drinnen waren. Zum Schlafen war genug frisches Stroh da. Es war am späten Nachmittag, als wir hier bei Frau Kratel eintrafen, und sie sagte uns, daß wir uns so viel Kartoffeln aus dem Keller holen könnten, wie wir brauchten. Das war eine Freude. Sofort begaben wir uns daran und kochten Kartoffelklöße. Es war ein Festessen. Milch bekamen wir auch von Frau Kratel.

Sie sagte nur immer: »Solange der Vorrat reicht, soll er für alle sein!«

Nach dem Essen machte Mutti unser Nachtlager fertig. Auf das ausgebreitete Stroh wurden Säcke gebreitet, und dann legten wir uns mit den Kleidern darauf, nur die Schuhe hatten wir ausgezogen. Wir legten sie zur Vorsicht aber unter den Kopf unters Stroh. Wir lagen so eng beieinander, daß gar kein Platz mehr als Weg blieb. Wenn in der Nacht jemand zur Toilette mußte, und das passierte zu dieser Zeit häufiger als normalerweise, so mußte er auf einem alten Marmeladeneimer sein Geschäft verrichten. Achtzehn Personen und ein Eimer waren im Zimmer. Die Toilette des Hauses war nämlich hinter dem Haus, und da konnte man kaum am Tag wagen, bis dahin über den Hof zu gehen, geschweige des Nachts. In allen Zimmern war es dasselbe. Den Morgen konnte man deshalb schon am Gestank spüren. Trotzdem wurde nie darüber gemurrt, jeder war mit dem zufrieden, was er hier hatte, im Moment wenigstens. Nach dem Aufstehen machten wir uns so frisch wie möglich und warteten dann in der Küche, bis wir uns Gersten-Kaffee kochen konnten. Nur das Brot war knapp, das war bei allen das gleiche.

Nach dem Frühstück gingen dann Mutti, noch einige Frauen und wir größeren Kinder in den zerstörten Ort auf Getreidesuche. Lange Zeit fanden wir gar nichts, dann lag da in der Nässe ein Sack mit Roggen, der durch die Feuchtigkeit schon ganz gequollen war. Den nahmen wir mit. Von Frau Kratel bekamen wir noch eine Schüssel mit Schrot, die sonst für die Schweine war, und nachdem der nasse Roggen durch den Fleischwolf gedreht war, konnten wir ihn mit dem Schrot mischen und dann davon Brot backen. Aber auch dieses reichte nicht lange, da wurde aus dem Schrot nur noch Suppe gekocht.

Bis jetzt waren die Kühe und dadurch auch noch immer Milch da, und dann schmeckte die Suppe doch noch nach etwas. Aber dann kamen die Russen und holten auch die Kühe weg. Nach langem Betteln ließen sie sich tatsächlich erweichen und ließen eine für die kleinen Kinder da. Wir wunderten uns selber, denn meistens bat man ja vergebens. Die Hühner und den Hahn erschossen sie auch, doch sie nahmen sie gar nicht mit, Hauptsache, sie waren eben tot. Als wir einmal gerade nicht im Zimmer waren, hatten sie unsere neuen Kinderschuhe mitgenommen.

Was wollten die Soldaten hier wohl mit den kleinen Schuhen, sicher landeten sie gleich darauf irgendwo im Straßengraben, wo schon so viel lag. Gut war nur, daß wir jeder ein zweites Paar dahatten, die zum Wechseln gedacht waren. Aber dann hätten wir die neuen ja auch angehabt. Im Zimmer neben uns lag unter anderem eine Frau mit ihrem kranken Töchterchen. Jeden Tag rechnete die Mutter mit dem Tod der Kleinen. Frau Kratel hatte Mutti eine Nähmaschine zur Verfügung gestellt, weil Mutti nähen konnte und ihr damit wenigstens ein bißchen helfen wollte. Aus alten Sachen konnte sie das Notwendigste nähen und flicken, und am andern Tag ein Totenhemdchen nähen. Das kleine Mädchen war gestorben. Sie bekam sogar noch ein Totenhemdchen, es war sicher das letzte in unserer Zeit damals. Sie wurde auch in der Erde begraben, und Mutti dachte an unsere Schwester: Ob jemand Lilli auch unter die Erde bringen würde?

Überall fingen die Leute jetzt an, über Ungeziefer zu klagen. Weil wir Mädchen so lange Zöpfe hatten und Mutti sie nicht abschneiden wollte, hörte sie auf den Rat von irgend jemand, die Kopfhaut mit Petroleum einzureiben, dann wäre man mit Sicherheit das Ungeziefer los. Das hätte sie besser nicht tun sollen, ich dachte, ich hätte sterben müssen. Fast wahnsinnig vor Schmerzen begann ich zu schreien. Die ganze Kopfhaut brannte, als ob Salzsäure darauf wäre. Als Mutti dann nachsah, erschrak sie selber, die ganze Haut war voller dicker Blasen, regelrechte Brandblasen. Wer sollte hier helfen? Es war weder ein Fachmann noch ein Arzt da, da galt es abzuwarten und die Schmerzen auszuhalten, die unerträglich wurden.

Den großen Mädchen ging es schlecht. Eines Tages unterhielten sich die Frauen über eines der Mädchen, die blonde Ruth. Sie war ein hübsches blondes Mädchen von etwa siebzehn Jahren. Zehn Soldaten hatten sie auf den Speicher gezerrt und sie der Reihe nach mißbraucht. Die Frauen fanden sie, nachdem die Soldaten abgezogen waren, ganz teilnahmslos, und sie sagte, daß sie nicht mehr leben wollte. Aber das Leben ging weiter, es blieb nicht stehen und ging nicht zurück. Mutti war immer noch froh, daß uns Kindern soweit nichts passierte und wir keine Ahnung von dem hatten, wovor die Frauen Angst hatten.

Täglich erkundigte Mutti sich, ob die Straße nach Hause bald frei sei. Es blieb immer dasselbe, sie blieb gesperrt. Immer und immer wieder kamen die russischen Soldaten und suchten nach Männern, besonders nach deutschen Soldaten. Herr Kratel lag noch immer im Stall versteckt, ebenso ein junger

Mann, der wohl früher Knecht oder etwas ähnliches auf dem Hof gewesen war. Eines Tages fanden die Russen nun den jungen Mann, und als sie ihn mitnehmen wollten, verriet er Herrn Kratel. Da holten sie den auch heraus und nahmen beide mit. Wir konnten nicht verstehen, weshalb er das getan hatte. Vielleicht hatte er gehofft, dadurch dableiben zu dürfen. Die Frau Kratel, die immer so nett und hilfsbereit war, wurde nun auch von ihrem Mann getrennt. Sie war immer kränklich und schwach, ob sie das durchhalten würde? Am meisten war sie darüber enttäuscht, daß der junge Mann das getan hatte und nicht dankbar war, daß er selber so lange versteckt und versorgt worden war. Sie nahm sich das so sehr zu Herzen, daß sie bald gar nicht mehr aufstehen konnte und liegen mußte. Ob sie durchgehalten hat, weiß ich nicht.

## Endlich nach Hause

Es waren nun schon vierzehn Tage vergangen, seit wir bei Frau Kratel angeklopft hatten. Muttis Nachfragen hatten Erfolg. Eines Tages kam sie zu uns und sagte, der Weg nach Hause sei frei von Beschuß, jetzt könnten wir den Weitermarsch wohl wagen. In aller Stille, damit sonst niemand etwas merken sollte, packten wir unsere paar Sachen zusammen. Mutti wollte nichts riskieren, indem uns einer den Weg hätte verderben können, deshalb die stille Vorbereitung, von der nur Frau Kratel wußte. Schon am frühen Morgen des nächsten Tages waren wir für die Reise zu Fuß gerüstet. Wenn alles glatt ging, wollten und konnten wir am Abend schon zu Hause sein. Es war ein schönes Gefühl, so bald am Ziel zu sein. Wir Kinder ahnten natürlich nicht, wie sich die Heimat verändern konnte, und so waren wir fest davon überzeugt, alles wie früher vorzufinden. Jetzt zogen wir also erwartungsfroh in den Morgen hinaus. Zuerst mußten wir durch sehr verschmutzte Landstraßen und Schneematsch wandern, um dann auf eine bessere und breitere Straße zu gelangen. Auf dem Weg kamen wir an etlichen leeren Gehöften vorbei, auf deren Höfen allerlei Gerümpel herumlag. Ob bei uns auch etwas in Unordnung war?

Bis zu dieser Straße waren wir ganz alleine gewandert, aber jetzt kamen doch andere Flüchtlinge an uns vorbei. Die einen kamen uns entgegen, die andern wollten in unsere Richtung, und so konnte man gegenseitig nach den Gefahren des Weges fragen. Für uns sollte der Weg ganz gut weitergehen, weil angeblich kaum Russen anzutreffen waren und Deutsche überhaupt nicht. Es ging nun schon auf Mittag zu, wir spürten Hunger, und müde waren wir auch. Von Rast hatte Mutti aber noch nichts gesagt. Wir hatten erst wenige Kilometer zurückgelegt, jetzt auf der glatten Straße ging es ja schneller, aber dafür begegneten wir hier mehr Russen. Mal waren sie alleine, mal in Gruppen, dann zu Fuß oder auch gefahren. Wir hatten Angst. Wie würden sie sich zu uns stellen, da wir hier so alleine waren?

Plötzlich hörten wir in der Ferne ein feines Rollen auf der Straße. Was mochte das sein? Obwohl die Straße geradeaus ging und weit zu sehen war, konnten wir nichts entdecken. Da tauchten in weiter Ferne kleine Punkte auf

Bis aufs äußerste gespannt, gingen wir weiter, und das Rollen wurde immer lauter und die Punkte immer größer. Dann kam uns ein seltsamer Zug entgegen. Es war eine Karawane auf der Straße, eine Karawane von Hunden. Eine ganze Reihe flacher Wagen, vor die mehrere Hunde gespannt waren, sauste an uns vorbei. Die Wagen waren vollgepackt, teils mit Lebensmitteln, teils mit Munition. Die Hunde rannten schneller, als wir je ein Zugtier gesehen hatten. Auf jedem Wagen saß ein Russe, der den Wagen lenkte. Vor einigen Wagen waren vier, vor einigen sechs und vor manchen sogar acht Hunde gespannt. Es war richtig lustig, wie die Tiere so schnell an uns vorbeiflitzten. Da kam an einer Seite, ziemlich unsicher, weil ungewohnt, ein russischer Soldat auf einem Fahrrad angefahren. Wie es dann passierte, kann ich nicht mehr sagen, plötzlich geriet er mit seinem Rad in ein Hundegespann. Die Hunde heulten auf, und der Wagen stand. Indes sich der Radfahrer noch bemühte, aus dem Knäuel der Hunde herauszukommen, war der Wagenführer schon herabgesprungen und stürzte sich auf ihn. Es waren nun beides uniformierte Russen, aber sie gingen wie zwei Kampfhähne aufeinander los. Dann schlug der Wagenführer mit den Stiefelabsätzen so lange in die Speichen des Fahrrads, bis es zerbeult im Straßengraben lag. Nachdem er ihn noch kräftig ausgeschimpft hatte, ordnete er seine Hunde und fuhr los, ohne sich um seinen Kameraden zu kümmern. Mit dem Rad konnte der jetzt nicht mehr fahren, und wenn ihn keiner mitnahm, hatte er jetzt noch einen schönen Fußweg vor sich. Dieser ganze Vorfall ging so schnell, daß man sich nur noch umdrehen konnte, um die davonrollenden Wagen hinter uns als Punkte verschwinden zu sehen.

Nach einem Stückchen Weg weiter bogen wir der Abkürzung und der Sicherheit wegen in einen Feldweg ab. Nach ein paar Metern war ein kleiner Wald, den wir durchqueren mußten. Hier, von der Straße nicht zu sehen, wollten wir eine Mittagspause machen. Wir hatten uns gerade niedergelassen und unsere Rucksäcke abgelegt, als Mutti auf eine kleine freie Stelle zwischen den Bäumen deutete und sagte:

»Da ist doch was, was mag das sein?«

Vorsichtig wollte sie nachsehen. Wir mußten ja immer damit rechnen, daß wir beobachtet werden konnten. Aber jetzt waren wir doch erschrocken, Mutti genauso wie wir, die ihr gefolgt waren.

Da lag ein Toter. Es war ein deutscher Flieger. Er war so sonderbar zugerichtet, daß ich bis heute noch keine Erklärung dafür habe, und auch Mutti konnte keine dafür finden. Am Körper hatte er noch seinen Fliegermantel. An einem Bein hatte er nur einen Strumpf, am andern alles mit Bandagen umwickelt. Seine Stirn war aufgeschlagen und das Gehirn rund um ihn verstreut. Die Handflächen, das heißt die Hände, hatte er beide nach oben gekehrt. Die Handflächen waren wie von einem Meisterkünstler ganz genau im Quadrat herausgetrennt. So genau und gerade wie nach einem Zentimetermaß, nur die Haut war weg, nicht tiefer eingeschnitten. Mutti schüttelte immer wieder den Kopf und schaute sich nach möglichen Papieren um. Sie war immer darauf bedacht, später Auskunft zu geben, denn sie glaubte immer noch, daß in ein paar Tagen alles vorbei sei und die Deutschen wieder alles zurückerobern würden. Die Suche nach Papieren hatte tatsächlich Erfolg, was selten vorkam. Es war ein Lehrer aus Ostpreußen. Wie es ihm ergangen war und wie er ums Leben gekommen war, würde wohl immer ein Rätsel bleiben.

Mutti nahm die Papiere mit, um sie weiterzugeben. Aber später mußte sie sie vernichten. Es wurde ja alles zu gefährlich.

Wir aßen unsere Mahlzeit auf einem Baumstamm zu Ende und zogen dann weiter los, der Heimat zu. Die Füße wollten nicht mehr so richtig, besonders nach der Ruhepause, aber wir mußten, denn wir hatten noch manchen Kilometer zu schaffen und wollten auf jeden Fall bis zum Abend nach Hause. Wie die Kinderfüße diese Kilometer nur schaffen konnten? Je weiter wir kamen, desto bekannter wurde die Gegend. An einer Wegkreuzung stand ein Anhänger eines Lastwagens mit Frischfleisch beladen, das jetzt ganz gefroren war. Es war alles Schweinefleisch, wie Mutti sagte, sie kannte wohl als einzige alles.

Sie kletterte dann auch auf den Wagen und löste ab, was sie meinte tragen zu können, und sagte dann: »Für den ersten Tag daheim!«

Wir konnten kaum noch gehen, die Füße bewegten sich wie eine Maschine fast ohne Gefühl vorwärts. Es wurde mit jedem Schritt schwerer, und die Rucksäcke drückten so, wenn sie auch noch so klein im Vergleich zu Muttis waren. Plötzlich sagte Mutti, was wir denn machen würden, wenn unser Haus gar nicht mehr stehen würde. Das war für uns so ein Schlag, daß wir stehen blieben.

»Ja, damit müssen wir auch rechnen«, meinte Mutti dann.

Wir hofften und wünschten jetzt nur noch, daß es noch heile war, und marschierten immer weiter. Beim Weitergehen sahen wir oft abgebrannte Häuser, und unsere Angst stieg. Jetzt kamen wir durch das Dorf Lappkeim. Hier bemerkten wir Rauch aus einigen Schornsteinen und wußten, daß da jemand wohnte. Als wir dann die russischen Schilder mit dem roten Kreuz sahen, wußten wir, daß es Russen und keine Deutschen waren, und da schien es besser zu sein, schnell weiterzugehen. Wir wollten ganz einfach nicht bemerkt werden, denn keiner wußte ja, wie sie hier zu uns waren. Daher machten wir einen Umweg durch Hecken und Zäune, bis wir wieder auf die Straße kamen. Wir Kinder wollten lieber auf der Straße lang, Mutti wußte aber wohl, daß Vorsicht besser war, und da nützte weder weinen noch murren. Hier auf der Straße ging es wieder, trotz der Schneereste und dem Eis, aber vor lauter Anstrengung fingen wir bald an zu weinen. Mutti versuchte uns zu trösten, indem sie uns erklärte, daß jeder Schritt ein Schritt näher nach Hause sei. Aber wie versteht ein Kinderkopf das schon, es war alles zuviel. Rasten wollten wir nicht mehr, weil wir dann gar nicht mehr aufstehen konnten, so ging es weiter, ohne daß wir unsere Füße noch spürten. Das nächste Dorf war Polkitten. Hier kannten wir Kinder uns auch schon ein bißchen aus. Es war ausgestorben und still. Ganz unheimlich, durch ein ganzes Dorf zu gehen und nur ab und zu ein Klappern vom Wind zu hören und sonst nur sich selbst. Der Schutt und Unrat lag an jedem Haus bis an die Fenster hoch. Das meiste war allerdings noch mit Schnee bedeckt, und da konnte man auch nicht sehen, was da alles herumlag. Und wieder dachten wir, wie mag es bei uns aussehen? Das erste Gehöft unseres Dorfes hatten wir nun hinter uns. Unwillkürlich wurden unsere Schritte jetzt schneller. Die Freude, kurz vor dem Ziel zu sein, ließ uns die Anstrengungen einfach überwinden. Das nächste Haus kam und blieb hinter uns. Jetzt nur noch eins, denn beim nächsten konnten wir schon sehen, ob unser Haus noch stand. Immer schneller ging es. Und dann standen wir auf der Anhöhe und sahen unser Haus. Ja, es stand, es war nicht abgebrannt, das war die erste Freude, und wir fingen an zu laufen. Am Hofeingang blieben wir jedoch stehen. Wie hatte sich hier in der kurzen Zeit nur alles so verändert? Zwischen dem Schnee lag, bei uns genauso wie an den anderen Häusern, aller Hausrat vermengt mit toten Tieren und Sonstigem berghoch auf dem Hof. Trotz allem fühlten wir uns gleich wieder zu Hause und irgendwie geborgen. Durch unser lautes Geplapper, was ja nicht ausblieb, geschah etwas Merkwürdiges. Plötzlich hörten wir nämlich von der Holzscheune her einen Laut. Als wir dann hinübersahen, bemerkten wir unsere Katze Minka an der offenen Tür. Sie war die erste lebende Begrüßung zu Hause, und das war so schön. Aber auch sie war vom Krieg nicht verschont geblieben, ihr war ein Auge ausgeschossen. Nun ging es erst einmal ins Haus. Es sah da schlimmer aus als draußen.

Da lag alles durcheinander: Geschirr, Kleidungsstücke, Fleisch, Papier, Bücherreste und noch vieles andere. Hier sah man alles, was draußen noch mit Schnee bedeckt war. Unter all dem Gerümpel lag mitten in der Küche unsere Couch, ganz vollgeklebt mit Federn, die aus einem aufgeschnittenen Bett herumflogen. Von draußen bis in den Flur lag eine Matratze über dem Dreck, wohl damit die Soldaten beim Wühlen besser durchkamen. Im Wohnzimmer sah es nicht besser aus, und im Schlafzimmer waren die Füllungen aus dem Schrank und den Betten zertrümmert, als ob mit einer Axt hineingehauen worden wäre. Die Treppe hinauf zum Speicher und zur Oberstube konnten wir erst gar nicht benutzen, sie war regelrecht zugeschüttet. Manches von dem Zeug, was da lag, war gar nicht von uns, dafür fehlte wieder vieles von uns. Im Wohnzimmer ließ sich der Unrat am besten zur Seite schieben, und nachdem das geschehen war, setzten wir uns erst einmal hin und aßen unser Abendbrot.

Eigentlich hätten wir uns ja freuen können, daß wir nicht einmal Hände zu waschen brauchten, denn das wird von Kindern im allgemeinen nicht so geliebt, aber wir fühlten uns überhaupt nicht wohl und freuten uns schon auf das erste Wasser. Als erstes sah Mutti sich dann nach Bettzeug um, was sie auch fand. Im Wohnzimmerofen, der wie überall auch bei uns Kacheln hatte und bis zur Decke hoch gemauert war und deshalb noch da war, brannte dann auch bald ein Feuer, das uns aufwärmte und vor dem die feuchten Federbetten getrocknet wurden. Dann machte Mutti für jeden eine Schlafgelegenheit, damit wir uns endlich niederlegen konnten. Ausziehen konnten wir uns auch heute noch nicht. Erstens wegen des Schmutzes, und dann wußten wir ja auch nicht, wie es hier mit den russischen Soldaten bestellt war. Aber es wurde allmählich Zeit mit Umziehen und frischer Wäsche, denn wir hatten ja Tag und Nacht immer das gleiche Zeug an. So lagen wir denn die erste Nacht wieder daheim und schliefen auch schnell ein. In der Nacht wurden wir mehrmals durch ein Klappern am Fenster geweckt und dachten jedesmal, es käme jemand, da Mutti aber nichts sehen konnte, schliefen wir dann wieder ein. Am Morgen sahen wir, daß unsere Angst umsonst gewesen war und es nur von einem losen Haken kam, der zum Befestigen der Fenster da war. Heute wurde es schon lebhafter auf unserem Hof. Mutti hatte uns allerdings die Anweisung gegeben, möglichst leise zu sein und auf keinen Fall den Hof zu verlassen. Sie wollte nicht unnötig Russen anlocken. Bis jetzt wußten wir noch nicht, ob überhaupt jemand im Dorf außer uns wohnte, weder Russen noch Deutsche. Wir konnten nichts bemerken, alles war still. Mitten auf dem Hof stand unser Elektroherd, auf dem unsere alte Kaffeekanne stand und an dessen Seiten ein paar Lappen herunterhingen. Mutti hatte im Haus mit Aufräumen angefangen, und wir mußten ihr dabei helfen. Der Fußboden wurde nach dem Wegräumen nur gefegt, weil jetzt ja sowieso noch zuviel Schmutz reingetragen würde. Im Schlafzimmer wurde notdürftig ein Lager für uns alle gemacht, damit wir einigermaßen schlafen konnten. Für Tante und Onkel hatten wir noch ein Bett im Wohnzimmer. Im Wohnzimmer kamen dann alle Kleidungsstücke in vier große Mehlsäcke, die in eine Ecke gestellt wurden. Als Mutti sich dann an die andern Zimmer machte, stromerten wir Kinder schon wieder draußen herum. Eigentlich machte es uns jetzt Spaß, immer wieder etwas Neues im Schneedreck zu entdecken. Überall gab es genug zu entdecken, im Garten, in der Werkstatt von Papa, im Stall und in der Holzscheune, in der die Bretter lagerten, die Papa zum Arbeiten gebraucht hatte. Alles, was uns brauchbar schien und nicht festgefroren war, brachten wir ins Haus. Zuerst wollten wir manch verborgenes Ding mit dem Schuhabsatz heraushauen, weil es im vereisten Schnee fest war. Mutti verbot es aber, weil es dann vor Frost gebrochen wäre und dann unbrauchbar geworden wäre.

Was wir an Wäschesachen entdeckten, tauten wir deshalb mit heißem Wasser auf und trockneten es, ohne es zu waschen, das konnte man ja immer noch. Unter dem Gerümpel vor der Haustüre fanden wir unsere Zuchtente, natürlich eingefroren. Aber der Frost war eigentlich unser Glück im Unglück. Erstens konnten wir fast alles Eßbare noch verwenden, und zweitens konnten nicht so schnell Krankheiten, wie Typhus, ausbrechen. An der anderen Hofseite lagen die Köpfe der kleinen Ferkel. In Papas Werkstatt lag eine fremde, hochtragende Kuh. Sie war natürlich tot. Sie war so aufgebläht, daß Mutti ernsthaft überlegen mußte, wie sie das tote Tier hinausschaffen sollte. Sie war ja immer mit allem alleine. Wenn wenigstens noch eine Frau oder ein Mann hätte anfassen können, aber es war ja niemand da, und Onkel und Tante schafften weniger als wir Kinder.

Onkel schaffte es oft kaum noch, von seinem Lager aufzustehen. Tante fragte dann nur mal: »Geht es denn auch so?«

Sonst konnte sie auch nichts. Die alten Leute merkten alles noch mehr als wir Kinder, wahrscheinlich, weil sie auch noch mit ihren Gedanken in Not waren, was bei uns nicht so der Fall war. Wie es Mutti dabei ging, konnte ja niemand wissen, sie war einfach da und mußte immer Rat wissen und hatte ihn eigentlich auch immer für jeden. Endlich hatte Mutti nun auch einen Ausweg für die tote Kuh gefunden. Mutti nahm die große Schleppsäge, und dann gingen wir in die Werkstatt. Gemeinsam und im Wechsel mit uns Kindern wurde die Kuh nun in drei Teile zersägt. Dann wurden um die einzelnen Teile Seile geschlungen, und man schleppte sie hinter den Stall auf den Misthaufen. Das vordere und hintere Teil ging noch gerade zu schleppen, aber bei dem Mittelteil war es nicht so einfach. Aber nach vielen Mühen bekamen wir das auch noch weg. Unter dem Mist wurde die tote, geteilte Kuh dann vergraben. Es mußte ja schon für die wärmere Zeit vorgesorgt werden, in der dann sowieso alles viel zu schnell zu stinken anfing.

Die Ferkelköpfe wurden zu Sülze verkocht, und auch die Ente konnten wir noch kochen. Die Tage vergingen, und noch immer wußten wir nicht, ob im Dorf noch jemand wohnte. Zu suchen fehlte uns bisher die Zeit und auch der Mut. Es war außerhalb unseres Hofes so unheimlich, weil alles so öde und still war. Da, nach diesen ersten Tagen, kamen dann auch die ersten Russen. Wohl auf der Durchreise oder bei einem »Wühlgang« mußten sie uns bemerkt haben. Schwer zu finden war unser Haus ja nicht, weil es in der Mitte des Dorfes stand.

Einer der Russen erzählte uns dann, daß am andern Ende des Dorfes eine alte Frau mit kleineren Kindern wohnte. Nach der etwas undeutlichen Beschreibung hätte es Oma mit den Kindern von Onkel Fritz sein können. Es war aber nicht unsere Verwandtschaft, wie wir dann durch Zufall entdeckten. Es war die Familie Kraaß, die zwar in der gleichen Richtung wie Oma, aber etwas davor wohnte. Diese Familie war als einzige aus dem Dorf nicht geflüchtet, und beim Einmarsch der russischen Soldaten hatten diese die jungen Bauersleute mitgenommen und nur die beiden alten mit den Kindern dagelassen. Weil weit und breit kein Mensch wohnte, wurde die alte Oma von den Russen immer belästigt, sie war ja die einzige Frau für sie. Für Mutti war das nicht gerade ermutigend, aber was konnte man schon daran ändern.

Sooft es ging, besuchten wir diese alten Leutchen jetzt, die sich mit den fünf Kindern durchschlagen mußten. Viel konnten wir von ihnen nicht erfahren, denn sie verließen ihr Haus überhaupt nicht. Aber so einiges erfuhren wir doch. Im ganzen Ort sollte niemand anders wohnen als sie und jetzt wir. Da in den nächsten Tagen alles ruhig blieb, was unliebsamen Besuch betraf, wagten wir uns an die nächstliegenden Häuser, um alles Eßbare, was da noch lag, einzukochen. Immer brauchten wir viel Zeit und Mut, und dafür fanden wir nicht gerade Ersatz. Alleine durften wir nach Muttis Gebot unser Haus niemals verlassen. Die Gefahr sollten wir nicht herausfordern, dafür hatten wir schon zuviel erlebt. Man konnte ja nie wissen, ob hinter einem Haus oder Zaun nicht auch Russen waren. Nun suchten wir nach Essen, und Mutti sagte dann immer: »Wenn die andern heimkommen, müssen sie auch etwas haben, und wenn es dann schon warm ist, ist alles schlecht!« So sammelten wir für die Nachbarn, die doch nicht kommen wollten. An der Schmiede, gleich hinter uns, stand ein Holzkübel mit eingewässertem Fleisch, alles gefroren. Wir bekamen es ganz gut los, es war aber mehr Talg als Fleisch, alles war aber noch brauchbar und deshalb auch zum Mitnehmen. Ein Schaf, das in der Nähe lag, nahmen wir auch noch mit. Den Talg ließen wir aus und taten ihn in kleine Gefäße. Es sollte nicht alles auf einer Stelle sein, falls uns etwas weggenommen wurde, und wie das ging, wußten wir inzwischen ganz gut. So versteckten wir die Schüsselchen auch an verschiedenen Stellen, so daß wir später selbst suchen mußten. Hinter der Schmiede hatte Familie Wagner gewohnt. Sie hatten so einen kleinen Verkaufsladen für die nötigen Kleinigkeiten, die so nebenbei im Dorf gebraucht wurden. Das meiste hatten die Bauern selber, und das andere kauften sie für die ganze Woche auf einmal in der Stadt. Hier an diesem Haus fanden wir einen ganzen Sack voll totgeschossener Hühner. Was war der Frost uns nur ein guter Gehilfe. Wir schleppten sie also heim und rupften und säuberten sie. Das meiste tat Mutti ja, aber vieles mußten wir Kinder auch tun, und wir taten es ganz gerne. Mutti kochte sie dann im großen Waschkessel, weil es eine ganze Menge war. Als sie gar waren, stellte sie sie ans Fenster zum Abkühlen. Kurz darauf kamen Russen. Sie nahmen, ohne viel zu sagen, eine Schüssel und einen Eimer, und während wir noch überlegten, was sie damit wollten, schütteten sie die Hühner mit Brühe zusammen darein und waren auch schon verschwunden. Wir hatten noch versucht, wenigstens eins zu Mittag zu bekommen, aber sie waren weg, und wir hatten außer der getanen Arbeit nichts. Draußen lag ja noch genug, aber so hatten sie es ja besser und leichter. Das passierte uns jetzt oft. Sie wußten, daß wir da kochten, und da kamen und nahmen sie uns das fertige Essen weg. Es lohnte sich für uns kaum noch, die viele Arbeit zu machen. In der nächsten Zeit stellten wir Kinder uns beim Kochen an alle Ecken des Hofes als Posten auf, damit wir Mutti zeitig warnen konnten. Trotzdem wurde der schöne Truthahn, den wir bei Neumanns Haus fanden, ein Essen für die Russen, obgleich wir ihn nach dem Kochen gleich versteckt hatten. Von der Ente hatte Mutti das noch heiße Fett auf die Fensterbank zum Abkühlen gestellt. Sie meinte, das würde ja keiner nehmen, weil sie nicht wüßten, was das wäre. Es kam aber wieder anders. Als die nächsten Soldaten kamen, nahm der erste gleich das Schälchen mit dem noch warmen Fett und trank es in einem Zug aus. Wie mag es dem wohl hinterher ergangen sein? Manchmal hatten wir allerdings auch Glück. So hatten wir Schweineschmalz ausgelassen und auch in kleinen Näpfen an verschiedenen Orten versteckt. Das diente uns für die ganze nächste Zeit als Brotaufstrich, wenn wir Brot hatten. Wenn wir jetzt statt Brot Flinsen (Kartoffelpuffer) backten, mußten wir Kinder auch an den Ecken Posten stehen, denn der Geruch entging den vorbeifahrenden Soldaten bestimmt nicht. In unserm Dorf selbst waren gar keine Soldaten stationiert, aber da sie wußten, daß wir da wohnten, kamen sie viel öfter vorbei. Eines Tages kamen um die Mittagszeit einige Russen mit einem Lastwagen vorbei und fragten ganz höflich, ob sie bei uns Mittag kochen dürften. Nun, weshalb nicht, da sie ja auch so nett fragten. Sie brachten ihre Zutaten auch selber mit. Es waren keine Soldaten von der Kompanie aus dem Nachbarort, sie waren nur auf der Durchreise dahin oder daher. Der Oberste sah ganz schrecklich aus, und wir Kinder bekamen gleich Angst.

Dann stellte sich jedoch heraus, daß er der netteste von allen war. Sie wunderten sich, wie die meisten der Russen überhaupt, daß Mutti so viele Kinder hatte, sechs schienen ihnen sehr viel für die deutschen Frauen zu sein. Von ihrem Büchsenfleisch bekamen wir alle etwas ab, und dazu erzählten sie so nett, daß wir uns nur wundern konnten, wie nett auch Russen sein konnten. Solche hatten wir ja noch gar nicht kennengelernt. Sogar richtiges Brot bekamen wir von ihnen, das wir in letzter Zeit überhaupt nicht mehr hatten. Nach dem Essen zogen sie wieder los, und wir wünschten, alle würden so sein. An einem andern Tag rettete unsere kleine Ute uns buchstäblich vor dem Tod. Wieder kamen zwei noch sehr junge Soldaten in unser Haus gestürzt, die wir aber noch nicht gesehen hatten. Manche kannten wir jetzt schon, weil sie oft mal vorbeikamen. Diese beiden hatten die Tasche eines Photoapparates in der Hand und wollten nun von uns um jeden Preis den dazugehörigen Apparat haben. Aber wir hatten weder den, noch einen anderen. Was sollten wir nur tun? Sie wurden richtig böse, was man bei den jüngeren Soldaten meistens merken konnte. Sie tobten so im Haus herum und schrien uns so an, daß wir schon zu weinen begannen. Da waren sie auf einmal so plötzlich still, daß wir dachten, nun ist es so weit. Sie hatten nämlich schon ihre Pistolen gezogen, und das konnte schnell gehen. Was war aber wirklich? Eigentlich nichts Besonderes. Nur unsere kleine Ute kam ins Zimmer gelaufen. Sie war mit ihren drei Jahren besonders niedlich, und das Drollige muß ihnen wohl so gefallen haben. Sie riefen immer wieder: »O, klein Malinki«, und hatten Spaß an ihr und lachten mit ihr um die Wette.

# Mutti bekommt Arbeit

Jetzt wohnten wir schon eine ganze Weile wieder zu Hause, und da sagte Mutti eines Tages, daß sie nun endlich mal bis zu Onkel Fritzens Gehöft gehen und sehen wollte, wie es da aussah. So zogen wir ganz vorsichtig los. So weit hatten wir uns noch nie weggewagt, obwohl es eigentlich gar nicht weit zu laufen war. Aber einige blieben ja immer zu Hause, und man konnte nie wissen, was in der Zeit geschah, in der Mutti weg war. Ich selber war fast immer mit ihr unterwegs, weil ich immer gut zu Fuß war. Am heutigen Tag war ich auch wieder dabei, und es dauerte nicht lange, bis wir dann am Haus von Opa ankamen. Das Haus gehörte schon Onkel Fritz, Opa wohnte da noch auf dem Altenteil. Schade, daß wir nicht alle wie früher begrüßen konnten. Der Hof sah nicht anders aus als alle andern auch. Alles war mit Möbeln und anderem Hausrat zugedeckt, wie schon bei uns. In den Zimmern hatten sie aber überall in die Wände geschossen, das war etwas Neues. Draußen vor der Scheune lag ein halbfertiger Korb, den Opa nicht mehr fertig geflochten hatte. Das war nämlich eine seiner Winterarbeiten, wenn auf dem Hof nicht so viel zu tun war. Da wurde es Mutti auf einmal schwer. Diese Arbeit würde Opa nie mehr beenden, das wußte sie, obwohl ihr niemand gesagt hatte, ob er noch am Leben sei. Opa machte im Winter viele und gute Körbe, und am besten konnte er die Holzschlorren machen, von denen wir Kinder auch schon welche gehabt hatten. Man konnte so fein damit laufen und hatte immer trockene Füße. Mutti hatte einen ganz besonderen Wunsch heute: Sie hoffte sehr, daß sie das alte Predigtbuch fand, das Opa besessen hatte. Sie fand es aber nicht. Vielleicht hatten es die Großeltern sogar mitgenommen. Jeden Augenblick horchten wir auf, ob da nicht jemand käme. Zum Glück war es nur immer ein alter Lappen oder ein Stück Papier, was sich da im Winde bewegte. Wir hielten uns nicht lange auf, es war hier sowieso nichts zu finden. Auf dem Rückweg sahen wir am Eingang zum Kirchhof den Zuchtbullen vom Gutshof neben einer Kuh liegen. Zu dieser Zeit wäre das Fleisch noch gut gewesen, aber wir konnten schon das Naheliegende nicht verwerten, wie also dieses noch? An Vorräte für andere dachten wir jetzt auch nicht mehr so, weil uns die Soldaten doch alles nahmen, wenn es sauber und fertig zubereitet war.

Durch die Besuche der Russen war nun längst bekannt geworden, daß wir da wohnten. Eines Tages kam nun ein ziemlich kleiner Soldat zu uns und fragte Mutti, ob sie für ihn Wäsche waschen könnte. Er wollte uns dafür Essen bringen. Mutti nahm das Angebot an, und so kam er regelmäßig geritten und brachte Wäsche und beim Abholen Lebensmittel dafür. Um die Soldaten auseinanderzuhalten, nannten wir sie in ihrer Abwesenheit mit passenden Namen. Dieser bekam den Namen »Kleinerlein«, denn er war wirklich sehr klein. Nach dem Waschen hatte Mutti die Sachen gleich immer geflickt und in Ordnung gebracht, und dadurch hatte er gemerkt, daß Mutti nähen konnte. Das sprach sich nun wieder schnell bei der Kompanie herum, und so bekam Mutti bald mehr Näharbeit. Einer der ersten Kunden war ein einfacher, älterer Russe. Er brachte einen deutschen Soldatenmantel und fragte Mutti, ob sie ihm daraus eine Hose nähen könnte. Mutti konnte es natürlich, denn sie hatte nähen gelernt. Eine Nähmaschine hatten wir auch schon wieder seit einiger Zeit zusammengefunden, von da dieses Teil, von dort jenes – jetzt nähte sie. Als Arbeitslohn für seine Hose brachte uns dieser Soldat einen Kuhkopf, den er wohl irgendwo beim Schlachten ergattert haben mußte. Aus diesem konnten wir uns eine kräftige Suppe kochen, und der Soldat bekam seinen Namen »Kuhkopp«. Das war nicht böse gemeint, aber da sie sowieso fast alle Mischa und Iwan hießen, mußten wir schon etwas erfinden. Weiter kam noch ein älterer Kunde, der jedesmal ganz stolz »Gutten Morrgen« sagte, es war fast das einzige, was er an Deutsch konnte. So hieß er dann auch bei uns. Und dann war da noch einer, der wohl älteste und auch netteste, der hieß bei uns »Alterche«. Jene waren die ersten Stammkunden für Näharbeit. Nun hatte Mutti genug zu tun. Für eine Hose umdrehen oder neu nähen bekamen wir ein Brot. So eine Uniformhose machte ziemlich viel Arbeit, denn die hatten zwischen den Nähten rote Biesen. Wir waren aber glücklich, daß wir wieder richtiges Brot zu essen hatten. Manche brachten auch andere Lebensmittel, aber nicht oft. Auch ein großer blonder Russe brachte uns eines Tages Stoff zum Nähen.

Er war auch noch sehr jung, aber so ganz anders als die anderen alle. Er sprach auch viel besser deutsch und schimpfte auf die Kameraden, die die Kinder, Frauen und Tiere so behandelten. Wir waren darüber eigentlich verwundert. Dann kam beim Erzählen heraus, daß seine Mutter eine Deutsche gewesen war. Nun konnten wir uns auch sein Aussehen erklären, denn so groß und dazu noch blond war eigentlich kein Russe. Unter anderem hatte er auch das schwarz-grau-melierte Zwischenfutter eines deutschen Soldatenmantels gebracht, was noch beliebter als der Oberstoff war. Mutti nähte inzwischen fast alles, was sie brauchten. Sogar Mützen aller Sorten, die sie trugen, wurden bei Mutti ganz echt und neu hergestellt. Eine Sorte hatte die Form einer Torte. Rundherum war Pelz oder schwarzer Krimma, das sah so ähnlich wie Pelz aus. Der Deckel oben war aus rotem Stoff und darüber ein schwarzes Kreuz. Solch eine Mütze war eine der ersten, später nähte sie sogar die Schirmmützen der Uniformen. Einer der ersten, der sich eine Mütze nähen ließ, war so stolz darauf, daß er sie gleich aufsetzte und dann damit losging. Als er aber am nächsten Tag wieder mit der alten auf dem Kopf ankam, fragte Mutti ihn, wo denn seine neue sei. Da erzählte er ganz traurig, er habe beim Essen am Tisch gesessen und sie dabei hinter sich auf den Stuhl gelegt, und wie er sie wieder nehmen wollte, war sie weg. Obwohl er alles nachgesehen und alle gefragt habe, hätte ihm keiner etwas sagen oder helfen können. Sie blieb weg.

»Kammrad zappzerapp!« sagte er, das hieß, daß sie ihm ein Kamerad gestohlen hatte.

Es war schon so, nicht nur uns nahmen sie etwas, sondern auch unter sich war das so. – Draußen merkte man nun deutlich, daß es Frühling werden wollte. Der Schnee fing an zu schmelzen, und was solange noch darunter war, kam jetzt zum Vorschein. Die Kleidungsstücke hatten solche Stockflekken, daß es an den Stellen gleich Löcher gab. Das Geschirr, das noch nicht kaputt war, konnte man noch gut gebrauchen. Im Garten sammelten wir die Knöpfe aus Muttis Knopfkiste auf und noch einzelne Photographien. Die meisten waren unbrauchbar, aber einzelne zur Erinnerung waren noch dabei. In einem Photo von Papa in Uniform hatten sie beide Augen ausgestochen. Als ob das Photo davon etwas merken würde! Aber auch unsere Puppen waren zerstümmelt. Einer war der Hals abgeschnitten, der anderen die Hände und der Bauch aufgeschnitten, und so war bei jedem etwas. Für uns Kinder schmerzlich genug, wenn es auch viel Schlimmeres gab.

Von Papa wußten wir seit seinem Kurzurlaub im Januar nichts mehr. Ob er noch lebte? Oder ob er tot oder in Gefangenschaft war? Alles war möglich, aber keiner konnte Gewißheit geben.

Es wurde mit dem warmen Wetter auch Zeit für den Garten, und wenn es möglich war, fing Mutti an mit Graben und dem Einsäen. Die Näherei mußte natürlich weitergehen. So waren wir dann eines Tages wieder alle im Garten beschäftigt, als wir ein Auto brummen und dann anhalten hörten. Neugierig gingen wir Kinder bis zum Zaun, auch Mutti kam hinter uns her, aber alles war zu spät. In Windeseile hatten drei Soldaten die Nähmaschine herausgetragen und auf das Auto geladen. Sie war noch nicht ganz oben, als der Wagen schon anfuhr. Wir liefen noch nach und riefen, aber vergeblich. In der Eile fiel nur noch eine Schublade herunter, das war alles, was von der Nähmaschine bei uns blieb. Was sollte Mutti nun ohne Maschine machen? Aber wir hatten noch einmal Glück. In der Nähe fanden wir eine andere Nähmaschine, die wir mit Hilfe der Teile aus Muttis Schublade so einigermaßen zum Nähen bekamen. Es kostete nur immer alles Zeit und Mühe, aber Mutti gab ja nie auf. Im Garten konnten wir jetzt auch schon den Fortschritt unserer gemeinsamen Arbeit sehen. Mutti grub, und wir halfen bei allem anderen, Samen hatten wir auch noch auf dem Speicher gefunden, da würde es schon werden. Von draußen her konnte man jetzt natürlich noch deutlicher sehen, daß hier jemand wohnte. Dann hörten wir, daß Frau Apel mit ihrer Pflegetochter Ingetraut Anfang April zurückgekommen sei. Sie arbeitete für die Russen, die bei Mutti nähen ließen, auf den Feldern. Dort säte sie ganze Felder mit Gurken, Radieschen und Möhren ein. Von ihr bekamen wir auch noch Gurkensaat. Wenn sie nicht gerade viel Arbeit hatte, kam sie zu uns herüber und erzählte uns von ihrer Flucht und half uns dann auch hier und da, wo es gerade fehlte. So half sie uns eines Tages aus allergrößter Not. Ein Oberleutnant hatte, wie so viele, seine Hose zum Wenden gebracht. Mutti nähte immer so hintereinander, wie die Sachen hereinkamen, und alle waren zufrieden und warteten auch. Am anderen Tag nun, als Frau Apel gerade wieder bei uns war, kam er wieder und sagte, die Hose müßte in einer Stunde fertig sein, wenn nicht, würde er uns alle erschießen. Seine Waffe hielt er dabei schußbereit in der Hand. Kam es ihm wirklich auf die Hose an? Oder suchte er nur einen Grund zum Schießen, oder wollte er uns nur in Angst versetzen? Wir wußten es nicht und konnten auch nicht überlegen, dazu war die Zeit zu kurz. Um diese Zeit war es sowieso ziemlich ruhig, und nur wenige Soldaten tauchten so auf. Wir mußten auf jeden Fall mit allem rechnen und begannen deshalb alle, so gut es ging, an der Hose zu helfen. Die Zeit lief nur so davon. Frau Apel war genauso aufgeregt wie wir, aber keiner wollte es zeigen. Der Oberst war losgegangen und hatte zwei bewaffnete Soldaten dagelassen, denen er noch einmal genau sagte, was sie zu tun hatten. Wie so etwas an Arbeit geschafft werden sollte, konnte keiner begreifen. Das Wunder für uns geschah aber doch! Die Hose wurde zur rechten Zeit fertig. Nur gut, daß Frau Apel uns geholfen hatte. Als sie allerdings fertig war, hatten die Soldaten auf einmal Zeit. Sie steckten die Waffen weg und saßen dann da und unterhielten sich auf russisch, was wir ja nicht verstanden. Mutti wendete sich wieder der anderen Näharbeit zu, denn der Alterche wollte seine letzten Sachen noch heute abend abholen kommen. Vor kurzem hatte er uns erzählt, daß die ganz Alten, zu denen er auch gehörte, in Kürze nach Rußland dürften. Da wollte er seiner Familie etwas mitbringen und ließ bei Mutti nähen. Für die Töchter ließ er aus blau-goldenem Matratzenstoff Kleider und für die Söhne die Hosen, an denen Mutti gerade nähte, anfertigen. Morgen früh würden die Alten nach Rußland abfahren, es mußte deshalb heute noch geschafft werden. Auf einmal sagten nun die beiden Soldaten, Mutti sollte sich beeilen, sie würden die Hosen für den Kameraden mitnehmen. Das war für Mutti ein Alarmzeichen. Erstens wußten die beiden gar nicht, von wem die Näharbeit war, und zweitens würde der alte Mann nichts davon sehen. Warum den alten Mann so enttäuschen, der immer nett war?

Mutti versuchte langsamer zu nähen und sagte immer wieder: »Wenn doch nur der Alterche käme!«

Aber um diese Zeit erwarteten wir ihn ja noch nicht. Alle schauten wir an den Fenstern nach ihm aus, und auf einmal rief Klaus: »Der Alterche kommt!«

Tatsächlich hatte die Freude dem alten Mann keine Ruhe gelassen, und er kam schon jetzt. Als die beiden wartenden Soldaten nun unsere Freude bemerkten und am Fenster den Soldaten kommen sahen, verschwanden sie ohne ein Wort. Auch die Hose von dem Oberst hatten sie nicht bezahlt. Damit hatte auch keiner mehr gerechnet, und alle waren froh, daß sie weg waren.

Nach ungefähr zwei Wochen kamen die nächsten Dorfbewohner zurück. Vorher ereignete sich bei uns aber noch etwas, wovon wir noch wochenlang Herzklopfen hatten. Onkel war jetzt schon so elend und schwach, daß er das Bett gar nicht mehr verlassen konnte, und Tante wich kaum von seinem Bett, nur wenn sie beim Kochen oder Spülen half.

## Gefangene

Die Russen kamen und gingen. Oft waren es bis zu zwanzig auf einmal, die bei uns in der Stube saßen und sich unterhielten. Sie saßen dann auf Tisch und Stühlen, soweit sie reichten, und unterhielten sich viel über den Krieg. Zu dieser Zeit hatten wir schon einzelne Wörter auf russisch gelernt und verstanden so manches von der Unterhaltung. Oft schimpften sie auch, und dann vergaßen sie ganz ihre Umwelt. Einer sagte dann: »Chitler ni gutt, Stalin auch ni gutt!« Das war sowieso die Ansicht der meisten. Ein anderer wieder sagte, sie hätten sechs Hitler erschossen und der siebte, das war der richtige, der wäre entkommen. Was nun aber wirklich überall los war, konnten wir nicht heraushören. Man sah außer den russischen Soldaten ja niemand, und wie gerne hätten wir wieder mit Leuten wie uns gesprochen. Ja, und dann kam der aufregende Tag. Niemand von uns ahnte etwas.

Am hellen Mittag hörten wir so sonderbares Pfeifen von der Holzscheune her. Aber keiner dachte sich dabei etwas. Und dann stand da plötzlich ein Deutscher bei uns in der Küche. Aber da hätten wir gewünscht, er wäre nicht gekommen, es war nämlich ein deutscher Soldat in Uniform. Uns traf der Schlag. Ich glaube, keiner war von Aufregung verschont, aber wir brachten auch kein Wort heraus. Mutti erfaßte die Situation sofort. Wenn in diesem Moment russische Soldaten aufgetaucht wären, hätten wir die längste Zeit gelebt. Das sagte Mutti dem Mann auch, und wie er uns in eine solche Lage bringen könnte. Der Soldat wußte es anscheinend. Er sagte nur ganz kurz das Nötigste. Seine Hose hielt er mit den Händen fest, und nun erfuhren wir: Er war in Königsberg in Gefangenschaft gekommen, nachdem die Russen die Stadt eingenommen hatten. Dort wurden allen Gefangenen die Hosenträger abgenommen, damit sie nicht weglaufen konnten. Er bat nur, ob Mutti Hosenträger und ein Stückchen Brot für ihn hätte, und fragte, wo er sich befände. Er ging nur nach Kompaß und kannte das Land nicht so. Mutti sagte ihm, wo er war, und da freute er sich, daß er schon so weit war. Dann gab sie ihm ein Paar alte Hosenträger, die von Papa waren und im Flur an einem Haken hingen, und noch ein Stück Brot und bat ihn, schnell zu verschwinden und niemandem zu sagen, daß er bei uns war. Wir wollten das auch nicht tun. Genauso still und leise, wie er gekommen war, war er wieder verschwunden. Wir saßen alle wie gelähmt. Keiner getraute sich zu rühren. Wir guckten nur immer nach der Tür, ob da nicht gleich ein Russe erschien. Aber alles war und blieb still.

Bis zum Abend saß uns der Schrecken noch in allen Gliedern, als dann noch niemand kam, wußten wir, daß ihn niemand bei uns gesehen hatte, und wir wurden wieder ruhiger. Eine Woche später etwa geschah etwas, was uns dann noch aufgeregter machte: Es war noch ganz früh am Morgen, als ein Oberleutnant zu uns ins Zimmer kam und Mutti fragte, ob sie deutsche Soldaten versteckt hätte. Mutti sagte natürlich nein und machte ihm klar, daß wir dazu viel zuviel Angst hätten und hier doch sowieso keine deutschen Soldaten mehr wären. Da sagte er, und seine Stimme nahm einen sonderbaren Ton an: »Frau, wo deutsche Soldat, wenn du nicht sagen, du kaputt!« Dann zog er seine Pistole heraus und hielt sie auf Mutti. Alle zitterten vor Angst, aber niemand sagte ein Wort. Wir hatten längst gelernt, daß wir nur das zu sagen hatten, was Mutti sagte, und dann nichts schiefgehen würde. Aber was sollten wir jetzt tun? War das jetzt nicht etwas anderes? Mutti hatte in Sekundenschnelle überlegt: Wenn sie den Soldaten von vor einer Woche tatsächlich gefunden hatten und Mutti zugab, ihn gesehen zu haben, würden wir sowieso erschossen werden, und es war noch nicht sicher, ob es der tatsächlich war. Er hätte ja schon viel zu weit weg sein müssen. So sagte sie ganz bestimmt, daß er schießen müsse, sie habe keinen Menschen gesehen. Er versuchte es noch einmal, indem er sagte, er müßte uns alle erschießen. Mutti blieb aber dabei, sie war schon etwas sicherer, aber die Angst stand ihr, wie uns, auf dem Gesicht geschrieben.

»Wenn ich sage, daß ich keinen Soldaten gesehen habe, dann ist das auch so.« Im stillen beteten wir um einen guten Ausgang. Da steckte der Russe plötzlich seine Pistole ein und ging, ohne ein Wort zu sagen, hinaus. Jetzt begann die Angst erst richtig. Wir dachten, er würde noch andere Soldaten holen. Aber es kam niemand, er hatte uns geglaubt. Kurz darauf ertönte draußen ein lautes Signal, und ganz aus der Nähe hörten wir lautes Rufen und Grölen der russischen Soldaten. Wir gingen ans Stubenfenster und sahen vorsichtig in die Richtung, von wo der Lärm herkam. Da sahen wir einen Kastenwagen, vor dem Pferde gespannt waren, über das holperige Straßenpflaster hinter dem alten Haus fahren. Auf dem Wagen saßen etwa zwanzig Russen, die diesen Lärm verursachten. Der Wagen rappelte bei dem Tempo so, daß wir dachten, er würde jeden Moment auseinanderbrechen. Den Grund erfuhren wir dann auch.

Einige Russen hatten tatsächlich einen deutschen Soldaten gesehen, und jetzt waren diese auf dem Weg zu ihm. Sie fanden ihn bald in einem Kornfeld. Es war zwar nicht der, der bei uns gewesen war, aber auch ein deutscher Soldat. Als sie ihn nach einigem Suchen gefunden hatten, gaben sie das Signal, und dann kamen erst Russen mit dem Wagen, um ihn zu holen. Es dauerte gar nicht lange, bis sie wieder mit vollem Tempo den Berg herabkamen. Lachend und grölend saßen die Soldaten auf dem Wagen.

Und der Deutsche? Dem hatten sie die Hände zusammengebunden und einen Strick um dessen Bauch befestigt. Den Strick hatten sie etwa einen Meter weit vom Wagen festgebunden, und der Soldat mußte in kleinen Schritten hinterherlaufen, um nicht zu verunglücken. Er mußte sich die größte Mühe geben, denn die Hände waren vor dem Bauch, und er konnte sich nirgendwo abstützen. Durch die dunkelgeränderte Brille und seine Körpergröße wußten wir mit Bestimmtheit, daß es nicht derjenige war, der bei uns gewesen war. Es war ganz schrecklich, das anzusehen und nicht helfen zu können. Mutti war nun glücklich, daß sie den andern nicht verraten hatte. Ob der freilich durchgekommen war, wußten wir nicht und würden es auch nicht erfahren. Aber er war wenigstens nicht durch unsere Schuld verraten. Von dem gefangenen deutschen Soldaten hörten wir schon am gleichen Nachmittag, wie es ihm ergangen war. Als wir gerade wieder im Garten beim Säen waren, kam der Koch der Kompanie vorbei und erzählte uns lachend, wie sie ihn getötet hatten. Er war Zielscheibe für alle geworden. Der letzte Schuß war ihm in den Bauch gegangen und im Rücken wieder herausgekommen. Dann hätten sie ihn in die Jauchegrube geworfen. Das war der Krieg, so sah er immer noch aus.

## Die ersten Heimkehrenden

Daß Königsberg »gefallen« war, hatten wir schon von dem Kleinerlein gehört. Als er einmal wieder Wäsche abholte, fragte er, ob wir Kaffee hätten. Wir verneinten und dachten an das bißchen Zichorie, das wir noch hatten. Er wollte uns dann etwas geben, aber wir dürften keinem etwas sagen. Das wußten wir mittlerweile schon, und er verlangte eine Schüssel. Mutti sah sich nach etwas Passendem um, während er schon den Deckel von dem Waschkessel nehmen wollte. Da gab Mutti ihm aber eine kleinere Schüssel, der Deckel war wohl doch zu wüst. Als er dann wieder hereinkam, trauten wir unseren Augen nicht. Wir hatten an ein bißchen Gerstenkaffee gedacht, und er brachte uns die Schüssel gehäuft voll Kaffeebohnen. Wir waren sprachlos. Er stellte sie nur hin und rannte dann zum Pferd und ritt weg. Ja, er hatte Angst, daß eventuell einer seiner Kameraden ihn und die Kaffeebohnen zusammen sehen könnte. Dazu kam es sowieso nicht, denn so einen Schatz mußte man ja schnellstens verbergen. Für uns Kinder waren sie zwar nicht so interessant, aber wir wußten, daß sie selten waren und den »Großen« guttaten.

Mutti sagte oft, daß die andern Soldaten immer wieder Gewalt an Frauen verüben, nur der Kleinerlein tat das trotz der vielen Hilfen nicht. Was diese Gewalt richtig war, wußten wir Kinder immer noch nicht. Mutti hatte es uns auch nie erklärt. Später kam dieser Kleinerlein allerdings zu Mutti und meinte, er habe nun so viel getan und dürfe nun wohl mit ihrer Gunst rechnen. Mutti war ganz verstört. Nachdem er abgewiesen worden war, ging er, ohne – wie die anderen – Gewalt anzuwenden.

Den Bohnenkaffee tat Mutti in eine dichte Dose und versteckte ihn im Garten in einem der beiden Lebensbäumchen für einen Notfall. Nur der kranke Onkel und die Tante bekamen erst einmal ein bißchen davon. Nachher gab Mutti an den Sonntagen etwas davon heraus. Der Kleinerlein war dann am andern Tag dagewesen und hatte erzählt, daß der Kaffee aus der Stadt Königsberg sei, die ziemlich niedergebrannt und kaputt sei. Onkel und Tante waren untröstlich, doch wer konnte trösten? Es ging keinem besser, und beide sahen sie dann ihre Heimat auch nie mehr wieder. Die Belästigungen, wie die Großen das nannten, wurden immer schlimmer, obwohl sie offiziell jetzt verboten waren.

Eines Abends, es war schon dunkel, hörten wir ein Auto brummen und kurz vor unserm Haus halten. Wir ahnten schon, daß es etwas Böses war, weil um diese Zeit keine Soldaten mehr unterwegs waren. Kurz darauf klopfte es stark an die Haustür, und Mutti mußte öffnen. Sie hätten sonst die Tür eingeschlagen. Mutti kam allerdings schnell zu uns in die Küche. Aber das nützte ihr nichts. Mit Gewalt zogen drei Soldaten Mutti in den Flur und hielten die Tür zu, damit wir nicht nachkommen konnten. An der Haustüre von draußen hatten sie einen Posten stehen, damit er Alarm gab, falls jemand käme. Es war ja verboten, und das wußten sie. Wir jammerten um Mutti, und da wollten die drei uns nun wieder zum Schweigen bringen. Wir hörten nur, daß Mutti sich zu wehren versuchte, und dann rief sie: »Kinder schreit, was ihr könnt!«

Und das taten wir.

Wir öffneten das Fenster und schrien aus Leibeskräften um Hilfe. Da rannten die Soldaten zum Wagen und verschwanden. Am andern Morgen fanden wir im Flur eine Brieftasche mit verschiedenen Papieren und Rubeln. Wie mag der betreffende Soldat die wohl gesucht haben. Dieses Mal war es also gutgegangen, das passierte sicherlich nicht oft. Eines Abends klopfte wieder ein Soldat und rief: »Frau mach auf!« Obwohl es unnütz war, die Türe abzuschließen, schlief man doch ruhiger. Zuerst wartete Mutti im Flur und versuchte ihn abzuwimmeln, indem sie sagte, es sei doch verboten und so weiter. Aber er hämmerte so wütend gegen die Tür, daß wir Angst hatten, er würde sie ganz kaputt machen. Dann schloß Mutti die Tür auf, zog den Schlüssel schnell ab und kam in die Stube gelaufen. Das heißt, sie wollte es. Plötzlich hörten wir einen Schuß, und dann war alles still. In der Stille hörten wir dann eilige Schritte, die vom Hause wegliefen. Wir fingen an zu weinen und liefen in die Küche, dachten wir doch, er hätte Mutti erschossen. Dann hörten wir Mutti leise sagen, wir sollten ganz still sein, es wäre nichts passiert. Der Schuß war genau hinter Mutti in die eiserne Bratofentür am Kachelherd gegangen. Wäre Mutti einen kleinen Moment später gegangen, wäre sie getroffen. Der Soldat muß das wohl auch angenommen haben, denn sonst wäre er sicher nicht so schnell weggelaufen. Aber wie gesagt, das waren Ausnahmen, wenn die Frauen entkamen. Wir Kinder hörten nur immer: »Nur gut, daß euch nichts passiert ist.«

Ja, und gut war es tatsächlich, wenn wir auch nicht wußten, was da vor sich ging.

Ja, und dann kamen die nächsten Dorfbewohner nach Hause. Es war die Familie Rexin, die Nachbarn von Onkel Fritz waren. Sie kamen auch ohne Pferde und Wagen, aber das konnte sich ja jeder denken. Sie zogen auch nicht in ihr Haus, weil das zu weit von der Mitte ablag, und so blieben sie bei der Oma Kraaß. Besonders gut ging es ihnen auch nicht, und da waren sie ganz froh, nicht alleine zu sein. Herr Rexin trug einen ziemlich langen Bart und sah damit um Jahre älter aus. Man konnte ihn gut für fünfundsiebzig Jahre halten. Er wollte seinen Bart auch nicht abschneiden, sonst wäre er sicher nicht bei der Familie geblieben. Und wir waren alle froh, daß ein Mann im Dorf war, man fühlte sich doch etwas sicherer. Mutti gab ihm von dem Bohnenkaffee, damit er mit seinem Durchfall besser zurechtkam, und es schien tatsächlich, als wenn es hülfe.

Einige Tage nach der Ankunft von Rexins starb der Opa Kraaß. Mutti und der älteste Sohn der Familie Rexin, Karl-Otto, gingen auf den Friedhof, um ein Grab für ihn zu graben. In der Zeit waren wir Kinder mit Tante und Onkel alleine zu Hause. Onkel lag sowieso krank im Bett, und Tante saß wie immer dabei. Sie war aber immer noch gut auf den Beinen.

Als Mutti nun auf dem Friedhof war, kam ein Russe dahin, den wir wegen seiner vielen Pockennarben im ganzen Gesicht den »Pockennarbigen« nannten. Er war im Aussehen wie im Benehmen sehr häßlich. Er fragte Mutti nur, was sie da täte, und als sie es ihm sagte, gab er sich damit zufrieden und ging wieder fort.

Wir saßen inzwischen zu Hause in der Stube und wagten uns ohne Mutti nicht nach draußen. Da kam ganz plötzlich der »Pockennarbige« in die Stube. Wir Kinder erschraken. Er aber tat heute sehr freundlich, und nachdem er einiges erzählt hatte, sagte er zu Christel, die gerade zwölf Jahre alt war, sie möchte mal mit ihm auf den Speicher kommen, denn er hätte da etwas gesehen, das er ihr zeigen wolle. Wir stellten uns ganz dumm, als ob wir ihn nicht verstehen würden. Vielleicht kam Mutti ja bald, und wir könnten ihn solange hinhalten.

Was wir tun sollten, wußten wir auch nicht recht, obwohl wir genau wußten, daß der Soldat Böses vorhatte.

Wir andern zogen uns in die Ecken zurück, und Christel ging hinter den Tisch. Da zog er eine Taschenlampe hervor, die sogar brannte, und meinte, sie solle ihm da oben etwas suchen helfen. Aber Christel gab nicht nach. Sie wußte genausogut wie wir, daß die Kinder auf keinen Fall mit einem der Soldaten mitgehen durften.

Die Tante, die noch mehr Angst hatte als Christel, sagte dann, sie solle doch ruhig mitgehen, vielleicht wolle er ja tatsächlich nur etwas von da oben holen. Ob Tante wirklich so naiv war oder ob sie Angst um sich hatte, kann niemand sagen. Christel ging auf jeden Fall nicht mit, sie mußte an Muttis Worte denken und blieb hinter dem Tisch. Jetzt kam der Russe an den Tisch und wollte langsam auf sie zugehen, sie aber ging auch weiter, und je weiter er kam, desto weiter ging auch Christel. So behielten sie immer den gleichen Abstand, und es sah beinahe wie ein Kinderspiel aus.

Klaus war inzwischen unbemerkt verschwunden. Er war geradewegs zu Mutti gelaufen, die sich schon wunderte, daß gerade der Pockennarbige so schnell mit einer Antwort zufrieden war. Plötzlich fiel ihr ein, daß er womöglich zu uns Kindern gegangen sein könnte, da er wußte, daß wir alleine waren. So war sie schon auf dem Heimweg, bevor Klaus den Kirchhof richtig erreicht hatte. Als dann ihre Vermutung bestätigt wurde, kamen beide schnell zu unserem Haus gelaufen. Gerade als der Soldat nun böse werden wollte, ging die Tür auf, und Mutti kam herein, was den Soldaten auch verjagte. Das wiederum verwunderte uns, denn wenn er zu Mutti kam, war er auch frech und nicht fortzujagen. Aber anscheinend hatte er Angst, besonders weil er ganz alleine da war.

Nicht lange danach kamen wieder ein paar Leute zurück: die Familie Pedak, die am Ende des Dorfes wohnte. Zuerst blieben sie noch bei uns, aber dann zogen sie doch in ihr eigenes Haus. Kurze Zeit später kam auch Familie Gland, die Nachbarn von Pedaks waren. Jetzt waren die auch nicht so alleine da.

Jetzt im schönen sonnigen Mai wagte Mutti, die gewaschene Wäsche das erste Mal wieder nach draußen zu hängen. Über den Hof hatte Mutti Seile gespannt, an der nun die sauberen Wäschestücke lustig im warmen Wind flatterten. Wir Kinder mußten aber auf jeden Fall Wache halten, wenn wir dabei auch spielen konnten. Zuerst machte es auch Spaß, aber dann wurde es langweilig. Immer neue Spiele dachten wir uns aus und spielten nicht mehr an einzelnen Postenstellen, sondern zusammen. Das machte uns Kindern mehr Spaß. Aber trotzdem achteten wir immer auf die Wäsche.

Plötzlich erschraken wir. Ganz langsam kam ein fremder Mann mit Bart und langen Haaren, die ihm fast auf die Schultern fielen, auf unser Haus zu. Am Hofeingang blieb er stehen und schaute zu uns herüber. Wir gingen zwar langsam in seine Richtung, getrauten uns aber nicht sehr nahe an den Fremden heran. Dann merkten wir, daß es ein Deutscher war und hatten nicht mehr so viel Angst. Klaus war dann der Mutigste. Er ging am dichtesten heran und betrachtete ihn genau. Er kam wieder zurück und meinte zu uns, es könnte vielleicht Onkel Karl sein. Aber das glaubten wir nicht. Als ob wir unsern Onkel Karl nicht kannten. Tante Anna, seine Frau, war doch die Schwester von Papa, und alle wohnten früher in unserm Dorf. Aber von ihnen war auch noch keiner zurück.

Da fragte der Alte, ob Mutti auch daheim sei.

Wir sagten: »Ja«, und gingen nun doch dichter heran. Da rief Klaus: »Er is' es doch!«

Der Alte lachte, und Klaus sagte: »Seht nur, ihm fehlt doch der Finger, der war doch schon damals weg!«

Onkel Karl, der es tatsächlich war, mußte lachen und sagte uns, daß er es tatsächlich sei.

Wie konnte sich ein Mensch in so ein paar Monaten nur so verändern? Am meisten lag es natürlich an den Haaren. Als wir nun genau wußten, wer es war, stürmten wir ins Haus, um Mutti zu berichten, wer da angekommen sei.

Nach der Begrüßung bekam Onkel Karl erst einmal ein kräftiges Essen. Gerade an diesem Tag hatte Mutti wieder etwas für die Näharbeit bekommen. Heute hatten wir gerade ein Brot und von dem uns bekannten Oberleutnant ein ganzes Pfund Butter bekommen.

Butter hatten wir schon seit der Flucht nicht mehr gehabt, und sie war für uns im Moment genauso neu wie für Onkel Karl. Da hatten wir ein wahrliches Festessen. Wir waren noch mit dem Essen beschäftigt, als der Kleinerlein kam. Er holte Näharbeit ab und brachte uns dafür einen ganz ungewöhnlichen Lohn: sein bisheriges Reitpferd. Er hatte es am Zügel neben seinem neuen Pferd mitgebracht. Für ihn war es als Reitpferd nicht mehr zu gebrauchen, weil es einen kranken Fuß hatte und nicht mehr richtig laufen konnte.

Über diesen Lohn freuten wir uns sehr, am meisten jedoch Onkel Karl. Er machte gleich Pläne, wie er es als Ackerpferd verwenden könnte. Wenn es auch nicht ein ideales Pferd war, so war es doch besser, als gar keins zu haben. Auf seinem Hof, wo er sofort nach seiner Ankunft war, bot sich ein trauriges Bild. Die Scheune und der ganze Stall mit Hühnerhaus waren abgebrannt. Das Wohnhaus war das einzige, was noch stand. Zu Beginn seiner Heimkehr hatte er gedacht, er wäre als einziger zurückgekommen. Dann hatte er bei uns die Wäsche gesehen und zuerst an Russen gedacht. Deshalb kam er auch so langsam auf das Haus zu. Als er uns Kinder dann sah, wußte er natürlich, daß wir da waren. Mutti mußte zuerst auch gucken, als wir ihn hineinbrachten.

Erst als er sagte: Ja, ja, ich bin's!«, freute sie sich.

Diese erste Nacht blieb er bei uns, aber dann wollte er doch lieber in seinem Haus wohnen. Er war mit Tante Anna und Gretel, seiner Tochter, schon gleich am Anfang der Flucht auseinandergekommen. Nun wollte er das Haus soweit in Ordnung bringen und auf sie warten. Er meinte, sonst kämen sie eines Tages nach Hause und das Haus wäre leer, und das wäre nicht schön. Da hatte er auch wieder recht. Am nächsten Tag befreite Mutti ihn erst von seinen lästigen Haaren. Sie schnitt sie mit der Schere kürzer, und der Bart verschwand ganz. Hier wollte er wieder wie ein Mensch aussehen, sagte er, das lange Zeug war nur lästig. Dann sah er dem Onkel Karl von früher auch wieder ähnlicher.

Das Pferd bekam seinen Platz in unserem Kuhstall. Pferde hatten wir ja nicht gehabt, und der Platz unserer einzigen Kuh war gerade richtig.

Zu Onkel Karl gingen wir nun oft hin. Die ersten Tage war er zwar ganz gerne alleine, aber nachher war er jedesmal froh, wenn einer von uns kam. Von unserer Mittagssuppe füllte Mutti dann immer ein kleines, graues Milchkännchen voll ab, welches wir Kinder ihm dann hinbrachten. So hatte er immer etwas Warmes. Abends kam er oft selber, oder wir besuchten ihn. Sonst war er den ganzen Tag mit Aufräumen in seinem Haus und Hof beschäftigt. Auch den Garten wollte er in Ordnung bringen. Dabei half Mutti ihm aber, obwohl es dafür schon reichlich spät war.

Eines Tages kam Onkel Karl und erzählte, daß er mit Herrn Günter unterwegs gewesen war. Die Familie Günter wohnte ganz am Wald, in der Nähe von Onkel Karl, der, wie sich herausstellte, auch nicht geflüchtet war. Bei dem Einzug der Russen hatten sie eines Tages die Frau und am andern Tag ihn selber abgeholt. Er war nur bis zur nächsten Stadt und dann wieder nach Hause gekommen, aber von seiner Frau hatte er weder etwas gesehen noch etwas gehört. Er suchte nur immer, da er sie unbedingt finden wollte. Nun hatte er sie an diesem Tag mit Onkel Karl gefunden.

Männer konnten sich schon eher einmal heraustrauen als Frauen, und so waren sie zusammen unterwegs, als sie in einem Gestrüpp, dicht an einem Teich, etwas sahen. Als sie etwas näher herantraten, bemerkten sie, daß es ein Mensch war, und schließlich entdeckten sie, daß es Frau Günter war. Sie war so abscheulich zugerichtet, daß Onkel Karl im Beisein von uns Kindern nicht alles erzählte. Ihre Kleider waren rund um sie verstreut und außer anderen Verletzungen hatte sie mehrere Messerstiche.

Am gleichen Tag noch machten sich die beiden Männer in Papas Werkstatt daran, ihr einen Sarg zu zimmern. Bretter lagen in Papas Werkstatt noch genug, und wer wußte, ob sie je gebraucht würden.

So bekam Frau Günter wenigstens einen Sarg und wurde dann neben unserer Oma, Papas Mutter, auf dem Kirchhof begraben, denn Opa kam sowieso nicht mehr heim. Er war am Tag, bevor die Russen kamen, gestorben und längst irgendwo anders begraben. Frau Günter war nicht die einzige Tote, die sie fanden. In Klein-Klitten, einem Gut, das dicht an unserm Dorf lag, fanden sie drei Tote beieinander. Es waren zwei Männer und eine Frau, aber allen unbekannt. Diese Toten müssen schlimm ausgesehen haben, denn die Männer schüttelten sich immer wieder. Einem der Männer war der Kopf wie mit einer Axt aufgespalten, und dem andern waren die Ohren und andere Gliedmaßen abgeschnitten. Die Frau war in etwa wie Frau Günter zugerichtet. Niemand kannte die Namen, niemand könnte je Auskunft geben, wer, wo und wie sie begraben wurden.

# Tod und Leben

Eines Tages, die Sonne meinte es wieder besonders gut, stromerten Klaus und ich an den nächstliegenden Häusern herum. So kamen wir auch über den Hof des Gutshauses. Hier waren wir schon öfters durchgegangen, hatten aber noch nichts Besonderes entdeckt. Lumpen, Scherben und totes Getier lagen überall herum, das war nichts Neues. Die Soldaten wühlten jedesmal aufs neue im Vorbeigehen in dem Gerümpel, ob dazwischen noch etwas Brauchbares war. Dadurch wurden wir ganz plötzlich aus unseren Gedanken gerissen. Das Haus hatte fünf Eingänge mit einigen Treppenstufen. Vorher lag der Dreck bis gut über die Stufen. Heute war ein gutes Teil davon weggeräumt, und da sahen wir in der prallen Sonne etwas Glattes, Braunes glitzern.

Was das wohl sein mochte?

Neugierig gingen wir ein bißchen näher, um dann ganz entsetzt zurückzuweichen: Was da lag, war ein Toter. Aufgeregt liefen wir Kinder nach Hause und erzählten Mutti, was wir da gesehen hatten. Sie kam sofort mit, und da sahen wir, daß es ein deutscher Soldat war. An dem Oberkörper und den Armen hatte er Wickel angelegt. Außerdem lag er wie schlafend auf einem Federbett. Wieso nun aber glatt und braun? Der Tote sah wirklich so aus. Die Farbe muß wohl durch die plötzliche pralle Sonne gekommen sein. Vorher war er ja zugedeckt gewesen. Jetzt roch es hier auch so eigenartig, das kam von der Leiche.

Auf unserem Hof hatten wir eine Pferdedecke gefunden, die für uns unbrauchbar war, weil sie schmutzig und schwer war. Dafür war sie aber sehr fest und trocken, und so holten wir diese. Dann wurde er mit Onkel Karls Hilfe samt dem Unterbett daraufgerollt und auf unsere Mistkarre, das zur Zeit einzige Fahrzeug im Ort, gerollt und dann zum Friedhof gefahren. Er trug noch seine Wehrmachtsnummer um den Hals. Die wurde in ein einfaches Holzkreuz statt Namen gebrannt, es könnte sich ja mal jemand melden. Bei dem Begräbnis und schon auf der Fahrt durften wir Kinder nicht dabei sein. Ich glaube auch sicher, daß uns schlecht geworden wäre. Schon die Erwachsenen mußten wegen des Geruches mit der Übelkeit kämpfen.

Bevor dies geschah, hatten wir schon mit dem Kartoffelpflanzen auf dem Feld begonnen. Wir pflanzten auf dem Stück Land, das an Gerlachs Hof lag. Onkel Karl mühte sich mit unserm Reitpferd ab. Es war eine harte Arbeit, das Tier an einen Pflug zu gewöhnen, und außerdem mußte das Pferd auch gerade und sehr langsam gehen. Es bäumte sich immer auf und wollte springen, aber es kam nicht weiter. Mit seinem Fuß war es nicht allzu schlimm, jedoch humpelte das Pferd. Nach viel Arbeit und Mühe hatte es wohl eingesehen, was es nun zu tun hatte, und der Acker wurde leidlich fertig. Zu Hause hatten wir noch genügend Kartoffeln zum Pflanzen liegen. Inzwischen hatten wir einen zweirädrigen Pferdekarren zusammengestellt. Er war von der Familie Günter und nach ein paar Änderungen für unser Pferd geeignet.

Wir pflanzten mehr Kartoffeln, als wir für uns brauchten, und dabei dachte Mutti natürlich wieder an die andern Leute, die noch kommen würden. Onkel Karl aß jetzt ganz bei uns und ging in diesen Tagen meistens nur am Abend nach Hause.

Eines Tages, wir waren gerade beim Mittagessen, kam Klaus herein und sagte: »Auf dem Kreuzweg steht ein Pferd, ganz alleine!«

Wir konnten uns nicht vorstellen, daß ein lebendes Pferd ohne Soldaten da wäre. Dann ging Onkel Karl aber doch langsam hin und brachte es dann auch mit. Es war ein noch ganz junges Pferd, aber es hatte den Rücken ganz wund und eitrig.

So konnte es natürlich nicht zum Reiten gebraucht werden, und da hatten die Soldaten es einfach stehen lassen.

Onkel Karl wollte es gesund pflegen. Unsern Acker aber mußte unser lahmes Reitpferd alleine umpflügen und beackern. Zum Schluß ging es sogar schon einigermaßen. Als unser Stück Acker bepflanzt war, fing Onkel Karl an, sein eigenes Land zu bewirtschaften. Er suchte sich dazu auch das Stück aus, was am nächsten an seinem Haus lag.

Jetzt war das junge Pferd inzwischen so abgeheilt und ausgeruht, daß es mit dem Lahmen zusammen sein Feld bearbeiten konnte. Das ging natürlich schneller und auch leichter, als das bei uns gegangen war. Mittlerweile waren auch Benkmanns von der Schmiede neben uns nach Hause gekommen. Einer ihrer Weidegärten lag zwischen ihnen und uns. Auch sie wollten ihre Felder bestellen und baten uns, ihnen auch unsere Pferde zu leihen. Wir sagten zu, und die Familie holte sie am Morgen ab. Den ganzen Vormittag pflanzten sie dann Kartoffeln.

Onkel Karl hatte dringend geraten, auf die Tiere aufzupassen, man konnte doch nicht wissen, ob nicht einer der Soldaten Interesse dafür hätte. Über die Mittagszeit brachten sie die Pferde wieder mal in den Weidegarten. Das war nun leider nicht sehr geschickt. Als wir Kinder sahen, daß die Pferde dort ohne Aufpasser grasten, sagten wir es Mutti und Onkel Karl. Er wollte gleich hinübergehen, konnte sich den Weg dann aber sparen: Zwei Russen hatten die Tiere entdeckt und waren auf die Weide gegangen. Mit dem lahmen Pferd konnten sie wohl nichts machen, aber das junge, jetzt gesunde Pferd nahmen sie, ohne zu fragen, mit. Nun hatten wir nur noch das Nachsehen und ein Pferd.

In Klein-Klitten fanden wir noch Zuckerrüben, und die wurden nun mit Hilfe von unserm Pferd und dem Karren geholt und davon Sirup gekocht. Meistens wurde am Abend gekocht, weil Mutti immer noch nähen mußte. Aber auch am Tage, wenn nicht zuviel Näharbeit anfiel, wurden Rüben geschrubbt und gekocht. Fast alle mußten dabei mithelfen. Es war viel Arbeit, bis die Rüben geschrubbt, gekocht, dann durch die Fleischmaschine gedreht, gepreßt und der Saft dann zu Sirup verkocht wurde. Es lohnte sich aber immer. Zwischen den schönen Junitagen gab es auch einige sehr kühle Tage. An einem solchen Tag ging es Onkel wieder besonders schlecht. Wir waren wieder mit dem Rübenkochen beschäftigt. Das Feuer im Küchenherd prasselte, sooft wir ein Stück Holz neu auflegten. Plötzlich fing das Feuer an zu heulen, als ob ein Hund jaule oder jemand jammere.

Da sagte Mutti: »Hört nur, wie das Feuer hadert, früher sagten dann die Alten, dann stürbe jemand!«

Aber wer sollte jetzt sterben? Erstens glaubten wir nicht an solche Sprüche, und zweitens hatten wir niemand, der im Sterben lag. So vergaßen wir schnell, was Mutti gesagt hatte, und legten uns nach getaner Arbeit auf unsere Lager und schliefen bald tief und fest. Volkmar, unser kleinster Bruder, war auch wieder wohlauf. Um ihn hatte Mutti nach unserer Heimkehr besondere Sorgen gehabt. Er war doch erst gut ein Jahr alt gewesen, als wir auf die Flucht gingen, und nun bekam er nie einen Tropfen Milch oder ähnliches. Was wir aßen, vertrug er deshalb auch nur schlecht. Er hatte Mutti wie ein »welkendes Blatt« im Arm gelegen. Das war nun vorbei.

Wir fanden nach unserer Heimkehr auf dem Hof noch ein Fläschchen Vigantol und eine große Flasche Fruchtlebertran. Das war dann wohl mit das Entscheidende: Nach jeder Mahlzeit bekam er diese Kraftstoffe und sagte schon immer von alleine: »Mekka!« Das bedeutete, er wollte das, was so gut schmeckt, haben. So war er nun auch fest eingeschlafen, und auch über ihn machte Mutti sich keine Gedanken, er würde es sicher auch ohne Milch schaffen.

Etwas früher als normal wachten wir am anderen Morgen auf. Mutti und Tante liefen schon im Zimmer herum, was um diese Zeit nicht üblich war. Was war nur geschehen?

Da kam Mutti zu uns und sagte, daß Onkel in der Nacht gestorben sei. Für Tante war das ein furchtbarer Schlag. Wir versuchten sie zu trösten, aber es gelang uns nicht recht, und da waren wir lieber still. Sie machte sich solche Vorwürfe, daß sie geschlafen habe, als er starb. Die ganze Nacht hatte sie wach gelegen, weil es ihm so schlecht ging, und dann war sie gerade in dem Moment eingeschlafen. Aber er konnte ihr sowieso nichts mehr sagen, er hatte vorher nur undeutlich gemurmelt. Ob es wohl doch ein Schlaganfall war? Natürlich war es in der Hauptsache Schwäche mit ihren Begleiterscheinungen.

Als wir nun aufstanden, hatte Mutti mit Tante den toten Onkel schon in dem kleinen Raum, der früher für Papas Gesellen die Stube und dann später im Krieg unsere Speisekammer war, aufgebahrt. Es war an diesem folgenden Tag Sonntag, und die Sonne kam sogar wieder etwas durch die Wolken. Im Haus war es unheimlich still. Alles schwieg oder flüsterte nur. Wir hatten ja noch keinen Toten in unserer Stube gehabt, deshalb war alles so unbehaglich.

Schon am Vormittag gingen Klaus und ich zu Onkel Karl, um ihm von dem Sterbefall zu berichten und ihn zu bitten, für Onkel einen Sarg zu machen. Auch Herr Günter bekam Bescheid, und am Montag machten die beiden Männer in Papas Werkstatt den zweiten Sarg. Als Mutti und ich dann an dem Nachmittag vom Schloß her nach Hause kamen, erfuhren wir, daß am gleichen Tag wie Onkel auch Erwin Kraaß gestorben sei. Dieser Junge war neun Jahre alt und damit genauso alt wie ich. Ich stellte es mir so grausig vor, jetzt schon unter die kalte Erde zu müssen, daß ich kaum etwas sagen konnte. Aber auch das wurde schnell wieder vergessen. Es gab so viel

Neues und so viele Tote, daß dieses immer nur Momente waren, in denen man den Gedanken nachhing. Nachdem der Sarg fertig war, wurde Onkel begraben, ebenso der Junge.

## Ein Unfall

Auch einige der Gutsleute waren nach Hause gekommen. Sie waren am Nachmittag in eine abseits gelegene Scheune gegangen, um dort noch einige Ähren zu schneiden. Wir waren zu Hause und hatten gar nicht bemerkt, daß unser Klaus weggegangen war. Aber um ihn machte Mutti sich weniger Gedanken. Er war zwar erst achteinhalb Jahre alt, aber in allem sehr geschickt und witzig.

In die warme Stille des Nachmittags dröhnte plötzlich ein Knall, und Mutti sagte noch: »Was mag das nur wieder gewesen sein? Wie ein Schuß hörte es sich eigentlich nicht an!«

Damit war der Fall für uns nun eigentlich erledigt.

Aber kaum fünf Minuten später kam Klaus schreiend ins Haus gelaufen. Um die Ursache für sein Schreien zu erfahren, brauchten wir ihn nicht zu fragen, wir sahen genug: Er hielt seine rechte Hand hoch, die nicht wie eine Hand, sondern wie ein roter Fetzen Stoff aussah. Es war die zerfetzte Hand, an der das Blut herunterrann. Sein Schreien war nicht mehr anzuhören.

In unserer Hausapotheke hatten wir Essigsaure-Tonerde gehabt und jetzt als fast einziges Heilmittel noch gefunden. Mutti griff nach der Flasche, ohne viel zu sagen, zu fragen oder gar zu schimpfen. In einer Schüssel machte sie eine Spüllösung mit Wasser daraus zurecht und hielt die zerfetzte Hand von Klaus hinein. Jetzt erst konnte man sehen, was überhaupt mit der Hand los war: Der Daumen und der Zeigefinger waren ab und der Mittelfinger verletzt. Nun fragte Mutti ihn, wie das passieren konnte. Er war wohl fast wahnsinnig vor Schmerzen, und da log er einfach, er sei am Kreuzweg vorbeigekommen, und da wäre etwas angeflogen gekommen, und so sei es eben passiert.

Mutti glaubte ihm natürlich nicht, aber es hatte gar keinen Zweck, jetzt zu fragen. Er konnte kaum Luft kriegen vor Schreien, und keiner konnte ihm helfen. Es gab weder einen Arzt noch Medikamente. So mußte er alle Schmerzen ohne eine Betäubung aushalten. Mutti verband ihm die Wunden, so gut es ging, mit dem noch vorhandenen Verbandszeug und sauberen Lappen und steckte ihn ins Bett, wo er so lange schrie, bis er vor lauter Erschöpfung einschlief.

Das Trösten hatte keinen Zweck, weil er nur noch mehr schrie. Die anderen Dorfbewohner hatten fast alle den Knall gehört und auch das Schreien, aber niemand wußte, von wem es kam oder ob etwa einer angeschossen wurde. Deshalb versuchte auch keiner, Nachforschungen anzustellen.

Am anderen Tag ging es ihm etwas besser. Gegen die Schmerzen konnten wir ihm zwar nichts geben, aber die Zeit mußte helfen. Außerdem sagte Mutti immer, nur Gott könnte helfen. Was in dieser Zeit da gebetet wurde! Und wunderbarerweise wurde immer irgendwie geholfen.

Nachdem Mutti Klaus am Unfalltag die Hand gewaschen hatte und sah, daß die beiden Finger fehlten, und weil er gesagt hatte, daß er sie an der Kreuzung verloren hatte, machte Ernst sich auf den Weg, um sie zu suchen. Er war knapp sieben Jahre alt und konnte nicht verstehen, daß sie da nicht mehr lagen. Ganz aufgeregt kam er nach Hause und sagte, daß Klaus nicht die Wahrheit gesagt habe, denn an der Ecke lägen keine Finger. Trotz der Not und dem Schrecken mußten wir lachen.

Mutti mußte ihm dann erklären, daß sie nie gefunden würden, weil sie bei dem Abreißen kaputt gingen. Ob er es verstand, weiß ich nicht, aber er gab sich damit zufrieden und wollte weitersehen. An diesem anderen Tag versuchte Mutti nun von Klaus zu erfahren, was wirklich passiert war.

Er war an dem Tag in das Schloß gegangen, um ein bißchen Abenteuer zu spielen. Im Schloß war ein ganzes Lager von Handgranaten von den deutschen Soldaten zurückgeblieben, und Mutti hatte immer gesagt, daß wir die auf keinen Fall anfassen dürften, weil immer die Gefahr dabei sei, daß sie noch explodieren könnten. Ja, und nun war Klaus ohne Mutti dagewesen, und da sah er auf dem Gang so eine Handgranate liegen. Er guckte sie erst von allen Seiten an, und dann hob er sie auch auf. Er sagte, er wollte sie nur auf die Seite legen. Ob er nun probieren wollte, ob Mutti recht hatte und ob die Dinger tatsächlich so gefährlich waren, auf jeden Fall muß alles ganz schnell gegangen sein, weil er gar nicht so lange weg war. Außer der Handverletzung hatte er im rechten Knie noch Splitter, was aber nicht so schlimm war. Jetzt mußte Mutti überlegen, ob und wie sie ihm die Hand heilen könnte. Von Frau Gland bekamen wir als Arznei ein kleines, abgewaschenes Stückchen schwarze Seife. Darin mußte Klaus nun jeden Tag die Hand in heißem Wasser baden. Bei der Wärme fing die Hand an zu stinken wie verfaultes Fleisch. Da hat Mutti oft gedacht, daß es schlimmer würde und sie nicht helfen konnte. Ganz ohne Verband konnte er die Wunden nicht lassen, weil dann gleich Fliegen daran kamen, und verbunden faulte das Fleisch. Da bauten wir ihm ein kleines Gestell aus dünnen Stäben und Mull, damit Luft dran konnte und doch keine Insekten. Das half nun wirklich. Nach gar nicht langer Zeit glaubten wir, daß es geschafft sei.

Da kam etwas Neues. Auf den Fingerstümpfen bildete sich wildes Fleisch. Was sollten wir nun tun? Da fiel Mutti ein, daß man früher als Hausmittel dafür Zucker empfohlen hatte. In der hintersten Ecke des Küchenschrankes hatten wir noch ein ganz kleines Tütchen Zucker aufbewahrt, denn den bekamen wir von nirgendwoher. Also wurde das ausprobiert.

Jedesmal wenn Klaus seine Hand im Seifenwasser gebadet hatte, streute Mutti ihm Zucker darauf. Besonders in der ersten Zeit brannte es ihm, und er wollte es nicht, aber jetzt mußte er gehorchen, denn dieses war alles, was wir tun konnten. Die Wunden stanken immer mehr, und oft glaubte selbst Mutti nicht an eine Heilung. Aber selbst wenn er gestorben wäre, hätte niemand einen Ausweg gesehen. Und dann wurde es tatsächlich besser. Es ging zwar langsam, aber es heilte ganz ab, er hatte wieder eine gesunde Hand, wenn auch um zwei Finger weniger.

In der ganzen Zeit blieb die andere Arbeit natürlich nicht stehen. Die Russen kamen und gingen, es war fast immer das gleiche.

Die Sachen, die noch einigermaßen brauchbar waren, hatten sie fast alle mitgenommen. In der Küche hatten wir noch ganz alte Gardinen an den Fenstern angebracht, damit man uns nicht gleich so von draußen sehen konnte. Es waren keine Prunkstücke, aber sie taten noch ihren Zweck. Eines Tages nun kamen zwei Soldaten in die Küche, sagten etwas zueinander, und dann nahm die Sache ihren Lauf: Der eine kletterte hoch, nahm die Gardinenstange von den Haken und wickelte daran die Gardinen einfach herum. Wir Kinder waren ganz erschrocken, daß sie das nun auch noch nahmen, aber Mutti sagte:

»Ach laßt doch, diese Lumpen taugen ja doch nichts mehr!«

Aber da hatte sie etwas Falsches gesagt.

Der eine der Soldaten stellte sich böse vor Mutti hin und sagte: »Du alte Lumpen saggen? Ich auch versteh bisken deutsch, ich versteh, daß du alte Lumpen saggen!«

Wir konnten uns kaum das Lachen verbeißen, aber es war doch besser, es nicht zu tun, weil er so böse aussah. Mutti versuchte ihm noch zu erklären, daß sie die Gardinen und nicht die Soldaten mit den Lumpen gemeint habe, aber sie beeilten sich nur, um schnell mit der Beute zu verschwinden.

Der Sommer war sehr warm und sonnig. Die einzelnen kühlen Tage hätte man direkt zählen können. Im Garten waren die ersten Früchte unserer Arbeit schon zum Ernten reif. Radieschen hatten wir schon geholt, und auch die Möhren waren schon vereinzelt zum Ziehen gereift. Der Garten bei Onkel Karl, den Mutti auch soweit fertig gemacht hatte, weil er meinte, davon verstünde sie mehr als er, war auch ernte-reif. Onkel Karl freute sich, daß alles fertig sei, wenn Tante Anna mit Gretel und Schorsch wieder käme. Gretel war meine Cousine und Schorsch – eigentlich Georg – deren dreijähriger Sohn. Sie wohnten bei der Familie, und ihr Mann war auch im Krieg. Die Gutsleute fingen auch noch mit Säen an, obwohl es schon ziemlich spät dafür war. Kartoffeln bekamen sie noch von uns, weil sie ja keine zum Pflanzen hatten. Wir hatten für uns noch zuviel, denn wir hatten auch immer für die Schweine eingekellert, und die waren jetzt ja alle tot und weg. Woche um Woche verging, und so war es Juli geworden. Der Sommer war bei uns heißer, als wir ihn später erlebten, besonders der Juli und der August. Immer mehr Familien kamen zurück, und da hatten wir wieder Hoffnung, daß alles so wie früher werden würde und die Deutschen den Krieg bald gewonnen hätten. Eine andere Möglichkeit sahen wir eigentlich nicht, wenigstens nicht zu diesem Zeitpunkt. Was sonst in der Welt geschah, davon hatten wir überhaupt keine Ahnung. Man muß bedenken, daß es keine Post, keine Zeitung, kein Radio und nichts dergleichen gab, woher wir etwas erfahren konnten. Auch die Heimkehrenden konnten uns nichts Neues berichten, sie wußten nur, was wir auch gehört hatten.

Herr Apel war auch schon seit einiger Zeit zurückgekommen. Er war krank, aber doch froh, wieder bei seiner Familie zu sein. Ebenso waren auch Familie Betke und Plehn wieder da. Plehns zogen aber nicht in ihr Haus, weil das so dicht am Wald und zu weit von uns andern weg lag, sondern uns gegenüber in das alte Haus. Dieses alte Haus war das einzige Gemeindehaus im Ort. Die meisten Einwohner waren Bauern und Eigentümer wie auch wir. In dem Gemeindehaus hatten drei Familien gewohnt. Durch die Heimkehrenden waren wieder mehr Männer im Dorf, und alle fühlten sich sicherer. Allerdings hatten die Männer es auch nicht gerade einfach, sie wurden oft mehrmals am Tag zu Vernehmungen abgeholt und waren darum oft so niedergeschlagen, weil es fast immer dasselbe war und sie doch nichts ändern konnten. Meistens waren diese Vernehmungen in Domnau, unserer Stadt, die sieben Kilometer weit weg lag. Da mußten sie dann hin und zurück zu Fuß laufen, und das war schon alleine eine Strapaze. Manchesmal dauerte es sogar einige Tage, bis sie wieder zurückkamen. Doch auch Frauen mußten manchesmal dahin. Frau Biermann versuchte sich besonders beliebt bei den Russen zu machen. Sie übernahm ein paar Russengräber, die auf unserm Sportplatz waren, zur Pflege, obwohl sie niemand darum gefragt hatte. Den Gräbern der Deutschen dagegen schenkte sie überhaupt keine Beachtung. Dann hatte sie den Russen gesagt, wer alles in der Partei und in der NSV gewesen war, sich selber aber nicht genannt, obwohl sie zu den ersten gehört hatte. So war sie natürlich bei den Deutschen nicht mehr angesehen, und manch einer sagte, wenn es nur andere Zeiten gäbe, dann würde mit ihr als erste abgerechnet. Aber in dieser Zeit sagt man vieles.

Jetzt befürchteten nur alle, daß viele Leute aus dem Dorf von den Russen abgeholt würden, auf Grund einer Aussage von Frau Biermann. Und wegen ihrer Reden mußten die Dorfbewohner jetzt häufiger als sonst zu den Vernehmungen, in denen die Russen angeblich Schuld oder Unschuld feststellen wollten.

In Domnau angekommen, mußten sie dann aus Kellern Dreck schippen, ohne daß die Russen etwas damit angefangen hätten, nur damit sie etwas zu tun hatten. Mutti war dieses Mal auch mitgegangen, und nachdem sie den verdreckten Keller sauber hatten, was natürlich unter Aufsicht geschah, sollten alle noch drei Tage eingesperrt werden. Da sagte Mutti, sie könnte nicht dableiben, weil sie zu Hause sechs kleine Kinder hätte und die von niemand versorgt würden. Der eine der Soldaten merkte dann, daß Mutti die Schneiderin war. Dies wußte er wahrscheinlich von dem »Blonden«, denn die kannten sich, wie wir später hörten. Nach einigem Hin und Her ließ er Mutti dann gehen, mit dem Versprechen, daß sie auch etwas für ihn nähen werde, wenn er etwas bringen würde.

Bevor dies beschlossen wurde, bekamen die Deutschen noch zu essen. Sie bekamen eine Suppe und hatten keine Löffel oder ähnliches bei sich. Mutti hatte in der Dreckwühlerei einen Silberlöffel gefunden und ihn deshalb eingesteckt. So konnte sie schon essen und dann nach Hause gehen. Die anderen kamen später, brauchten aber auch nicht die drei Tage dazubleiben. Onkel Karl war es schon so leid, zu diesen Fragen zu gehen, daß er sagte, er habe sich auf dem Heimweg schon einen Baum ausgesucht, an dem er sich aufhängen wollte.

Es ging ihm aber nicht alleine so, alle andern Männer dachten genauso.

Aber eines Tages änderte sich das, und das kam so: Am Tag nach einer neuen Vernehmung warteten wir vergeblich auf Onkel Karl. Er kam nicht an dem Tag, nicht am nächsten und auch nicht am übernächsten Tag. Was war geschehen? Er hatte sich doch wohl nicht tatsächlich aufgehängt? Aber dann hätte er doch nicht zu Hause alles auf die Rückkehr seiner

Familie vorbereitet, wenn er selber nichts mehr davon haben sollte. Das glaubten wir nun also nicht, aber wo war er sonst? Als wir uns dann bei den andern Familien erkundigen wollten, erfuhren wir, daß alle Männer weg waren. Als einziger war Herr Rexin da, weil die Russen ihn ja als viel zu alt ansahen. So hatten die russischen Soldaten die Männer also alle behalten.

Niemand wußte nun, ob sie ihnen etwas antun wollten oder sie nur zum Arbeiten irgendwo hingeschleppt hatten. Herr Rexin hatte aber trotzdem keine Ruhe, denn jetzt wurde er immer alleine geholt. Er versuchte dabei, etwas von den anderen zu erfahren, aber es war alles umsonst. So wurde es Ende Juli, und mein Geburtstag kam heran. Ach, was war das immer für ein schöner Tag gewesen, obwohl wir eigentlich nie Geschenke bekommen hatten. Wir hatten uns aber immer einen Kuchen wünschen dürfen, und man fühlte sich so als Hauptperson. Nun, an diesem Tag in diesem Jahr gab es keinen Kuchen, aber ich fühlte mich doch als Hauptperson. Das Wetter war gerade richtig, den ganzen Tag Sonnenschein, und alles freute sich mit. Da fehlten nur noch die Geburtstagsgäste. Und was niemand geglaubt hätte, ich bekam wie zu früheren Zeiten meinen Geburtstagsbesuch. Er kam zwar erst am späten Nachmittag, aber was machte das schon? Zuerst kam ein großer Junge, den wir zuerst gar nicht erkannten. Es war ja bei den meisten so, daß sie fremd aussahen. Als er sich dann als mein Cousin Eckhard entpuppte, war die Freude groß.

Eckhards Mutter war gestorben, und seither wohnte er bei Tante Anna, einer Schwester seiner Mutter, Onkel Karls Frau. Er wurde von Fragen überschüttet, und er sagte nur, daß die andern auch da seien und an der Schmiede ständen.

Na, das gab etwas, alle wollten wir aus dem Haus stürmen und ihnen entgegengehen. Das brauchten wir aber nicht mehr.

Klaus war schon aus dem Haus gelaufen und kam mit der ganzen Familie an. Jetzt waren die andern da, und Onkel Karl fehlte. Es war gerade eine Woche her, seit sie ihn behalten hatten. Die Wiedersehenstränen liefen, und dann wurde erzählt, woher und wohin der eine und der andere verschlagen worden war. Bis in den Abend hinein wurde noch erzählt.

Nach dem Abendessen machte Mutti in der Stube ein Nachtlager für alle fertig, und dann ging es zur Ruhe. An diesem, meinem zehnten Geburtstag war ich glücklich und zufriedener als an manchem anderen in besseren Zeiten. In ihr Haus wollten sie nicht ziehen, weil sie da immer die Trümmer vor den Augen hatten und so weit von uns entfernt waren.

An und für sich war es gar nicht so weit, aber eben doch abseits. Zuerst wollten sie bei uns bleiben. Es war eigentlich ein bißchen eng für alle, aber man konnte sich zur Not behelfen, und es sollte ja auch nur für ganz kurze Zeit sein, bis sich wieder alles zum Alten gewendet haben würde. Das sollte allerdings nie mehr sein, doch wer ahnte das damals?

## Arbeiten, um zu essen

Die alten Kartoffeln schmeckten nicht mehr so gut und waren auch weniger geworden. Da holten wir jetzt schon oft von den neuen vom Feld. Auch vom Garten konnten wir all das ernten, was uns die Russen nicht nahmen. Alle Augenblicke lagen sie in unseren Erdbeeren und schmausten, oft wenn sie noch ganz grün waren.

So bekamen wir von Mutti auch die Erlaubnis, wenn wir eine rote Beere sehen sollten, sie gleich zu essen. Für eine Mahlzeit lohnte sich nicht zu warten.

Nebenbei, immer wenn wir es schafften, begannen wir nun

unsere Kartoffeln auch für den Keller zu ernten. Mutti grub sie mit der Forke aus, wir Kinder lasen sie in Körbe auf und schütteten sie dann in Säcke. Unser Pferd konnte uns nicht mehr helfen, es war mit seinem Fuß jetzt so schlimm geworden, daß es gar nicht mehr richtig auftreten konnte. Es stand jetzt bei Rexins und wartete darauf, daß es eines Tages getötet würde. Unser Handwagen war aber erstklassig. Papa hatte ihn noch selber gemacht. So stabil und handlich gab es wohl keinen. Er war wie ein Pferdewagen gebaut, nur eben kleiner. Er hatte vier Räder mit Eisen beschlagen, einen Kasten, den man in vier Teilen abnehmen konnte, und vorne hatte er eine Deichsel zum Ziehen. Bei seiner Stabilität fuhr er doch ungemein leicht und konnte unwahrscheinlich viele und schwere Lasten tragen.

Mit diesem Handwagen, der uns sehr viel später in einer besonderen Nacht besondere Dienste leisten mußte, holten wir jetzt unsere Einkellerungskartoffeln vom Feld nach Hause. Mitten in die viele Arbeit kamen dann russische Soldaten und suchten Arbeiter, von jeder Familie mußte mindestens immer einer mitgehen. Die Soldaten kamen von Kobbern, das lag den Bauern Pedak und Gland gegenüber. Dort hatten diese Soldaten ein Dreschkommando und brauchten dafür die Arbeitskräfte.

Weil Tante Anna und Gretel jetzt mit zur Familie gehörten, sollte Gretel dahin gehen. Sie fühlte sich aber nicht danach, und so blieb Mutti nichts übrig, auch noch dahin arbeiten zu gehen. Das Dorf war ungefähr eine halbe Fußstunde von uns weg. Nun mußte Mutti jeden Morgen in der Frühe zur Arbeit gehen und kam am Abend spät müde heim. Als Lohn bekam sie noch ein Kännchen Suppe mit nach Hause. Sonst bekam sie dort Essen. Die Suppe vermischten wir mit noch einigen Zutaten und aßen sie als Abendessen, dann reichte sie für alle. Aus dem Garten konnten wir zwischendurch noch das letzte Gemüse ernten. Tante Anna mit Gretel und Familie zogen es jetzt vor, alleine zu wohnen, denn das Essen wurde knapper, besonders weil bei uns ja jetzt so viele zum Essen waren. So zogen sie in das alte Gemeindehaus uns gegenüber. So war es dann auch nicht so weit aus dem Dorf wie zu ihr nach Hause. Kartoffeln für den Winter bekamen sie von Mutti. Die, die Onkel Karl auf ihrem Feld gepflanzt hatte, waren wohl kaum noch für einen von uns zu ernten, weil da eine ganze Kompanie Russen lagerte. Jetzt ernährten wir uns nur von den Kartoffeln in unserem Keller und den Körnern, die Mutti manchesmal mitbrachte.

Die ganze Näherei wurde jetzt nicht mehr so häufig verlangt, und deshalb hatten wir auch nichts an Brot und anderen Lebensmitteln.

Schon im Sommer hatten wir neben dem Sirup fleißig Marmelade gekocht, es war der einzige Brotaufstrich, wenn wir welchen haben sollten. Wir hatten zwei Sorten gekocht: Die gute war aus Rhabarber und Beeren, die einfache aus durchgedrehten Zuckerrüben. Wie das alles ohne Zucker schmeckte, läßt sich wohl nur ahnen. Das beste Süßmittel waren noch die Zuckerrüben. Daneben war eine ganze Reihe Flaschen mit Rhabarber im Keller: Alles Vorsorge für den Winter. Was sollte aber werden, wenn es nichts mehr gab? Das reichte doch noch nicht mal für die nächste Zeit, weil es weder Fett noch Mehl oder sonst etwas dazu gab. Ab und zu backten wir uns »Platz«, das war durch die Kaffeemühle gedrehter Roggen, der gesalzen und in der Pfanne getrocknet wurde. Darauf konnten wir auch unsere Marmelade streichen, damit es nicht ganz so trocken war. Brot gab es schon lange nicht mehr, selbst die Soldaten hatten knapp davon. Jetzt entschloß Mutti sich, unser Pferd zu schlachten. Manche mochten kein Pferdefleisch, und obwohl wir auch noch nie welches gegessen hatten, freuten wir uns schon sehr auf das Fleisch. Wann hatten wir überhaupt die letzte Mahlzeit mit Fleisch gehabt? Bei Rexins wurde es dann geschlachtet und kunstgerecht zum größten Teil mit dem Taschenmesser von Mutti zerlegt und, so gut es ging, verteilt. Es schmeckte uns eigentlich herrlich. Das muß aber daher gekommen sein, weil wir so lange nichts Kräftiges gehabt hatten. Mutti meinte zwar, es schmecke etwas nach Schweiß, sicher weil es ein Reitpferd gewesen ist, aber trotzdem waren alle zufrieden. Und zu guter Letzt meinten wir schon, daß Fleisch normalerweise immer so schmeckte. Frau Apel hatte früher schon immer gesagt, daß sie nie Pferdefleisch essen würde. Sie kam eines Tages gerade zu uns, als wir Mittag aßen, und meinte, es sei aber schön, daß wir noch eingemachtes Fleisch hätten, denn zu dieser Zeit gäbe es ja nichts davon. Mutti lud sie zum Essen ein. Ja, das tat sie nur zu gerne! Nach dem Essen meinte sie, so gut und kräftig habe sie selten gegessen. Als Mutti ihr dann sagte, was das für Fleisch war, fiel sie aus allen Wolken und meinte dann, daß man doch lieber nichts behaupten solle, was man nicht selber probiert habe. Ihr hatte es also auch geschmeckt.

Unseren Vorrat hatten wir alle versteckt. Das meiste Fleisch hatten wir nun ja auch eingekocht. Wir wollten es zwar so bald wie möglich verbrauchen, weil wir nicht wußten, was kam, aber einkochen mußte man es doch. Unser geheimer Vorratskeller war im Wohnzimmer, wo zu jeder Tages- und Nachtzeit jemand war. Es war eigentlich kein Keller, sondern nur der Zwischenraum zwischen dem Fundament und den Dielen. Weil der Zwischenraum nur sehr niedrig war, konnte auch nur Klaus da hinein und auf dem Bauch nach vorne kriechen. Wir mußten ihm die Gläser anreichen, und er schob sie dann weiter. Zu diesem »Keller« waren wir schon vor unserer Flucht gekommen. Wir hatten mitten im Wohnzimmer zwei Dielen im Abstand von etwa zwei Metern durchgesägt und dann herausgehoben. Alles mögliche an Kleidern und ähnlichem Zeug hatte Mutti dann da hineingetan, um es bei unserem Heimkommen wiederzufinden. Wir hatten ja nicht geahnt, wie lange und wie unser Heimkommen sich damals gestalten würde.

Den Teppich hatte wir damals drübergelegt und nicht daran gedacht, daß er später eventuell weg wäre. Durch den weggenommenen Teppich fanden sie dann auch unser Versteck, und alle Sachen waren daraus weg. Jetzt hatten wir wieder einen alten Fetzen als Teppich darüber und genau über dem »Einstieg« hatten wir den Tisch stehen. So wurde wenigstens unser Eingemachtes gerettet.

## Das zweite Mal, weg von zu Hause

So kam unter anderem schon der Oktober. Die Zeit verging doch schnell zwischen der Arbeit, die wir alle hatten. Mutti begann jetzt, nachdem im Garten alles abgeerntet war, mit dem Düngen der Erdbeeren. Im Garten standen nur noch ein paar magere Kohlköpfe, die nicht richtig gewachsen waren. Die hatten aber noch eine besondere Aufgabe, deshalb ließen wir sie stehen. Bei dem vielen Sirup hatten wir doch auch an Vorrat gedacht. Wir hatten eine große Milchkanne, die wohl fünfundzwanzig Liter faßte, in dem Garten unter den Kohlköpfen vergraben und mit Sirup gefüllt. Wenn wir ein wenig brauchten, holten wir es bei Dunkelheit, indem wir einen bestimmten Kohlkopf wegnahmen, die Erde ein bißchen zur Seite scharrten und dann einen Lappen wegnahmen, der wegen des Schmutzes über dem Deckel lag. Das ging ganz gut, und mehr als die Hälfte des Sirups hatten wir in der Zeit schon so geholt und verbraucht. Nun war es also Zeit, für das nächste Jahr zu sorgen. Mutti hatte sich eine »Peede« über die

Schultern gelegt und an die eine Seite einen verrosteten Marmeladeneimer, an die andere Seite einen alten Benzinkanister gehängt und trug damit nun aus unserer Toilette aus dem Stall die Jauche in den Garten. Mutti war nun schon einige Male mit den gefüllten Behältern am Haus vorbei und in den Garten gegangen. Da kamen auf einmal fremde Russen auf den Hof. Sie trugen wie jetzt in den kühlen Tagen wieder häufiger Pelzmützen und die wattierten Uniformjacken. Dazu die gleichen Hosen und Filzstiefel, die aus einem Stück gepreßt schienen. Sie waren zu zweit und gingen auf Mutti zu. Außerdem sprachen sie sehr schlecht Deutsch. Sie sagten dann: »Frau, heute dein, morgen mein!« Damit zeigten sie auf unser ganzes Gehöft und den Garten. Wir verstanden zuerst gar nicht, was sie meinten. Wir versuchten Näheres zu erfahren, aber das einzige, was sie sagen konnten, war immer: »Heute dein, morgen mein!« Da begriffen wir, daß wir am nächsten Tag unser Haus zum zweiten Mal verlassen sollten. Die beiden Soldaten gingen dann wieder weg, und wir standen da und sahen uns schweigend an. Wir konnten gar nicht begreifen, was das sollte. Mutti erkundigte sich bei den anderen Deutschen, und die hatten den gleichen Bescheid bekommen. Bis um neun Uhr am anderen Morgen müßte unser ganzes Dorf geräumt sein. Weshalb nur? Aber den Grund erfuhren wir dann auch. Durch unser Dorf, das heißt, eigentlich zwischen unserm Dorf Redden und dem anschließenden Polkitten wurde die Grenze zwischen den Russen und den Polen gezogen, und unser Dorf wurde damit zum Niemandsland. Kein Mensch durfte also hierbleiben. Es sollten nur Posten einquartiert werden.

Wozu hatten wir versucht, für den Winter zu sorgen? Wozu Essen gesammelt? Alles mußten wir zum zweiten Mal verlassen. Keiner wußte, wohin wir sollten oder mußten, nur fort. Wohin? Niemand gab eine Antwort.

Zum Überlegen blieb jetzt sowieso keine Zeit. Es ging schon auf den Abend zu, und wenn wir noch ein bißchen mitnehmen wollten, mußten wir mit dem Packen beginnen.

Die Organisation lag natürlich wie immer bei Mutti. Sie war Ernährer, Erzieher, Organisator und was weiß ich noch alles, und sie schaffte es fast immer. Wir konnten ja nur einpacken, was wir auch wegschaffen konnten, und das war nicht gerade viel. Aber unseren Handwagen konnten wir wenigstens beladen. Als erstes dachte Mutti an Betten und das Nötigste zum Essen. Auch Geschirr mußten wir etwas haben, denn wenn wir in ein verlassenes Dorf kämen, wäre da auch nichts. Es fing schon an zu dämmern, als Mutti den großen, roten Teerkessel in den Garten schleppte. Woher er mal kam, weiß ich gar nicht. Er war aber sehr groß und sehr schwer, und er hatte einen festschließenden Deckel. Er war wohl aus Gußeisen und bei uns als der Teerkessel bekannt.

Diesen großen Kessel also hatte Mutti mit unserer Hilfe in aller Stille in den Garten geschleppt. Die kleinen Geschwister schliefen schon, und nur wir größeren mußten helfen. Alles mußte im Flüsterton geschehen, weil Mutti nicht wollte, daß jemand von ihrem Vorhaben etwas ahnte. Selbst die Nachbarn sollten nichts bemerken. Wir wußten zwar nicht, ob wir noch einmal herkommen könnten, aber da wir es sowieso nicht mitschleppen konnten, sollte es uns wenigstens noch in Reserve bleiben. An dem einen Kirschbäumchen am Kohlfeld begann Mutti dann zu graben. Es war nicht leicht für sie, so ein großes Loch zu graben, so daß der riesengroße Kessel da hinein paßte: War er doch viel größer als unser größter Waschkessel. Endlich war es so weit, daß der Kessel in das Loch paßte. Dann bekamen wir Kinder Arbeit. Wir hatten schon, während Mutti grub, damit angefangen, ein paar von den gefüllten Einmachgläsern in den Garten zu schleppen. Klaus lag in dem »Stubenkeller« auf dem Bauch und zog die

Gläser nach vorne, und wir anderen wechselten uns mit Tragen und Anreichen bei Mutti ab. Tante hatte die Kleinen ins Bett gebracht und kramte nun ihre paar Sachen zusammen. Sehen konnte uns niemand, weil wir um den Garten eine ziemlich hohe Ligusterhecke hatten. Außerdem war es jetzt so dunkel geworden, daß Mutti Mühe hatte, alles recht gut einzuschichten. Sie stapelte immer eine Schicht Einmachgläser und Kleidungsstücke übereinander. Alles sollte ja warm und trokken lagern, bis wir es eventuell einmal holen könnten. Würde das aber je einmal sein? Wir glaubten selber nicht daran. Nach mühseliger Arbeit war dann bei völliger Dunkelheit das Loch über dem Kessel wieder zu, und die Kohlköpfe standen wieder wie vorher darüber. Bis zum Morgen würde es wohl etwas getrocknet sein, damit nicht mehr zu sehen war, daß hier frisch gegraben war. Dann wurde drinnen weiter gepackt. Wir Kinder waren sehr müde, und da mußten auch Klaus und Ernst ins Bett. Auch Tante ging schlafen, für sie würde es auch ein anstrengender Tag werden, weil sie sowieso schlecht zu Füßen war. Wir wußten immer noch nicht, wie viele Kilometer wir am nächsten Tag schaffen müßten.

Das Allernotwendigste wurde zusammengesucht, und Mutti packte damit den Handwagen voll. Das Leichtere kam in die Rucksäcke, das Schwere auf den Wagen. Was war noch da? Im kleinen Zimmer war das Nötigste weg. Da sah Mutti im Wohnzimmer unseren Spiegel, der war doch zu schade, um ihn dort hängen zu lassen. Aber mitnehmen? Das ging nicht. So band sie Schnüre an die Seitenhalter, es war einer ohne Rahmen, und ließ ihn vorsichtig in der kleinen Stube hinter den Ofen verschwinden. Der Ofen war eingebaut und aus Beton oder Zement. Er stand ein Stück hinter dem Schornsteinvorbau, und dahinter konnte man nicht sehen. Er würde da wohl liegen, bis das ganze Haus kaputt ging. Dann mußten wir Größeren auch ins Bett, und Mutti blieb mit dem

Letzten alleine. Sie mußte oft wieder ein Stück auspacken, weil ein noch wichtigeres unbedingt mitmußte. Wann sie ins Bett gegangen war, weiß ich nicht, aber es muß schon tief in der Nacht, wenn nicht sogar erst gegen Morgen, gewesen sein. Wir schliefen alle sehr unruhig. Was mochte uns der nächste Tag und die nächste Zeit überhaupt bringen? Dieses Mal hatte ich nicht den geringsten Wunsch, von zu Hause fort zu wollen, wie damals vor der ersten Flucht. Jetzt hätte ich vieles darum gegeben, um daheim bleiben zu dürfen, aber dieses Mal ging es genausowenig wie damals. Ich glaube, es war dieses Mal die Angst vor dem Unbekannten.

So verging diese kurze, unruhige Nacht, und Mutti kam uns wecken. Wir waren verhältnismäßig schnell munter und angezogen. Wenn es irgendwie ging, mußten wir die Kleidung doppelt anziehen, ähnlich wie beim ersten Verlassen des Hauses. Dann aßen wir unser letztes Frühstück zu Hause, und nun wurde der Handwagen mit den letzten Sachen, die wir noch zum Essen gebraucht hatten, fest verschnürt, damit unterwegs nichts von der Ladung herunterrutschen konnte.

Nachdem wir unsere Mäntel angezogen hatten, setzten wir unsere Rucksäcke auf den Rücken und traten vor die Haustüre. Wenigstens das Wetter war gut. Tante und wir Kinder standen schon reisefertig vor der Haustüre, nur Mutti lief noch hin und her, um immer noch etwas nachzusehen und eventuell mitzunehmen. Für uns acht Personen war das Gepäck tatsächlich knapp genug bemessen. Dann waren wir endlich so weit und gingen langsam vom Hof herunter. Ob wir das Haus oder überhaupt die Heimat noch einmal wiedersahen?

Auf der Straße trafen wir dann noch mit fünf oder sechs Familien zusammen und setzten den Weg gemeinsam fort. Zuerst ging es ganz gut vorwärts, denn wir waren ausgeschlafen und frisch. Dann wurden die Beine aber immer müder, und wir hatten keine Lust mehr zu gehen. Bis Domnau mußten wir auf jeden Fall, dort sollten wir dann erfahren, wohin wir für die nächste Zeit sollten. Bis Domnau waren es »nur« sieben Kilometer, und die wurden uns schon lang. Man merkte doch, daß der Körper inzwischen geschwächter war als beim ersten Marsch. Damals waren wir noch kleiner und hatten doch viel länger ausgehalten. Gegen Mittag, es mag so elf Uhr gewesen sein, waren wir dann in Domnau. Aber wo sollten wir uns jetzt hinwenden? Keiner wußte es. Wir fragten verschiedene Leute, die da vorbeikamen. Die meisten wußten es auch nicht. Dann sagten uns welche, es sei genau das Haus, vor dem wir standen. Wir waren müde und hungrig und hofften, erst einmal hierbleiben zu können, aber daran war gar nicht zu denken.

Plötzlich guckte ein Russe aus einem der Fenster und winkte Christel zu, heraufzukommen. Mutti traute ihm nicht, es war doch immer dasselbe. Aber er rief und winkte und lachte dabei, daß man ihm eigentlich nichts Böses zutrauen konnte. Da ging Christel mit noch einem großen Jungen hinauf. Ich weiß gar nicht mehr, wer er war, aber keiner von unseren Brüdern.

Kurz darauf kamen beide wieder zurück. Sie lachten, und wir sahen erstaunt zu ihnen hin. Sie hatten beide die Arme voll von Brotstücken. Es war schönes Brot, was wir gut brauchen konnten und was wir schon lange nicht mehr gehabt hatten. Dann bekamen wir auch noch den Bescheid, daß wir nach Stockheim müßten. Stockheim war noch neun Kilometer von Domnau entfernt. Was kam da bloß auf uns zu! Wir wollten gar nicht weiterlaufen.

Nach einer kurzen Rast ging es dann aber weiter. Das »Muß« stand immer neben uns. Wir wünschten uns sehnlichst den Abend her, denn am Abend würden wir dort sein. Aber was würden wir da finden? Ob da schon Leute wohnten? Oder ob es ganz verlassen war? Oder ob gar russische Soldaten da wohnten? So langsam wurde es uns egal, wenn wir nur nicht mehr weiterlaufen müßten.

Im Domnauer Wald begegneten wir einem Lastauto, auf dem Familie Benkmann saß. Sie wurden von den Russen ins Samland geholt, weil Herr Benkmann Schmied war. Die fuhren, und wir mußten gehen. Ob denen es aber besser erging als uns? Noch waren wir ja unabhängig und keinem Kommando unterstellt, wer wußte, ob es da besser war? Mechanisch fingen unsere Füße wieder an zu gehen, immer trapptrapp, weiter, weiter, nur nicht rasten, sonst wurde das Weitergehen um so schwerer. Der Wagen rollte zum Glück ziemlich leicht, obwohl er schwer beladen war. Überall waren die Häuser zerstört und verwüstet. Wir kamen an manchen Gehöften vorbei, aber das gesuchte Gut war immer noch nicht dabei. Jetzt kam wohl das schwerste Stück des Weges: Die Straße war so hügelig, daß es einem schwer wurde, wenn man gerade bergab gegangen war, nun wieder hinauf zu müssen. Wir waren schon so müde, und die Beine schmerzten so sehr, daß wir einfach im Straßengraben übernachten wollten. Aber Mutti ermunterte uns immer, noch um die nächste Ecke zu gehen, dann seien wir sicher da.

## Die zweite Heimat?

Es fing dann schon an zu dämmern, als wir hinter Bäumen einen Ort entdeckten. Ob es wohl Stockheim war? Es war tatsächlich das Gut, und wir mochten nichts mehr, als uns nur hinlegen. Es war genauso zerstört wie alle anderen Orte auch. Von einigen Leuten wurde uns dann ein Haus gezeigt, wo wir übernachten könnten.

Es war jetzt dunkel, und wir ließen uns in einem Haus nieder, ohne viel zu suchen. In einem großen Raum war in Tischhöhe eine Pritsche aufgeschlagen. Sie war auf Holzpfählen mit Brettern darauf, alles schön fest, und darauf lag Stroh. Hier mußten die durchreisenden Russen wohl immer übernachtet haben. Wir waren froh, daß alles zum Schlafen fertig war, und machten noch Scherze, daß wir hier im Gasthaus schon erwartet wurden.

Wir Kinder krochen gleich hinauf und deckten uns mit unseren Mänteln zu. Tante kam uns auch nach, und alle waren froh, die Beine nicht mehr bewegen zu müssen, obwohl sie auch beim Liegen noch schmerzten. Nur Mutti war wie üblich noch auf den müden Beinen und machte uns etwas zum Essen. Sie hatte für jeden ein Stück von dem Brot aus Domnau abgeschnitten und reichte es uns aufs Lager, und noch während dem Essen schliefen wir ein. Während wir schliefen, holte Mutti dann noch Bettzeug vom Handwagen und deckte uns damit zu. Am anderen Morgen sahen wir dann, daß in dem Haus weder Fenster noch Türen waren. Außerdem stank es erbärmlich, draußen genauso wie drinnen, von all dem Unrat, der hier herumlag. Mutti war schon aufgestanden und versuchte, draußen zwischen ein paar Steinen ein Feuer zu machen, um Kaffee zu kochen. Hier war weder ein Ofen noch ein Herd in Ordnung. Es gelang ihr dann auch, ein Feuer anzumachen, und wir konnten unseren Kaffee kurz darauf trinken. Es war nicht gerade viel, aber wir hatten etwas Warmes und noch einmal richtiges Brot von gestern.

Als wir dann gegessen hatten, breitete Mutti uns einen Plan aus: Zwischen den Bäumen hindurch konnten wir ein kleineres Haus sehen, welches aber noch ein bißchen erhaltener aussah als das, in dem wir waren. Mutti vermutete sogar, daß es das wäre, in dem früher ihre Freundin, die Tante Meta, gewohnt habe. Sie war wohl nur einige Male dagewesen, und in dem jetzigen Zustand sah sowieso alles anders aus, aber ihr kam es so vor. »Wenn das etwas besser mit Fenster und Türen bestellt ist als dieses, dann ziehen wir da hin!« sagte sie. Da wollte sie in erster Linie nach den Oberstuben sehen, nicht nur weil da die Tante Meta gewohnt hatte, sondern weil es oben sicherer als unten schien.

Gleich nach dem Frühstück gingen wir, um uns das Haus dann anzusehen. Es war das letzte im Dorf und tatsächlich das, in dem die Tante gewohnt hatte. Es war wirklich ein bißchen besser als das Bauernhaus, in dem wir in der Nacht gewesen waren, und da wurde nicht lange überlegt, sondern gleich umgezogen. Ausgepackt hatten wir ja noch nicht, da ging der Umzug schnell. Die Fenster waren auch hier zum größten Teil kaputt, aber wir wußten uns zu helfen. Von überall, wo noch Fenster heil waren, brachten wir die ganzen Rahmen mit Scheiben zusammen, und Mutti nagelte die ganzen Rahmen an die Fensterrahmen. Hier oben waren zwei Zimmer mit schrägen Wänden. Sie waren nicht sehr groß, aber wir wollten uns damit behelfen. Zum Glück war hier wenigstens noch die Türe drin gewesen, und das war am nötigsten.

Nachdem wir nun Fenster und Türen eingesetzt hatten, richteten wir uns ein. Viel zum Einrichten war ja nicht da. Es gab weder Tisch noch Stühle, da mußten wir sehen, ob wir in den verlassenen Häusern eventuell etwas finden würden, falls die anderen Familien das noch nicht geholt hatten. Wir wußten doch gar nicht, ob und wie lange wir hier wohnen würden, aber ein bißchen mußte man einfach haben, und das war das, was wir von zu Hause nicht mitnehmen konnten.

In der ersten Dachstube war gleich vorne rechts in der Ecke ein Herd, den wir noch zum Gebrauch nehmen konnten und der dann sogar ganz gut brannte. Es war zwar ein altmodisches Ding, aber für uns war die Hauptsache, daß wir darauf kochen konnten. Dann fanden wir einen alten Tisch, der in die Mitte kam, und als Bank dahinter kam eine alte Kiste, in der wir sogar noch Sachen aufbewahren konnten. Diese diente als Sitzgelegenheit. Nach und nach fanden wir dann noch einige alte Stühle, auf die man sich allerdings mit Vorsicht setzen mußte, weil sie ziemlich wackelig waren. In der hinteren Stube richteten wir unser Nachtlager ein. Wir sammelten uns aus einer Scheune Stroh und legten es der Breite nach auf den Fußboden. Darauf legten wir Bettücher, die wir noch mitgebracht hatten, und dünne Decken, und dann konnten wir schlafen. Als Zudecke hatten wir noch Betten mitgebracht, die wir quer darüberlegten und uns oben mit unseren Mänteln zudeckten. Das ganze Zimmer war mit diesem Strohlager ausgefüllt, bis auf einen schmalen Gang am Fußende und an der Seite hinter der Tür. Hinter der Tür, die von der Küche, wie wir die Vorderstube nannten, in die Schlafstube führte, hatten wir unsere Mäntel aufgehängt. Da sah man sie nicht so schnell, und zur Nacht brauchten wir sie auf jeden Fall. Am Tage schoben wir das Stroh immer in eine Ecke zusammen, damit die Tür überhaupt aufging. Das gab natürlich ungemeinen Staub, und Mutti suchte schon wieder nach einer Lösung. Dann wurden die zwei festen Bettücher, die wir noch hatten, zusammengenäht und das Stroh hineingesteckt. So erhielten wir einen Strohsack in schöner Größe und Breite. Einen zweiten nähten wir uns aus Säcken zurecht. So ging es schon besser und staubte nicht mehr so viel. Vor allen Dingen hatten wir nicht immer das lose Stroh überall herumfliegen. Am Tage brauchten wir die Säcke nur aufeinanderzulegen und hatten so auch schneller Platz und Ordnung.

Jetzt bereitete die Essensfrage die größte Sorge. Mutti mußte für alle sorgen, aber woher etwas nehmen, in einer Zeit, in der es nichts gab? Hier hatte den ganzen Sommer niemand gewohnt, und sonst gab es auch nichts mehr. Auf den nächsten Streifzügen, die nun ausschließlich dem Essensuchen galten, entdeckten wir drei nebeneinanderliegende Scheunen mit ungedroschenem Korn. Das war eine Freude, die einzige Möglichkeit, an etwas Essen zu kommen. Es war zum größten Teil Weizen, und wir brauchten nicht zu hungern.

Wir gingen fast jeden Tag Ähren schneiden und hatten Beutel genäht, in die wir die Ähren immer stopften. Meistens ging Mutti mit ein oder zwei von uns Kindern mit. Wenn wir die Säckchen voll hatten, gingen wir heim, weit war es ja nicht. In unserem neuen Zuhause wurden die Ähren »ausgerubbelt«, dann die Spreu davongeblasen und in einer alten Kaffeemühle zu Mehl gemahlen.

Man sollte sich einmal überlegen, wie mühselig es war, bis man ein kleines bißchen Mehl fertighatte. Bei dem Mahlen wurden die Arme schnell lahm, und wir mußten uns häufig abwechseln. Wir hatten eine bestimmte Absicht mit dem Mahlen: Wir wollten bis Weihnachten so viel zusammenhaben, daß Mutti uns einen Weihnachtskuchen backen konnte. Deshalb siebten wir das durchgemahlene Mehl noch durch ein Sieb, das heißt, einen Teil davon. Das Feine taten wir in Einmachgläser und versteckten diese, aus dem Groben kochten wir Suppe: Einfach gesalzenes Wasser in einen Topf geben und dann das grobe und etwas ungesiebtes Mehl dazugerührt, aufkochen lassen, und unser Essen war fertig. Wir freuten uns riesig, daß wir nun wenigstens für den Winter die Ähren zum Schneiden hatten. Aber da hatten wir uns zu früh gefreut. Eines Tages, als wir wie gewohnt zum Schneiden gehen wollten, ging ein Posten vor den Scheunen auf und ab und ließ keinen mehr hinein. Die Russen, sie mußten irgendwo in der Nähe wohnen, hatten das Korn auch entdeckt und wollten es sich dreschen. Das war hart. Mutti überwand das auch. Es war zwar gefährlich, doch in den ganzen Jahren war die Devise immer wieder: Wer nicht wagt, der nicht gewinnt.

Uns Kinder ließ Mutti allerdings nicht mehr mit. Mutti hatte sich nun folgendes überlegt und beobachtet: Es war nur ein

Posten für alle drei Scheunen, er ging davor immer auf und ab. Ab und zu blieb er auch einmal stehen, das war aber nicht oft. Wenn er nun mit seinem Gewehr über der Schulter nach der einen Seite ging, huschte Mutti an der ersten Scheune vorbei und von hinten ins trockene Korn. Wenn der Posten nun wieder zurückkam, saß Mutti längst zwischen dem Stroh und schnitt Ähren, und weil sie die Gefahr kannte, saß sie ganz still, und der Posten merkte nichts. Der Rückweg war genauso. So hatten wir doch immer Ähren, wenn auch nicht ganz so viel wie zu der Zeit, als wir noch mitgeholfen hatten. Wir Kinder mahlten in der Zeit zu Hause um die Wette und zählten eifrig die gefüllten Gläser mit dem »Feinen«.

Spielen hätten wir sowieso nicht können, und Spielzeug gab es ja nicht. Da war die Arbeit unsere tägliche Beschäftigung. Manches Mal hatte einer auch nicht gerade Lust zum Mahlen, und da mußte eingeteilt werden. Inzwischen hatten wir schon zwei Kaffeemühlen. Die zweite hatte Klaus halb vermodert im Garten am Haus gefunden und wieder zum Mahlen fertiggemacht. Jetzt konnten wir mit zwei Mühlen mahlen. Es war aber doch sehr mühsam, besonders wenn das Korn vorher nicht getrocknet war und wir es im normal feuchten Zustand mahlen mußten.

In der einen Scheune war Roggen. Als wir am Anfang noch mehr Ähren schneiden konnten, backte Mutti in der Woche immer ein Brot. Das mußte dann für die ganze Woche reichen, für acht Personen. Es reichte auch, denn Mutti schnitt jeden Tag für jeden eine Scheibe ab, das genügte. Sonst wurde aus dem Weizen eben die Suppe gekocht. Jetzt wurde es seltener, daß Mutti mal ein Brot backte. Und dann dauerte es nicht mehr lange, bis eines Tages die Nachricht kam, daß das Dreschkommando anrücken werde.

Nun wohnten wir aber nicht alleine in dem Dorf. Zwar waren wir an diesem Ende des Ortes alleine, aber es waren doch noch mehrere da. Das Dorf oder das Gut, was es ja war, zog sich ziemlich in die Länge an der Straße entlang. Unter uns waren noch Plehns mit ihren zwei Kindern, ihre Schwägerin und Herr Tischel eingezogen. So waren wir das einzige Haus an diesem Ende, aber nicht die einzige Familie. Herr Tischel war noch immer da, weil er nur einen Arm hatte, und da konnten die Russen ihn nicht für ihre Arbeit gebrauchen. Am anderen Ende des Dorfes wohnten Rexins, Frau Apel mit Ingetraut, Schefflers aus dem Gutshaus und Frau Klimowitsch, die aber nicht aus Redden war. An der anderen Seite der Straße wohnte Frau Gregorowitsch mit einer anderen Frau und deren Tochter. Diese kannte Frau Apel, sie waren aber nicht aus Redden. Tante Anna mit Gretel, Schorsch und Eckhard und Frau Jablonski waren aber auch noch von Redden hierhergekommen. Jeder mußte um Essen bangen und sorgen, und jeder hatte Angst, was im Winter werden sollte. Noch bevor das Dreschkommando kam, wollten einige versuchen, noch einmal nach Redden zu gelangen. Dort hatten ja die meisten noch etwas zurückgelassen, was wir jetzt dringend zum Essen gebrauchen konnten. Sie wußten allerdings nicht, ob da noch etwas übriggeblieben war, aber Hunger tut weh, und da wollten sie es versuchen. Es waren doch immerhin sechzehn Kilometer, die man zurücklegen müßte. Zu mehreren versuchten wir es dann. Mutti war natürlich mit von der Partie. Und wie meistens durfte ich auch wieder mit. Der anstrengende Weg war bei mir nicht mehr ausschlaggebend. Bei Mutti war man doch immer am sichersten. Und was zuerst kaum einer geglaubt hatte, es gelang tatsächlich, bis in unser Dorf durchzukommen. Zu Hause sah es wieder ganz schlimm aus. Vieles, was damals noch ganz gewesen war, war jetzt auch noch kaputt und lag im Dreck. Es tat nicht nur Mutti weh, auch ich war ganz traurig. Aber wir fanden noch Geschirr, Nahrung und Kleidung. Unseren Handwagen hatten wir mitgenommen und hatten ihn schön bepackt. Es war alles so gut und ohne Zwischenfälle gegangen, daß wir nicht verstehen wollten, daß wir nicht schon früher hergefahren waren. An das Vergrabene im Garten waren wir aber nicht gegangen, wir hatten ja noch genug, hauptsächlich Kartoffeln. Russen sahen wir gar keine, und da hatten wir die Absicht, in nächster Zeit noch einmal hinzufahren.

Nicht lange danach fuhr Mutti mit Klaus und mir noch einmal hin. Dieses Mal ging es nicht so glatt. Zuerst hatten wir auch alles einigermaßen Brauchbare auf den Wagen geladen und fühlten uns sicher wie beim vorigen Mal. Es war alles wie ausgestorben, so still. Aber es war ja auch niemand im ganzen Dorf, das wußten wir ja vom vorigen Mal. Trotzdem waren wir von hinten her ins Dorf gekommen und wollten so auch wieder abfahren. Als wir nun den Rückweg antreten wollten, versperrte uns ein Russe den Weg. Wir hatten ihn gar nicht bemerkt und waren so erschrocken, als ob es der erste war, den wir je sahen. Dann sagte er zu Mutti, sie solle mal mit ihm in den Keller kommen, er würde ihr da etwas zum Essen zeigen.

Er wußte wohl, daß wir auf Essensuche waren und wollte das auf seine Art ausnutzen. Mutti wußte aber auch, was er wollte, und sagte, daß wir den Wagen voll hätten und auch genug hätten, und sie wolle auch nicht mit. Da wurde er böse. Er fing erst an zu murren und dann zu schimpfen und befahl ihr dann einfach, sie müßte mitkommen. Wir hatte alle Angst. Klaus und ich hielten Mutti fest und fingen an zu jammern und ließen sie nicht los.

Plötzlich verschwand er, ohne ein Wort zu sagen. Wohin? War hier im Dorf inzwischen eine Kompanie, bei der er uns melden wollte? Das wäre schlimm. Uns klopfte das Herz buchstäblich bis zum Hals, und wir waren doch weit und breit die einzigen Menschen, ausgenommen der Soldat und eventuell weitere Russen. Alles blieb totenstill. Bevor der Soldat nun etwas anderes vorhatte, egal was, beeilten wir uns, das Dorf auf schnellstem Wege zu verlassen. Wir hatten Glück und begegneten keinem Soldaten mehr. Die ‚Angst saß aber noch ein paar Tage bei uns. Die anderen Familien versuchten kurz darauf zu mehreren noch einmal ihr Glück. Sie kamen aber ganz unverrichteter Dinge wieder zurück. Russen hatten sie empfangen und gleich zurückgebracht. Und damit hatten sie noch Glück, denn jetzt war es streng verboten das Gebiet zu betreten. Niemand durfte sich jetzt da sehen lassen. Es wurde schwer bewacht, und sie schossen auf jeden, der nicht angemeldet und dienstlich das Dorf betrat. Das war nun bitter. Da hätten wir uns doch noch immer etwas holen können, aber woher jetzt nehmen? Da rückte eines Tages das Dreschkommando an. Es bestand aus dem Dreschkasten und einigen Russen. Sie suchten hier nun Arbeiter zum Dreschen und wollten als Lohn jedem etwas Korn geben. Alle, die einigermaßen arbeiten konnten, meldeten sich. Auch Mutti war dabei, sie hatte im ganzen Ort sowieso für die meisten Personen zu sorgen und war immer Selbstverdiener.

Die Russen hatten an dem Dreschkasten jedoch keine Säcke angebracht, in denen die Körner hineinlaufen konnten. Sie hatten Kleiderschränke, in denen keine Türen mehr waren, auf die Rückwände gelegt und ließen da die Körner hineinlaufen. Für die deutschen Arbeiter war das auch besser, es war die einzige Möglichkeit, wirklich zu einem kleinen Verdienst zu kommen. Es war zwar schwer, an die Körner zu kommen, doch klappte es oft genug. Von dem bißchen, das sie von den Soldaten zugeteilt bekamen, wurde kaum eine Person satt, geschweige denn acht. Am Tage war es unmöglich, an das Korn zu kommen. Der Abend war dann günstig, allerdings sehr gefährlich. Wenn es zu dunkeln begann, machten die russischen Posten auf dem Hof neben dem Dreschkasten ein Feuer an und setzten sich darum. Die Frauen konnten ja weiter dreschen. So war die Gelegenheit gekommen, wo alle nacheinander, wie es gerade kam, einen Beutel hervorzogen und ihn mit Körnern aus dem umgekippten Kleiderschrank füllten. Dann mußte diejenige denselben schnell, aber unauffällig an der anderen Seite der Scheune an einem bestimmten Gebüsch verstecken. Jeder hatte schon seinen Platz. Die Posten am Feuer bemerkten es nie und hatten wohl auch wenig Lust nachzusehen. Sie waren auch froh, einmal nur ein wenig zu erzählen und sich ausruhen zu können. Spät in der Nacht, wenn die Russen längst weg waren und nur der Wachtposten für das Korn da war, schlich Mutti sich, wie auch die anderen Frauen, an ihre Verstecke. Jeder mußte versuchen, alleine hinzukommen, und keine durfte der anderen begegnen. Zu Hause mußten wir das Korn allerdings noch versteckt halten.

Es konnte ja sein, daß plötzlich Soldaten das Haus nach Korn kontrollierten. Aber es ging alles gut. Das gedroschene Korn war noch etwas feuchter als das Korn vom Ährenschneiden. Außerdem war es nicht so sauber. Zwischen den Körnern war Spreu und viel Mäusedreck. Da hatten wir Kinder eine neue Arbeit. Wir bekamen jeder ein Schälchen von dem schmutzigen Korn auf den Tisch geschüttet und mußten dann auslesen. Es war alles andere als erfreulich. Damit der eine nicht nur faulenzte, bekam immer jeder die gleiche Menge. Mit dem sauberen Korn wurde wie früher verfahren: Es wurde in der Kaffeemühle gemahlen. Und weiter wurde gesiebt und das Feine in Gläsern beiseite gestellt. Bei der mühseligen Beschäftigung, die Tag für Tag die gleiche war, dachten wir immer an unseren Weihnachtskuchen. Seit langem hatten wir kein Brot mehr, und an Kuchen war ja gar nicht mehr zu denken. Wir waren aber schon glücklich und zufrieden, daß wir jeden Tag die Mehlsuppe in Wasser gekocht hatten. Am Sonntag gab es die Suppe nur aus durchgedrehtem Weizen, an den Wochentagen wurde es mit dem Groben vermischt, was wir dann »Gruschelmus« nannten.

Aber schnell war das Korn der drei Scheunen gedroschen, und das Kommando zog weiter nach Lisettenfeld. Lisettenfeld war etwa drei Kilometer weiter, und die Frauen konnten dahin mit. Mutti wollte das aber nicht. Erstens waren wir Kinder mit Tante dann den ganzen Tag alleine, und dann mußte sie jeden Morgen früh die drei Kilometer hin und am Abend wieder zurück. Das war ihr auch zuviel, denn das Dreschen während des Tages war auch mehr als anstrengend. Und das bißchen Korn nebenbei fiel dann auch weg, weil es ja keiner bei Dunkelheit holen konnte. Aber dann ging es hin und her. Die Frauen wollten für das bißchen dann fast alle nicht den weiten Weg machen, und die Russen waren auf sie angewiesen. Da meinten sie, es wäre nicht so viel zu dreschen wie bei uns in Stockheim, und sie wollten den Frauen mehr Korn als Lohn geben. Da willigten sie dann doch ein, es war doch die einzige Möglichkeit, um etwas zum Essen zu bekommen. So ging Mutti jeden Morgen früh los, und am Abend holten wir Kinder sie ab. Meistens nahmen wir den Handwagen mit, weil Mutti ab und zu doch noch etwas bekam. Der Lohn war doch zuwenig, und wenn es ging, legte sie mal etwas Korn an einen Baum am nahen Wald, wenn sie so tat, als wenn sie mal eben mußte.

Wir bekamen von den Russen immer noch Besuch, und immer noch nahmen sie uns von dem wenigen, was wir hatten, etwas weg. Es war traurig, aber solange sie uns selber in Ruhe ließen, waren wir noch zufrieden.

Immer wenn wir ein Geräusch hörten, sagten wir: »Hört, war da nicht was?« Es kam schon öfter vor, daß unser kleiner Volkmar schon bei jeder Gelegenheit sagte: »Höt, höt!« und dabei sein Zeigefingerchen an die Wange legte. Es war so lustig, daß wir oft lachen mußten. Das Lachen verging uns aber schnell, wenn er recht hatte und wirklich wieder welche kamen.

Unsere Schlafstube hatten wir jetzt noch mehr verbessert: Wir hatten Sprungfederrahmen von Betten gefunden, unter die Mutti gleichlange Beine nagelte. Die Beine hatte sie vorher von runden Stämmchen, meist von ziemlich runden Zaunpfählen, in die gleiche Länge gesägt. Auf diese fertigen Liegen legten wir dann die Strohsäcke und lagen nun weicher und wieder etwas bequemer als vorher auf dem harten Fußboden. Einen Nachteil hatte das nur, wir bekamen die Türe nicht ganz auf. Das war aber nicht so schlimm. Wenn wir die Mäntel oder etwas, was hinter der Türe war, holen wollten, mußten wir nach dem Reingehen die Türe eben wieder ein bißchen zumachen.

Eines Abends saßen wir nun wieder in der Küche am Tisch und aßen unsere Suppe. Als Licht hatten wir die Türe des Herdes, in dem das Feuer brannte, ein wenig offen, das mußte genügen. Wir konnten gerade sehen, wo unsere Teller standen. Da hörten wir, daß plötzlich einige Soldaten mit ihren Stiefeln die Holztreppe hinaufgepoltert kamen. Ängstlich sahen alle nach der Türe. Die Tür wurde aufgerissen, und zwei Soldaten kamen herein. Sie sahen gar nicht zu uns hin, ihre Köpfe drehten sie gleich in die rechte Ecke, wo der Herd stand, damit wir sie wohl nicht erkennen sollten. Dann machten sie die Tür zum Schlafzimmer auf, gingen hinein und kamen sofort wieder. Mutti war sofort aufgestanden und wollte nachsehen, was sie da wollten. Sie kam nun gar nicht so weit, weil sie schon wieder zurückkamen. Und dann konnten wir trotz der schlechten Beleuchtung erkennen, daß sie unsere ganzen Wintermäntel in den Armen hatten und damit zur Tür wollten. Mutti versuchte nun, wenigstens einige zu retten, und auch wir versuchten, an den Mänteln zu ziehen, aber es hatte keinen Zweck. Mutti ließ nicht los und wollte mit aller Gewalt diese nötigen Kleider halten.

Da drehte sich der eine der Soldaten um und schlug ihr mit dem Kolben seines Gewehres ins Gesicht, daß sie zurücktaumelte und dabei natürlich losließ.

Jetzt waren sie mit all unseren Mänteln weg. Muttis Zähne bluteten heftig. Mit dem Schlag waren ihre vordersten Zähne alle losgeschlagen.

Als wir dann nachsahen, ob denn nichts mehr da war, waren alle Wandnägel leer. Auf dem Fußboden lag nur noch einer der Jungenmäntel, den sie verloren hatten. Es war gerade der älteste, wie das ja meistens so ist. Doch da lag mein Mantel auf dem Bett. Er war innen mit weißem Fell gefüttert und der wärmste von allen. Ich hatte ihn am Nachmittag draußen angehabt und gleich auf das Lager gelegt. Von mir war es nicht in Ordnung gewesen, aber dafür hatte ich wenigstens meinen gerettet. Ein Mantel und acht frierende Menschen. Mutti nahm stark an, daß es zwei Soldaten von dem Dreschkommando waren. Am nächsten Tage wollten die Russen nämlich abreisen, und da hatte der Oberst sie noch auf Beute ausgeschickt. Warum hatten sie aber so gut Bescheid gewußt?

Da fiel uns ein, daß am Nachmittag, als Mutti noch bei der Arbeit war, zwei Soldaten bei uns gewesen waren, die aber nichts mitgenommen hatten. Sie waren nur durch die Stuben gegangen und hatten sich umgesehen, als ob sie etwas suchten. Nun, wir waren froh, daß sie nichts mitnahmen und daß sie bei uns das Gesuchte anscheinend nicht fanden. Die mußten diejenigen gewesen sein. Sie hatten sich am Tage alles angesehen, um es in der Dunkelheit dann zu holen. Mutti mußte dann am nächsten Morgen wieder zur Arbeit und sagte, sie wolle den Oberleutnant mal auf die Mäntel ansprechen. Oft landeten die Kindersachen doch nur irgendwo im Dreck. Aber da war auch nichts zu machen.

# Es soll doch Weihnachten werden

Wir mahlten unterdessen weiter an unserem Weihnachtsmehl. Man mußte sich nur wundern, daß die Mühlen das so lange aushielten. Die Gläser mehrten sich, wenn es auch langsamer ging, als man es annehmen mochte. In Beuteln hätten wir es schon der Mäuse wegen nicht aufbewahren können. Von denen gab es nämlich mehr, als man erwischen konnte und einem lieb war. Es gab ja auch keine Katzen oder Hunde, die sie wegfangen konnten. Auch gab es kein Gift gegen die Viecher. Das Brot, das Mutti am Anfang noch manches Mal backte und von dem wir immer eine Scheibe bekamen, hatten wir auch im Beutel oben an der Decke hängen. Dort hatte Mutti in einen Deckenbalken einen Haken hineingeschlagen und den Beutel daran befestigt. Sonst wäre das Brot sicher eines Tages von den Mäusen aufgefressen worden, und wir hätten noch nicht einmal das bißchen gehabt.

Nun ging es auf Weihnachten zu, der Tag rückte immer näher, und wir wurden immer aufgeregter, obwohl der oder die Feiertage für uns nicht anders als alle anderen Tage sein würden. Obwohl wir nun fast genug »Feines« für den Weihnachtskuchen hatten, mußten wir weitermahlen. Jetzt gab es nur noch am Sonntag Suppe aus Weizenmehl, in der Woche wurde sie jetzt immer aus Roggenmehl gekocht. Die schmeckte uns nicht so gut, aber wir wurden doch satt davon. Als Salz benutzten wir immer das rote Viehsalz, und jeder war froh, überhaupt noch etwas davon zu haben. Der Kochtopf wurde nicht mehr ausgekratzt und auch nicht mehr gespült, es war schon Verschwendung, das wegzuwaschen, was am Rand war. Während Mutti zur Arbeit war – es gab immer noch etwas anderes bei den Russen zu arbeiten – besserte Tante einiges an unseren Sachen aus, und Christel stichelte an einigen Lappen herum, von denen wir nicht wissen sollten, was es werden würde. Vorweihnachtliche Geheimnisse, die waren auch in solcher Not da. Wie sich dann Weihnachten herausstellte, waren es Hemdchen und Kleidchen für uns.

Als Mutti dann einige Tage vor Weihnachten nach der Arbeit nach Hause kam, erzählte sie uns, daß sie die Weihnachtstage auch zum Dreschen müßte. Die Russen kannten ja nicht unser Weihnachten, sie kannten nur zwei Feiertage im Jahr, einmal vom 9.-12. Mai und einmal vom 9.-12. November. An allen anderen Sonn- und Feiertagen wurde gearbeitet. So sollte das Weihnachtsfest nun ohne Mutti und deshalb noch trauriger werden. Mutti hatte aber die Hoffnung, am Heiligen Abend etwas früher zu kommen, und da wollten wir dann eben ein wenig feiern.

Am Abend vor dem Heiligen Abend knetete Mutti den Teig für unseren Kuchen. Von dem letzten Stückchen Brot hatte Mutti etwas Sauerteig gemacht, damit der Kuchen auch locker werden sollte, denn Hefe oder Backpulver gab es, wie alles andere, auch nirgends. Von zu Hause hatten wir noch eine Büchse mit Mohn mitgebracht, die sollte nun den Festtagskuchen verfeinern helfen.

Kurz und gut, am Abend lag der Kuchen schön zusammengerollt auf dem Blech und hatte Zeit zum »Gehen«. Als Zucker mußte wieder ein bißchen Sirup herhalten. Wie das alles schmeckte, ist nicht nachzuerzählen, für die Tage einfach köstlicher als die schönste Torte. Aber noch war er ja nicht fertig, also abwarten. Bevor Mutti am anderen Morgen zur Arbeit losging, hatte sie den Ofen ordentlich eingeheizt und sagte zu Tante, sie solle, wenn er durchgebrannt wäre, den Kuchen in den Ofen schieben und die Tür mit ein paar alten Lappen verstopfen, damit keine Hitze verlorengehe. Die Ofentüre hatte oben nämlich einen ziemlichen Riß. Dann sagte sie ihr noch, sie möchte gut obacht geben, daß er nicht zu früh oder gar zu spät herausgenommen werde, und ging dann los zur Arbeit.

Wir waren an diesem Heiligen Abend, dem ersten ohne Flitter und Glanz, stiller als sonst. Es mußte wohl das Weihnachtsfest sein. Klaus und Ernst zogen schon am Vormittag los, um irgendwo ein kleines Tannenbäumchen zu finden. Sie brachten dann auch eines, aber es war schon eher ein Baum, und er taugte nicht für uns.

Sie zogen dann noch einmal los und kamen mit einem kleinen netten Bäumchen wieder. Es war noch ganz voll Schnee, denn draußen schneite es schon seit langer Zeit. Zum Fest brachte dieser Anblick ja die richtige Stimmung, soweit man überhaupt davon reden konnte. Die beiden Brüder sahen auch wie Schneemänner aus, nicht nur, daß sie sich ein Vergnügen damit gemacht hatten, im Schnee zu tollen, nein, es schneite so dicht, daß man kaum bis zum nächsten Haus sehen konnte. Hoffentlich fiel nicht zu viel Schnee, sonst hätte es Mutti zu schwer zum Gehen gehabt.

Klaus zimmerte einen Fuß für den Baum, damit er nicht umkippte, und wir anderen schnitten Sterne und andere Sachen aus farbigen Aktenzetteln, die wir überall wegen der Farben gesammelt hatten. Was störte es, daß auf der einen Seite etwas gedruckt war, die Hauptsache war für uns, daß es bunt war. Auch Lametta schnitten wir aus den bunten Papieren. Silbernes gab es nicht zu finden.

Als wir es dann so fertig geschmückt hatten, waren wir richtig stolz auf unser Kunstwerk und freuten uns nun auf Mutti und den Abend. Kerzen hatten wir leider keine, aber es machte uns nichts aus. Die paar Bunkerlichter brauchten wir, um sie zur Notbeleuchtung auf den Tisch zu stellen.

So wurde es unter unseren Vorbereitungen schnell Nachmittag, und wie das um die Weihnachtszeit so ist, fing es schon an zu dämmern.

Da kam Mutti. Sie hatte wirklich früher freibekommen. Als sie die Tür öffnete, sagte sie als erstes: »Was ist mit dem

Kuchen?« Ihr war gleich so ein Geruch entgegengekommen. Und sogleich wußte sie, daß der Kuchen verbrannt war. Tante hatte ihn total vergessen. Sie wollte schnell zum Ofen laufen, aber das konnte Mutti jetzt auch selber. Sie zog ihn aus dem Ofen, und wie vermutet, war er ganz schwarz verkohlt. Mutti war fassungslos. Wir standen alle herum und waren dem Weinen nahe.

Da sagte Tante tröstend, von innen wäre er sicher noch nicht so schwarz und wir könnten dann doch noch essen. So waren wir Kinder denn ein bißchen getröstet und hofften, daß es so wäre. Mutti sagte nicht mehr viel, was nützte es jetzt auch noch. Tante war eben zu alt, noch auf etwas zu achten, und wir zu klein. Hätte Mutti uns davon gesagt, hätten wir vielleicht noch erinnern können, aber vielleicht hätten wir auch dann nichts bemerkt, weil wir einfach zu eifrig waren.

Was steckte in dem einen Kuchen für Mühe und Schweiß, und nun sollte alles umsonst gewesen sein? Nein, er durfte von innen nicht ganz verbrannt sein. Jetzt mußten wir erst ein bißchen abwarten. Erstens war er noch so heiß, und dann sollten wir vorher noch einen Besuch bei Plehns unter uns machen. Sie hatten uns gebeten herunterzukommen, damit an diesem besonderen Tag niemand so alleine sei.

So gingen wir dann leise die Treppe herunter, wo sie uns schon erwarteten. Muttis Stimmung war mit dem Kuchen dahin. Wir hofften nur, daß sie sich durch die Weihnachtslieder etwas beruhigen würde. Zuerst sangen wir alle zusammen ein Weihnachtslied. Dann baten Plehns, wir Kinder sollten doch ein bißchen vorsingen, weil wir so frische Stimmen hätten und die Texte kannten. Das taten wir denn auch. Wie viele Lieder wir dann gesungen haben, weiß ich nicht mehr.

Die Kleinen wurden schon müde, und wir wollten gehen. Da fielen uns aber noch unsere Weihnachtsgedichte ein, und die mußten wir nun natürlich auch noch aufsagen. Mutti hatte bei den meisten Liedern dann doch mitgesungen. Sie kannte die Texte ja am besten, und wir freuten uns, daß sie nicht mehr so traurig aussah. Ob sie nicht mehr traurig war, wußten wir allerdings nicht. Sie muß wohl auch an die früheren Weihnachtsfeste gedacht haben, wenn sie auch nichts sagte.

Wir Kinder dachten eigentlich weniger an früher, als man hätte annehmen sollen. Aber wir erhofften uns ja auch noch etwas von dem, was Christel und natürlich auch Mutti so geheimnisvoll genäht hatten. Die Erwachsenen erzählten sich noch kurz ein bißchen, dann sangen wir unser letztes gemeinsames Weihnachtslied und stiegen, nachdem wir allen fröhliche Weihnachten und gute Nacht gewünscht hatten, die Treppe zu unserer Stube hinauf. Hier wollten wir trotz der Müdigkeit noch ein kleines Weilchen für uns Weihnachten feiern. Zuerst versuchte Mutti, den Kuchen anzuschneiden. Wir mußten doch noch essen. Sie kratzte die verkohlte Kruste ab, aber es wurde nicht hell. Sie schnitt und schnitt und sagte dann, wenn sie jetzt nicht aufhöre, wäre der Kuchen alle. So mußten wir den Kuchen eben noch mit schwarzer Kruste essen. Schade, er schmeckte nur angebrannt und nicht einmal so gut wie das Brot, was Mutti immer noch hin und wieder backte. Jeder bekam nun ein Stück von dem Kuchen, und der Rest wurde in den Brotbeutel gesteckt und über dem Tisch aufgehängt. Am anderen Tag mußten wir doch auch noch etwas haben, und durch das Pech war es sowieso weniger für jeden.

Ja, und dann war noch Bescherung für uns. Wir durften die Sachen bewundern, die für uns unter dem kleinen Tannenbäumchen lagen. Ute und Volkmar hatten Hemdchen und Kittel bekommen. Die Kittel hatte Christel unter Muttis Anleitung aus alten Bademänteln genäht. Utes war mehr ein Kleidchen. Beide sahen nett aus. Utes war gestreift und Volkmars Kittel war blau mit roten Segelschiffen drauf. So waren sie wieder ein bißchen warm angezogen für die kalten Tage.

Wir hatten auch ein paar Teile bekommen, Schürzchen und Schals aus Stoffresten.

Nach unserer Bescherung mußten wir ins Bett. Da konnten wir die Heilige Nacht im Traum erleben.

Am nächsten Morgen bekamen wir noch einmal von dem Brennkuchen und eine ganze Scheibe Brot. Zum Fest hatte Mutti nämlich noch ein Brot gebacken. Das sollte vorläufig das letzte sein.

## Hunger tut weh

Wer wußte, wie es weitergehen würde! Das Dreschkommando war an der anderen Stelle nun auch fast fertig und sollte Anfang Januar irgendwo anders hinkommen. Noch wußte niemand, wohin. Wenn es weiter wegkam, konnte sowieso keiner mehr arbeiten gehen, weil es dann zu weit war. Die Folge war, daß man kein Korn mehr bekommen konnte. Und wovon sollten wir dann leben?

Nirgends war etwas Eßbares zu finden und wenn, dann wäre es schon verdorben gewesen. Nirgends gab es sonst Arbeit, um etwas zu verdienen und somit das tägliche Brot zu haben. Es gab auch keine Tiere, die man zur Not hätte schlachten können. Wovon also leben? Das bißchen, was wir noch an Körnern hatten, langte nur noch für kurze Zeit, um Suppe zu kochen.

Aber weshalb sorgen? In Redden hatten wir auch gesorgt und mußten dann weg, wer wußte, wie es uns jetzt gehen würde und ob wir überhaupt hier bleiben durften. Dieses war ja noch wenigstens in der Nähe unseres alten Hauses, kämen wir weg, wären wir auch weiter weg von unserem Heimatdörfchen.

Am besten war, sich darüber überhaupt keine Gedanken

zu machen. Für uns Kinder war das möglich, aber für Mutti? Sie wollte letzten Endes ihre Kinder behalten.

Eines Abends, wir Kinder lagen schon im Bett, und nur Mutti war noch auf, hörten wir es unten an der Haustüre poltern und gegen die Türe stoßen. Kurz darauf wurde unsere Türe aufgerissen, auch die hintere. Mutti war zu uns gekommen, obwohl sie noch auf war, um uns zu schützen und selber nicht alleine zu sein.

Zwei russische Soldaten, die die hintere Türe aufgerissen hatten, blitzten mit einer Taschenlampe auf. Zuerst stutzten sie, als sie uns da alle so in einer Reihe liegen sahen. Dann faßten sie blitzschnell an das untere Ende des einen Federbettes, zogen es uns vom Körper und wollten damit weg.

Wir hängten uns aber wie die Kletten daran fest und ließen uns mitschleifen, während Mutti bat, es doch für die Kinder zu lassen. Sie zogen aber weiter, und an der Treppe mußten wir loslassen, sonst hätten sie uns da noch mit hinuntergezogen. Jetzt hatten wir nur noch ein Federbett und das kleine Kinder-Oberbettchen.

Immer und immer wieder kamen sie und holten etwas. Wir merkten dann bald, daß wir hier am anderen Ende des Ortes mehr bestohlen wurden als die anderen Deutschen, die dichter zusammen wohnten.

So wurde es Januar, und Mutti mußte mit der Arbeit aufhören. Das merkten wir sehr schnell am Essen: Die Suppe wurde immer weniger und auch immer dünner.

Es kam öfters vor, daß wir noch hungrig schlafen gehen mußten, und oft genug, daß Mutti gar nichts aß, und sie brauchte doch die meiste Kraft. Wir gingen dann wieder auf Suche in die leerstehenden Häuser. Aber wir fanden kaum etwas. Mal ein Schüsselchen Erbsen oder ein paar Linsen, aber auch das reichte jedesmal nur für höchstens eine Mahlzeit. Dafür waren wir dann den ganzen Tag unterwegs.

So konnte es auf keinen Fall weitergehen, aber wie sonst? Da bemerkten wir, daß die anderen Familien in den letzten Tagen immer wieder mit Handwagen an unserem Haus vorbeifuhren und am Abend mit vollen Säcken darauf zurückkamen. Aber niemand sagte uns etwas. Wo mochten sie hinfahren und woher etwas herholen, jetzt im kalten Winter?

Da ging Mutti eines Tages hin und fragte sie. Nach einigem Zögern sagten sie dann, daß etwa sechs Kilometer weiter, mitten im Wald, ein Möhrenfeld sei. Das hatten die Russen zwar gesät, aber nie geerntet. Das Feld sei jetzt zwar verschneit, aber die meisten Möhren wären vom Frost verschont und sehr dick, süß und saftig. Da meinte Mutti, wenn das so ein großes Feld sei, wie sie sagten, dann wären für uns doch sicher auch noch genug Möhren dabei. Wir hätten ja schließlich genau solchen Hunger wie sie auch. Dann freuten wir uns auf den bevorstehenden Reichtum an Essen. Ob noch etwas da war? Die anderen wollten gegen Mittag losfahren. Mutti war das aber für die weite Strecke eine zu kurze Zeit zum Graben und entschloß sich, schon am Morgen aufzubrechen. Sie erkundigte sich dann nach dem Weg und meinte zu uns, daß sie ihn schon finden würde. Am anderen Morgen, es wurde gerade erst hell, zogen wir mit unseren Handwagen und einigen Säcken und einer Forke los.

Mit Mutti waren Klaus und ich mitgefahren. Wir mußten ja erst einmal sehen, wie es überhaupt war oder ob die anderen nur übertrieben hatten. Etwas mußte allerdings daran sein, sonst hätten sie ihre Wagen ja nicht so vollgeladen gehabt. Es dauerte sehr lange, bis wir das Feld endlich erreichten, auf dem schon viele Menschen eifrig gruben. Alle wohnten ja nicht so weit weg wie wir, und deswegen konnten sie auch früher da sein. Ohne viel zu überlegen, begann Mutti auch gleich zu graben. Wir Kinder hoben die Möhren dann gleich immer auf und legten sie in einen Korb, den wir auch noch auf dem Handwagen gehabt hatten. Sobald ein Korb voll war, schütteten wir ihn auf dem Wagen in einen Sack. Wir fingen fürchterlich zu frieren an. Mutti fror zwar auch, aber ihr wurde es durch das schwere Graben in der gefrorenen Erde doch noch warm. Um uns zu erwärmen, mußten wir zwischendurch immer Wärmeübungen machen. Wir schlugen die Arme so lange um den Rücken, bis es uns etwas warm wurde, was leider nur nicht lange anhielt. Nun muß man sich vorstellen, was das für Mühe machte. Die Erde war doch gefroren, wenn der Sandboden auch nicht ganz so hart wie anderer Boden war, so hatte Mutti doch große Mühe, etwas zu schaffen. Als es dann dunkelte, hatten wir ungefähr zwei Zentner Möhren auf unserem Handwagen und fuhren damit nach Hause. Wir mußten uns schon beeilen, daß wir überhaupt heimkamen. Im Dunkeln war es schlecht, unterwegs zu sein.

Als wir erst auf der Straße waren, ging es, aber vorher mußten wir noch über Wiesen und aufgeweichte Feldwege, und da mußten wir gut aufpassen, überhaupt die Straße zu finden. Es war dann stockfinster, als wir wieder zu Hause ankamen. Es war eine Freude, mit so viel Eßwaren anzukommen.

Nun wurden Möhren gegessen, roh und gekocht und gerieben, es war herrlich, einmal etwas anderes als immer die gleiche Suppe aus Mehl und Wasser zu haben. Aber schön war es doch, wenn wir genug Mehl hatten. Am übernächsten Tag fuhren wir wieder. Den einen Tag hatten wir zum Ausruhen gebraucht. Die vielen Kilometer und dann die Arbeit auf dem gefrorenen Feld hatten uns alle mächtig angestrengt.

Als wir nun wieder fuhren, machten wir uns schon früher auf den Weg. Wir fuhren los, als es noch stockfinster war, um nicht ganz so spät nach Hause zu kommen. Es war auf jeden Fall besser, ins werdende Licht als ins werdende Dunkel zu fahren. So kamen wir schon am Feld an, als es gerade anfing zu grauen.

An diesem Tage schafften wir drei Säcke voll, ungefähr drei Zentner! Das war unsere Rettung. Jetzt fuhren wir immer jeden zweiten Tag, wenn es noch dunkel war, los, und wenn es schon wieder dunkel war, kamen wir wieder nach Hause.

Nun gab es jeden Tag dreimal Möhren zu essen. Dann gab es neuen Frost, und die Fahrten mußten eingestellt werden. Man bekam kaum noch ein Werkzeug in den Boden, und für eine Mahlzeit lohnte sich der weite Weg nicht.

Wenn man nun bedenkt, daß von den vielen Möhren jeden Tag drei Mahlzeiten gemacht wurden und wir ja nur jeden zweiten Tag fuhren, kann man sich gut vorstellen, daß auch dieser Reichtum schnell wieder erschöpft war. Es dauerte nicht lange, und wieder fing der Hunger an, und Mutti wußte nicht, was sie nun finden sollte.

Wir hatten noch genau für eine Mahlzeit Erbsen und Möhren und dann nicht mehr einen einzigen Happen. Kein Korn, kein Mehl, keine Kartoffeln, kein Gemüse, nichts, aber auch gar nichts hatten wir mehr! Es war wirklich das allerletzte. Mutti hatte in letzter Zeit schon wiederholt davon gesprochen, noch einmal nach Redden zu fahren und die vergrabenen Sachen zu holen. Wir wußten genau, daß das ausweglos war, weil auf jeden, der sich auch nur in die Nähe wagte, gleich geschossen wurde. Deshalb verstanden wir Muttis Gedanken nicht, glaubten auch nicht, daß sie daran dachte, es wirklich zu tun. »Hunger kennt weder Grenzen noch Verbote«, und daran muß Mutti wohl gedacht haben.

# Angst

Als wir nun an diesem Vormittag die letzte Erbsensuppe vorbereiteten, kam Mutti und sagte nur ganz kurz: »Morgen um diese Zeit könnt ihr uns zurückerwarten!« Das schlug ein wie eine Bombe. Tante fing an zu jammern, ob Mutti es sich denn gar nicht überlegen wolle. Es sei doch so gefährlich und was sie dann machen sollte. Mutti sagte nur, sie habe es sich schon sehr gut überlegt, und es gäbe keinen Ausweg mehr. Alle waren wir aufgeregt und hatten Angst, es war wirklich gefährlich. Mit wem wollte Mutti aber los? Sie hatte doch »uns« gesagt? Wir hatten Angst zu fragen. Jeder war am liebsten in ihrer Nähe, aber in solch ein gefährliches Abenteuer wollte niemand gerne. Jeder rechnete im stillen damit, daß das mit dem Tod enden würde. Mutti mußte sich den ganzen Plan genau überlegt haben. Dann sagte sie, daß ich mit ihr fahren sollte. Ich hatte schreckliche Angst, zeigte es aber nicht und war dann im Grunde froh, nicht hier sitzen und warten zu müssen. Dann aßen wir zu Mittag. Alle waren in gedrückter Stimmung, und es wurde auch kaum gesprochen. Für den Abend hatte Mutti noch ein halbes Einmachglas mit Roggenmehl gefunden, nachdem sie die Sachen für unsere Reise zurechtgelegt hatte. Von dem Mittagessen hatte Mutti einen Topf voll abgeschöpft und als Reiseverpflegung für uns beide zur Seite gestellt.

Sofort nach dem Mittagessen wollten wir losfahren. Ich fragte mich, wieso wir denn so spät fahren sollten? Da waren wir doch erst am Abend in Redden?! Aber ich fragte nicht, das konnte ich ja noch unterwegs tun. Mutti hatte zu mir genausowenig wie zu den anderen gesagt, da wußte ich auch nicht, was sie vorhatte und wie sie es anfangen wollte.

Und dann war am heutigen Tag ein Wetter, wo man keinen Hund vor die Türe läßt, wie man so sagt. Es goß schon den ganzen Morgen in Strömen, und es sah auch nicht so aus, als ob es bald aufhören würde. Mutti suchte zusammen, was wir alles brauchen würden, und schickte mich dann auf das Schlaflager, um ein bißchen vorzuschlafen.

Aber davon konnte keine Rede sein. Ich war viel zu aufgeregt, als daß ich auch nur ein bißchen hätte schlafen können. Ich malte mir aus, wo uns die Russen wohl lassen würden, wenn sie uns erschossen hätten, oder wer uns helfen würde, wenn wir irgendwo angeschossen liegen würden. Die Freude mitzudürfen und die Angst vor der Gefahr wechselten, daß es mir ganz komisch ums Herz wurde, und da sollte ich schlafen? Das einzige war, daß ich ein bißchen lag, aber für mich wäre es besser gewesen, bei den Vorbereitungen mitzuhelfen, um eben diese Aufregung zu verdrängen. Mutti hatte keinen Mantel und mußte dafür wärmere Blusen und Jacken anziehen. Nur gut, daß ich noch den meinen hatte.

Mutti hatte die beiden Handwagen fertiggemacht: Für sich hatte sie unseren stabilen auf vier Rädern, für mich unseren kleinen, den wir auch schon längere Zeit hatten und der zwei dünne gummibereifte Räder hatte. Er war viel leichter als der andere und machte so gut wie kein Geräusch beim Fahren. Der große dagegen war auf Steinpflaster gut zu hören, weil er ja eisenbeschlagene Räder hatte. Auf dem Wagen lagen nur eine Forke zum Graben und ein Sack für eventuellen Gebrauch und unsere Erbsensuppe.

Tante konnte sich nicht beruhigen und hatte noch mehr Angst als meine Geschwister, die die Sorgen noch nicht richtig beurteilen konnten. Herr Tischel und Plehns nannten es ebenfalls unvernünftig, sich geradezu in den Tod zu begeben, aber gab uns einer von allen etwas zu essen? Es hatte doch selber niemand etwas. Ob so oder so, der Tod stand doch sowieso an der Türe. Mutti sagte nur, sie vertraue auf Gott und der würde es schon irgendwie ermöglichen, bisher habe er noch immer geholfen. Alle fanden sich damit ab, uns nie mehr zu sehen, als wir uns verabschiedeten. Mutti sagte nur noch, daß wir am anderen Mittag wieder zu Hause wären, wenn alles gutginge, und dann machten wir beide uns auf den Weg in den strömenden Regen hinaus. Mutti nahm den großen, ich den kleinen Handwagen, und dann ging es los. Das Wetter war ganz furchtbar. Man konnte vor Sturm und Regen die Augen kaum aufmachen.

Als wir dann das holperige Steinpflaster durch das Dorf hinter uns hatten, fragte ich Mutti auch, weshalb sie nicht noch wenigstens einen Tag gewartet habe, da es sicher besser gewesen wäre. Jedoch sagte Mutti zu mir, daß sie sich dieses Wetter gerade ausgesucht und darauf gewartet habe.

Das war zuviel für mich, ich verstand das nicht. Wieso suchte Mutti sich für solch eine lange Wanderung so ein schlechtes Wetter aus, obwohl wir kein Regenzeug und sie noch nicht einmal einen Mantel hatte? Und dann erklärte sie mir, weshalb: »Bei solchem Wetter ist nämlich jeder Posten froh, wenn er ein Dach über dem Kopf hat, und das ist die einzige Möglichkeit, da in den Hexenkessel zu kommen!«

So war das also, und sie erkannte die Gefahr ganz genau. Aber wenn es erst vor dem Heimatdorf mit dem Regen angefangen hätte, das wäre auch genug gewesen. Jetzt mußten wir aber noch sechzehn Kilometer in dem Unwetter marschieren, und das war alles andere als erträglich. Und wer konnte sagen, wie der Rückweg sein würde, aber daran wollte ich erst gar nicht denken. Wenn wir nur überhaupt zurückkämen!

Auf diesem Weg sprachen wir überhaupt weniger als sonst. Erstens wegen des Wetters, und dann mußte auch Mutti ihre Gedanken gehabt haben. Ich hatte mich schon während der vielen »Suchzüge« an Muttis Schritt gewöhnt, denn sie ging ziemlich schnell. Sie sagte mir nur immer wieder, daß ich den Mund beim Gehen unbedingt geschlossen halten solle, auch wenn wir schnell gingen und ich meinte, ich würde keine Luft bekommen. »Das meint man nur«, sagte sie. »Wenn du den Mund offen hast, kommt die kalte Luft in die Lunge, du mußt noch schneller atmen, und am Ende bist du krank und alles nur, weil du dich nicht daran gewöhnt hast.«

Das habe ich mir dann für immer angewöhnt und vergaß es nie. So ging es Schritt für Schritt und ohne Rast. Den vielen Schlaglöchern mußten wir ausweichen, aber sonst rollten die Wagen leicht dahin, weil sie noch leer waren. Und als die Beine immer müder und schon ganz lahm waren, kamen wir in Redden an. Natürlich nicht an unserem Haus, denn das ging nicht, weil es mitten im Dorf stand und es noch hell war. Ja, es war noch hell, als wir am Dorfeingang ankamen. Das erste Gehöft war das von Pedaks. Natürlich waren sie alle wieder verlassen, wie damals. Hier gingen wir vorsichtig auf den Hof. Mutti durchstreifte erst einmal den ganzen Hof mit größter Vorsicht und Sorgfalt, um festzustellen, ob hier niemand war und ob er überhaupt als Nachtquartier verwendet wurde. Dann wäre er für uns nicht geeignet.

Aber es war alles leer und keine Spur von irgendeinem Lebewesen zu finden. Hier wollten wir nun erst einmal völlige Dunkelheit abwarten. Die brauchten wir unbedingt für unser Vorhaben. Wie es mitten im Dorf aussah, wußten wir gar nicht. Wir hatten nur gehört, daß die Wachstation im Schloß sein sollte, und das war ja in allernächster Nähe unseres Hauses. Den großen Wagen versteckten wir in der Scheune hinter einem großen Strohhaufen, den konnten wir vorerst nicht gebrauchen. Dann suchte Mutti, ob sie einen Spaten finden könnte, weil es damit besser ginge als mit der Forke. Wir fanden aber keinen. Doch fanden wir im Stall eine Kiepe, das war wie ein flacher, ovaler Korb ohne Bügel, der dafür an den Seiten kleine Griffe zum Anfassen hatte. Die würden wir gut gebrauchen können. Sie wurde sonst meistens für

Rübenschnitzel zum Füttern der Kühe oder ähnlichem benutzt.

Das waren nun unsere Geräte, die Forke, der Sack und die Kiepe. Diese Sachen legten wir auf den kleinen Wagen, den wir zum Dorf erst mitnehmen wollten. Den hörte man nicht rollen, und zum Tragen wäre es doch ein wenig schwer geworden.

Mittlerweile war es stockfinster geworden. Der Regen strömte ohne Ende vom Himmel, es goß, wie es nur gießen kann. Als Mutti dann meinte, es sei dunkel und spät genug, standen wir wieder von dem Stroh auf, auf das wir uns ein Weilchen gesetzt hatten, und gingen zu dem kleinen Wagen in den Regen. Es ging jetzt schwerer, weil wir die Feuchtigkeit schon durch die Kleider spürten. Außerdem fällt es nach dem Ausruhen von einem so langen Marsch immer schwerer, wieder aufzustehen. Und jetzt gingen wir wie das Sterntalermädchen im Märchen im Vertrauen auf den lieben Gott in die dunkle Nacht.

Aber dieses war kein Märchen, und wir hatten große Angst. Mutti gab mir noch die nötigsten Anweisungen: »Also nicht vergessen«, sagte sie. »Nicht husten, nicht sprechen, nicht niesen oder die Nase putzen. Wenn du Schnupfen hast, laß es einfach laufen, das ist zwar nicht schön und angenehm, aber notwendig. Alles hängt von unserem Gelingen und unserem Leben ab!« Ja, und um des Lebens willen wollte ich alles tun. Mir war es jetzt nicht mehr ganz so ängstlich zumute, es war doch etwa wie ein Abenteuer, und ich dachte an den nächsten Tag, an dem ich den anderen Geschwistern unsere Erlebnisse erzählen könnte.

Ich versprach Mutti also, alles zu tun, und hoffte im stillen, daß mir weder die Nase laufen noch ein Husten mich reizen möge. Erkältet war ich zwar nicht, aber durch die kalte Luft und den Regen kam so etwas ja ganz automatisch. Zuerst fuhren wir nun ein gutes Stück auf der Straße lang, die direkt ins Dorf führte. Dann mußten wir anhalten, weil wir sonst am Schloß vorbeigekommen wären. Schon hier bemerkten wir dauernd Lichtscheine, wußten aber noch nicht, woher sie kamen. Den kleinen Wagen versteckten wir hier in dem Straßengraben hinter einem Gebüsch. Wir nahmen nur die Kiepe, den Sack und die Forke mit und stiegen nun gleich gegenüber dem Wagenversteck an einem Weidegartenzaun entlang den kleinen Berg hinauf. Zwischendurch hielten wir immer an und horchten, aber es rührte sich nichts. Nur das Unwetter wurde immer schlimmer. Der Wind heulte, und der Regen prasselte. Plötzlich setzte noch ein heftiger Hagelschauer ein. Unwillkürlich mußten wir anhalten. Die Augen mußten wir mit den Händen schützen, und die Luft blieb uns fast weg. Aber dann ging es wieder weiter. Wenn wir auf dem Berg waren, konnten wir schon unser Haus sehen, dann konnte eigentlich nichts mehr schiefgehen, dachte ich. Es war hier schlecht zu gehen, weil die Weidegärten um diese Jahreszeit sehr matschig waren. Der Schnee war gerade etwas weg, und jetzt folgte zu allem Überfluß das Unwetter darauf.

Wir gingen ziemlich gebückt, um dem Unwetter etwas zu entgehen. Dann waren wir auf dem Berg und hielten an. Ich schaute hoch und wollte sehen, ob wir unser Haus schon entdecken könnten.

Da traf es mich wie ein Schlag, und ich stand wie erstarrt. In unserem Haus brannte Licht, es war also bewohnt. Mutti erging es nicht viel besser, wenn sie sich auch schneller faßte. Nein, um keinen Preis wollte ich jetzt weiter. Das erleuchtete Fenster war gerade auch noch das, das am besten auf das Versteck gerichtet war. Im Flüsterton sagte ich da zu Mutti: »Komm Mutti, wir müssen zurück, da können wir nun nicht mehr hin, sonst erschießen sie uns!«

Ich hatte solche Angst wie nie zuvor. Aber Mutti war schon

wieder ruhiger und sagte: »Nein mein Kind, nun sind wir bis hierher, und nun müssen wir weiter, es wird und es muß gehen!« Ich wußte nicht, wie ich gehen sollte. Die Angst saß mir nicht nur im Nacken, sondern auch in den Beinen. Zu unserem Glück wurde das Wetter noch schlechter. Ich hatte schon an der Scheune gedacht, es könnte nicht schlechter werden, aber es kam doch noch schlimmer. Jetzt glaubte ich selber, daß es das ideale Wetter für unser Vorhaben war. So leise wie nur möglich schlichen wir nun den Berg hinunter, um an unseren Garten zu kommen. An das Haus konnten wir sowieso nicht, und der Eingang vom Garten war doch am Haus. Da mußten wir uns schon anders behelfen.

Um den ganzen Garten war ja die ziemlich hohe Ligusterhecke. Sie war so hoch, daß ein Erwachsener gut darübersehen konnte. Also konnten wir noch gesehen werden, wenn wir standen. Es galt also, möglichst in gebückter Haltung zu stehen. Aber zuerst mußten wir ja nun in den Garten hinein. Als wir den Berg hinunter waren, mußten wir über die Straße. Vorsichtig guckte Mutti nach eventuellen Posten aus. Aber es war nichts außer dem Regen zu bemerken. Dann konnten wir die Straße überqueren und am hintersten Gartenende durch die Hecke kriechen. Es ging besser, als wir dachten.

An dieser Stelle waren im Sommer die Soldaten immer durchgekrochen, wenn sie in dem Garten die Erdbeeren naschen wollten. So war der Zaun fast ganz heruntergetreten, und auch die Hecke selbst hatte hier eine Lücke. So, im Garten waren wir jetzt, und der Lichtschein des erhellten Fensters fiel auch zu uns herüber. Nur gut, daß er nicht ganz bis zu uns reichte. Mutti fing dann gleich an dem einen Kirschenbäumchen an zu graben.

Doch zu allem Unglück war es das falsche Bäumchen. Ich zeigte nur auf das andere, weil ich doch nichts sagen sollte, und nachdem Mutti sich kurz orientierte, grub sie da. Das war dann auch das richtige Bäumchen. Da hatte Mutti schon den Deckel des Kessels erreicht, und das verursachte beim Graben ein kratzendes Geräusch. Ich stand neben ihr und wartete und bemerkte plötzlich neben uns auf der Straße, nur durch die Hecke getrennt, ein Geräusch. Ich hatte schon einige Male im leisesten Flüsterton: »Mutti« gerufen, doch bei dem Sturm und ihrer Arbeit hatte sie nichts gehört. Da stieß ich sie an und deutete hinter die Hecke. Sie blieb sofort in gebückter Haltung stehen und rührte sich nicht mehr.

Auf der Straße standen zwei russische Posten und sagten etwas zueinander. Sie mußten wohl etwas von dem Kratzen bemerkt haben und horchten nun. Als dann alles von unserer Seite still blieb, sagten sie noch etwas zueinander und gingen wieder weg. Sie hatten sicher gemeint, daß es nur das Unwetter gewesen war. Was für ein Glück für uns!

Noch einen kleinen Moment wartete Mutti, um dann weiterzugraben. Nun war der Deckel des Kessels ganz frei, und Mutti konnte ihn abheben. Bis es so weit war, mußte ich immer aufpassen, daß uns das Unglück von eben nicht noch einmal passierte.

Jetzt stellte Mutti die Kiepe voll Einmachgläser und dazwischen immer Kleidungsstücke, damit es nicht so klappern sollte. In den Sack steckte sie auch noch Gläser und Kleider hinein. Dann vergewisserten wir uns noch einmal, ob die Luft rein war und begannen unseren ersten Abtransport. Den offenen Kessel ließen wir so stehen, wir wollten ja gleich wiederkommen, und in der Dunkelheit konnte niemand bis in den Garten sehen. Mutti nahm den Sack über die eine Schulter und faßte mit der anderen Hand an die Kiepe. Ich faßte an die andere Seite der Kiepe, und dann gingen wir los. Es war schwerer, als ich gedacht hatte, aber ich durfte ja nichts sagen. So überquerten wir die Straße und stiegen dann wieder den Berg hoch an den Weidegärten entlang.

In der Mitte des Berges, ganz oben, an einem Telegraphenmast, packten wir alles aus. Vielleicht war es doppelte Arbeit, aber Mutti wollte erst einmal alles vom Haus weg haben, weil die Arbeit am gefährlichsten war.

Was dem Unwetter noch fehlte, das kam jetzt noch. Ein schweres Gewitter zog auf und vermischte sich in die schweren Regen- und Hagelschauer. So ein Unwetter, in dem alles zusammentraf, habe ich wohl nur dieses eine Mal in solchem Maße erlebt. Man kann sich gar nicht vorstellen, daß so viel auf einmal kommen und dann so lange anhalten kann.

Nun hatten wir noch Angst, daß wir bei den hellen Blitzen eventuell gesehen werden konnten. Die erste Last hatten wir nun auf dem Berg abgeladen, und wieder ging es den Berg hinunter in die Gefahr. Unsere Schuhe waren so durchgenäßt, daß die Strümpfe auch schon naß waren. Ebenso waren wir oben naß. Wenn wir wenigstens noch einen Regenmantel gehabt hätten. Aber die Regensachen wären sicher zu unbequem gewesen und hätten durch Rascheln eher etwas verraten. Mutti hatte zum Glück noch eine warme Stoffjacke von sich vergraben gehabt, die sie jetzt anziehen konnte, da sie ohne Mantel fror. So gingen wir einige Male hin und her bis auf den Berg und dann wieder in den Garten und bemerkten keinen Posten. Bei den letzten Gängen bekam ich schreckliche Seitenstiche, und Mutti machte sich noch mehr Sorgen.

Ich weiß nicht, ob sie nur von Angst oder auch von der Anstrengung kamen. Vielleicht auch von beidem, denn immerhin war ich erst zehn Jahre alt. Beim letzten Mal wagte Mutti sich sogar auf der Straße bis zur Hofeinfahrt vor, weil sie da unsere Zinkwanne entdeckte. Da hatte ich die meiste Angst. Wie konnte sie nur so leichtsinnig sein, und ich stand auch noch im Dunkeln alleine.

Nun hatten wir glücklich alles auf dem Berg, aber bis zum Hof von Pedaks war es noch ein gutes Stück und auch ein gutes Stück Arbeit. Obwohl es immer noch regnete, zogen jetzt immer so helle Wolken über den Himmel, und Mutti meinte: »Hoffentlich schaffen wir es, es scheint schon Morgen zu werden!« Uhren hatten wir ja nicht, und während der Arbeit hatten wir die Zeit überhaupt nicht schätzen können.

Zwischendurch wurde der Scheinwerfer, den die Posten auf dem Schloß angebracht hatten, immer geschwenkt. Das war das Helle gewesen, was wir schon am Abend bei der Ankunft im Ort bemerkt hatten. Ja, und nun ging die Arbeit weiter. Jetzt wurde wieder immer ein Teil in die Kiepe und den Sack getan und dann hinunter bis zu dem kleinen Handwagen an der Straße gebracht. Von dort fuhren wir dann zu Pedaks Hof und luden es in der Scheune ab. So ging es hier hin und her, wie vorher den Berg hinauf und hinunter.

Endlich hatten wir alles in der Scheune, waren zufrieden mit unserem Werk, und die Angst ließ nach. Dafür waren wir aber hundemüde und durchnäßt von Kopf bis Fuß. Wenn wir jetzt nur nicht noch krank wurden. Die hellen Wolken kamen immer mehr, nur gut, daß wir mit unserer Arbeit schon so weit waren. In der Scheune setzten wir uns nun erst einmal hin, und Mutti holte den Topf mit der Erbsensuppe hervor. Trotz der Angst und der Müdigkeit hatten wir Hunger. Wir spürten ihn erst jetzt, wo wir schon sicherer waren. Ob jetzt nichts mehr dazwischenkam?

Die Erbsensuppe war vor Kälte fast gefroren, obwohl sie im Stroh gestanden hatte. Nachdem wir gegessen hatten, legte Mutti mich ins Stroh und sagte, daß ich nun erst einmal schlafen müsse, sonst schaffe ich den Weg nicht zurück. Ich war zwar hundemüde, wollte aber auf keinen Fall schlafen, sondern am liebsten gleich losfahren. Dann erklärte Mutti mir, weshalb sie jetzt noch etwas warten wollte: Die weißen Wolken kamen immer häufiger, der Regen hatte ein bißchen nachgelassen, und das Gewitter war ganz weg. Wir mußten auf unserem Rückweg ja wieder durch Domnau, und da wohnten Russen, das wußten wir. Bis dahin konnten wir auch am Tage fahren, es war nämlich keine verbotene Gegend wie unser Redden. Wenn wir jetzt aber im Dunkeln durch die Stadt kämen und beobachtet würden, würden die Russen sicher Verdacht schöpfen, und es könnte noch schiefgehen.

So wollte Mutti hier den frühen Morgen abwarten. Sie werde schon auf mich aufpassen und auf keinen Fall weggehen, versicherte sie mir. Sie deckte mich ganz dick mit Stroh zu, und nach einem Weilchen, als ich warm geworden war, schlief ich schneller ein, als ich gedacht hätte. Ich muß auch ziemlich fest geschlafen haben. Plötzlich wachte ich durch ein Klappern und ein sonderbares Geräusch auf.

Sofort wußte ich, wo ich war, und weil ich in der Dunkelheit Mutti nicht sehen konnte, rief ich nach ihr. Sie kam sofort und fragte was los sei. Da sagte ich, es müßten irgendwo Russen sein und erzählte ihr, was ich gehört hatte. Sie prüfte noch einmal nach, es konnte ja immer etwas sein, aber dann stellte es sich heraus, daß Mutti das selber gewesen war. Sie hatte in der Zeit, als ich geschlafen hatte, die beiden Wagen fest verpackt und verschnürt, damit wir ein leichteres Fahren hatten und uns nichts herunterfallen könnte. So kam denn auch das Klirren, was ich gehört hatte, von den Gläsern her.

Ich war nun hellwach und sprang von meinem Strohdach auf. Aber was waren meine Glieder steif! Jetzt merkte ich das erst richtig. Ich konnte mich kaum bewegen und war dann noch so feucht am ganzen Körper. Ich ging nun langsam immer hin und her, um mich wieder ein bißchen bewegungsfähig zu machen, damit ich beim Stehen nicht so kalt werden würde. Mutti hatte sich, nachdem sie die letzte Schnur befestigt hatte, noch ein wenig ins Stroh gesetzt, und ich setzte mich dazu. Die weißen Wolken zogen immer noch am Himmel, und der Regen war schwach geworden. Aber es war noch immer dunkel. Wie spät mochte es sein? Mutti betrachtete sich den Himmel und meinte dann: »Ich glaube, wir fahren los, bis wir die sieben Kilometer bis Domnau zurückgelegt haben, wird es auch schon hell sein!« So standen wir auf und gingen zu unseren Wagen.

Zuerst ging es nicht so besonders gut voran, weil wir uns nach der Nacht erst wieder eingehen mußten, aber dann auf der glatten Straße ging es besser und im Schritt nebeneinander. Aber wie wir auch Kilometer um Kilometer weiterkamen, es blieb so dunkel und wurde um nichts heller. Nur der Regen hatte nachgelassen, und der Sturm hatte sich fast ganz gelegt. Die Füße fingen an wund zu werden, es war ja auch kein Wunder bei der Nässe. Da merkten wir auf einmal, wie sich die Nähte der Schuhe lösten. Das fehlte uns noch. Mit den Bändern mußten wir sie nun zusammenhalten und so weitermarschieren. Je näher wir nach Domnau kamen, desto schlechter ging es Mutti. Sie konnte ihr linkes Bein kaum noch vorwärts bewegen. Zeitweise mußte sie es mit der Hand anheben und nach vorne schieben. Na, das konnte ja noch was geben!

Nun standen wir vor Domnau. Wir waren die sieben Kilometer marschiert, und es war noch immer stockfinster. Es war sogar noch dunkler, weil die weißen Wolken jetzt fort waren. Was sollten wir nun machen? Wir wollten doch im Hellen durch die Stadt! Da wollten wir nun vor der Stadt den Morgen abwarten, das war doch sicherer, als einfach durchzufahren. Mutti hatte in ihrer Tasche noch für jeden eine rohe Möhre, die wir nun aßen. An unsere Wagen gelehnt, wollten wir den Morgen abwarten.

Wir standen und standen, und langsam wurde es uns langweilig. Außerdem fingen wir an zu frieren, und immer noch blieb es dunkel. Sollten wir nun in die dunkle Stadt hineinfahren? Aber was geschah, wenn wir angehalten wurden? Bis jetzt waren wir mit allem gut weggekommen, und nun ging es hier vielleicht schief, obwohl wir uns schon in Sicherheit glaubten.

Aber wie lange sollten wir noch warten? Wir hatten nun schon mindestens eine halbe Stunde so gestanden und gefroren, als Mutti sagte, daß wir auf gut Glück fahren wollten. Das Herz fing wieder an zu klopfen, würde es gut gehen? Die Stadt lag ganz im Dunkel. Die hellen Wolken waren ganz verschwunden, und auch der Regen hatte ganz aufgehört. Tapfer marschierten wir nun los, um die letzte Hürde zu nehmen. Wenn wir nämlich durch die Stadt waren, hatten wir alle Angst hinter uns. Da schreckte uns mitten in der Stadt ein lauter Gong aus unseren Gedanken. Erschreckt horchten wir auf. Was war das nur? »Na«, meinte Mutti, »wenn da man nicht so ein Posten seinen Offizier 'raustrommelt und sie uns auf die Wache schleppen, das fehlt uns gerade noch«!

Wir fuhren klopfenden Herzens weiter. Unser Schritt blieb der gleiche, wir gingen weder schneller noch langsamer. Wir wollten auf keinen Fall auffallen. Dann kam ein Soldat an uns vorbei, der uns aber gar nicht beachtete. Etwas später hatten es zwei sehr eilig, hinter einer Ruine zu verschwinden, aber auch sie hatten keine Zeit für uns. Da sahen wir mehrere Soldaten, wenn auch meistens einzeln, durch die Straßen gehen. Es mußte wohl ein Weckruf für ein Kommando oder so etwas ähnliches gewesen sein. Was sollte uns das stören, die Hauptsache für uns war, daß sich keiner um uns kümmerte. Muttis Wagen rappelte in der Stadt mehr als der meine, aber es störte anscheinend niemand. Soweit die Bürgersteige nicht von Schutt bedeckt waren, benutzten wir diese zum Fahren. Da rappelte es doch nicht ganz so laut. Als wir nun wegen der Trümmer wieder auf die Straße biegen mußten, drehte Mutti sich um und rief mir im Fahren etwas zu, was ich aber beim Rollen der Räder nicht verstand; ich fuhr immer genau wie Mutti hinter ihr her. Nun fuhr Mutti schräg vom Bürgersteig hinunter, sie konnte das ja, weil ihr Wagen vier Räder hatte, aber ich? Ich fuhr genau wie sie so schräg hinunter, und da hatten wir eine schöne Bescherung. Das war ein Pech, mein Wagen hatte doch nur zwei Räder und war umgekippt. So ein Pech! Wir waren mitten in der dunklen Stadt und auf der Straße. Die Verschnürung war durch den Sturz losgegangen, und die Sachen lagen im Dreck. Sogar Scherben hatten wir. Und Mutti schimpfte noch, weshalb ich denn nicht auf sie gehört habe. Sie hatte mir doch zugerufen, daß ich gerade vom Bürgersteig fahren müßte. Doch das hatte ich nicht verstanden.

Nun war doch nichts mehr gutzumachen, es war eben passiert. Zum Glück war nicht mehr als ein Glas von der »guten« Marmelade kaputt. Mutti verpackte meinen Wagen wieder, so gut und so schnell es ging, und dann fuhren wir weiter, um nur schnell aus der Stadt zu kommen. Wir warteten immer auf den Morgen, der aber nicht zu kommen schien.

Was hatten wir uns da doch in Redden für Sorgen gemacht, als wir uns ängstlich beeilten, weil wir annahmen, der Morgen käme schon mit den weißen Wolken. Nun waren wir gut durch Domnau gekommen, und während wir auf der glatten Straße heimwärts zogen, jubelten wir innerlich, daß alles so gutgegangen war.

Jetzt brauchten wir nämlich keine Angst mehr zu haben. Der Himmel war jetzt klar, und die Sterne kamen hervor. Wie spät mochte es denn nur sein, wenn jetzt der Himmel noch schwarz und voller Sterne war. Wir hatten noch knapp neun Kilometer zu gehen, und Mutti sagte im Scherz: »Paß man auf, wir wecken die noch!« Das machte uns jetzt noch eifriger, denn das könnte durchaus möglich sein. Da mußten wir aber in Redden in unserer Angst schnell gearbeitet haben. Nun war es ja Winter, und da sind die Nächte ja sowieso lang, aber so etwas hatten wir doch nicht gedacht. Und es wurde dann, wie Mutti im Scherz gesagt hatte, kurz vor Stockheim hell. Noch war es nur ein Morgengrauen, und da beeilten wir uns mit unseren nassen, wunden Füßen, so schnell wie möglich nach Hause zu kommen und unsere Lieben zu überraschen. Stockheim hatte nun ja durch den ganzen Ort ein Kopfsteinpflaster, der Muttis Handwagen ganz schön rappeln ließ. Von unserem Fenster aus konnte man jetzt, weil die Bäume kahl waren, die ganze Dorfstraße überblicken, und da war es kein Wunder, als wir kurz vor dem Haus schon von unseren Jungen jubelnd abgeholt wurden.

Sie stürzten sich völlig auf uns und schoben die Wagen dann mit vereinten Kräften auf den Hof. Wir hatten sie also doch nicht geweckt, obwohl es noch so früh war. Daran hätten wir aber schon denken können, nur die Kleinsten hatten in der Nacht geschlafen. Die Größeren konnten es vor Angst und Aufregung nicht. Die anderen hatten mit Tante um den Herd gesessen, in dem ein Feuer die Stube erwärmte und erhellte, und hatten geklagt. Am meisten war es für Tante eine Riesenanstrengung gewesen, diese Nacht zu überstehen. Sie konnte es nicht fassen, jetzt alleine mit allen Kindern zu sein und, wie sie glaubte, auch zu bleiben. Am meisten hatten sie bei dem Gewitter Angst und hofften, daß es bei uns nicht so sein möge. Nun, es war bei uns gewesen, aber es war bei weitem nicht das Schlimmste gewesen. Nun waren wir also glücklich mit den anderen in unserem jetzigen Hause vereint. Die zu-Hause-Gebliebenen luden ab und rannten die Treppen rauf und runter, um alles ins Haus zu schaffen. Herr Tischel kam heraus und konnte es nicht fassen, daß wir wieder da waren und dann noch so früh und mit so guter Beute. Da sagte er zu Mutti: »Der Führer Hitler hat so viel Orden für Tapferkeit verliehen, aber Sie haben heute bestimmt einen verdient!« Aber damit hätten wir doch nichts anfangen können, da war uns das bißchen Essen im Moment doch weitaus wichtiger und wertvoller. Mühsam schleppten wir beide uns dann die Treppe hinauf und setzten uns erst einmal hin. Jetzt hätten wir nicht mehr gehen können. Die Anstrengung war zu groß. Und wenn man – wie wir – jetzt eine Pause einlegte, dann war es mit dem Weitermarschieren einfach aus.

Sofort hatten die anderen heißes Wasser gemacht und aus der selbstgebrannten Gerste Kaffee für uns gekocht. Jetzt hatten wir ja wieder etwas. Während wir den heißen Kaffee tranken, hatten wir die Füße in heißes Wasser gesteckt und ließen sie »brühen«. Wir mußten mit aller Macht eine Erkältung verhindern. So seltsam es klingen mag, aber ich glaube, wir haben in all den Jahren keine Erkältung oder ähnliches gehabt. Medikamente hatten wir sowieso nicht, und wenn wirklich etwas Ernstes gewesen wäre, hätte man, wie viele nachher, eben sterben müssen.

Christel hatte gerade vor der Flucht den Bescheid bekommen, sich am Blinddarm operieren zu lassen. Damals ging es nicht mehr, und wenn sie sich jetzt oft vor qualvollen Schmerzen am Boden wälzte, mußte man immer daran denken, daß sie dabei sterben könnte. Sie starb aber nicht. Die Schmerzen kamen und vergingen, und als der Blinddarm sehr viel später einmal in normalen Verhältnissen heraus mußte, sagten die Ärzte nur: chronisch und ganz verwachsen!

Ja, bei allem waren wir auf uns selber gestellt wie Robinson Crusoe. An diesem Tag mußte ich nach dem warmen Fußbad noch etwas essen und dann gleich ins Bett gehen. Das war mir gar nicht recht. Obwohl ich mich kaum bewegen konnte, war die anfängliche Müdigkeit wie weggeblasen, und ich hätte den anderen jetzt, nach geglücktem Abenteuer, zu gerne alles erzählt. Mutti blieb aber unerbittlich. Sie wußte, wie gut es war, und daß die Strapazen doch ein bißchen viel für mich in meinem Alter waren. Ich glaubte, ich könnte nicht schlafen, aber dann war ich so schnell und so tief eingeschlafen, daß ich erst am späten Nachmittag wieder aufwachte. Tante hatte sich noch immer nicht beruhigt, und sie erzählte, sie habe uns schon immer irgendwo erschossen liegen sehen. Es war sehr viel für die alte Frau gewesen, und sie hatte auf ihre Art sicher nicht weniger gelitten als wir. Aber sie konnte kein Essen heranschaffen, sie war zu schwach und unbeholfen in der Sache. Sie konnte sich in dieser kaputten Welt nicht mehr zurechtfinden, wie sie selber sagte.

## Wir ziehen um

Nachdem sie nun die folgende Nacht besser geschlafen hatte, ging es ihr auch wieder besser, und die Angst war fast ganz vergessen. Aber die Angst vor den Russen blieb – und zwar bei uns allen. Immer häufiger bestahlen uns vorbeifahrende Soldaten, und da wurde Mutti es eines Tages leid. Sie ging nach dem anderen Ende des Ortes, wo die anderen Familien sich einquartiert hatten, und wollte sehen, ob da in deren Nähe noch ein Haus für uns frei war. Es dauerte nicht lange, bis sie etwas Passendes für uns gefunden hatte. Wir brauchten keine Miete zu zahlen (woher auch), wir waren buchstäblich im Grünen zu Hause. Wir brauchten auch kein Amt, um etwas zu fragen, alles lag verkommen, und keiner kümmerte sich um Menschen oder Häuser oder was sonst um uns herum war. Dieses gefundene Haus war nur durch einige Bäume und Sträucher von dem entfernt, in dem Rexins wohnten. Um das ganze Haus war ein sehr hoher Stacheldrahtzaun. Jetzt war er an einigen Stellen kaputt. Es sah zwar nicht schön aus, aber vielleicht war er noch mal gut für uns. Hier mußten die Russen wohl deutsche Soldaten bis zum Abtransport eingesperrt gehabt haben. Wenigstens sah es so aus. Aber warum und weshalb es so war, das kümmerte uns nicht.

Sonst war das Haus ziemlich groß. Von vorne mußte man durch eine Veranda ins Haus, die jetzt nur noch aus einigen Pfählen und dem Dach bestand. Dann kam man in einen kleinen Flur, wo nach beiden Seiten eine Tür in je ein Zimmer ging. In der Mitte des Flures konnte man nicht weitergehen, weil da in einer dunklen Nische, die wir »Kabuse« nannten, der Fußboden aufgebrochen war und man direkt im Keller gelandet wäre. Da legten wir über das Loch einige dicke Bretter und gingen dann hinüber. Dahinter war eine große Küche mit einem großen eingebauten Küchenherd. Aus dieser Küche ging wieder nach beiden Seiten je eine Tür in ein Zimmer. Die beiden rechten und die beiden linken Zimmer waren miteinander verbunden. So war an jeder Seite eine Wohnung aus zwei Zimmern und in der Mitte für beide zusammen eine Küche. Geradeaus ging es wieder nach draußen. Das war gerade gut, da konnten wir in die eine und Familie Plehn in die andere Seite einziehen. Es war ja klar, daß die nicht alleine in dem Haus blieben. Die Fenster waren alle kaputt und mußten als erstes repariert werden. Die hintere Türe nach draußen war wenigstens noch drinnen, und nach vorne an der Veranda verrammelten wir alles. Unser Ausgang war hinten, der war besser und auch sicherer. Bei den Fenstern machten wir es wieder wie in dem anderen Haus. Hier brauchten wir nur mehr Scheiben, die wir wieder mit den ganzen Rahmen annagelten. Die Nägel zogen wir uns überall heraus und klopften sie uns gerade. Ganz oben an den Fenstern, wo die Oberlichter gewesen waren, nagelten wir einfach Bretter vor. Die Hauptsache war, daß wir überhaupt ein bißchen Licht bekamen. Weil wir nun so viele Fenster zusammengefunden hatten, bauten wir uns in unserem Wohn- und Schlafzimmer Doppelfenster ein. Die einen nagelten wir von innen und die anderen von außen an. Das hielt warm, und der Wind konnte nicht so durch die Ritzen ziehen. Wo die Rahmen nicht ganz paßten – alle Fenster waren ja nicht gleich groß –, da verstopften wir die Ritzen noch mit Lappen. Wenn wir nun frische Luft brauchten, mußten wir die Türen etwas aufmachen, und einer mußte Posten stehen. Nach hinten war der hohe Stacheldrahtzaun noch nicht kaputt. Den machten wir aber kaputt, damit wir nach hinten durchkonnten. Hinter diesem Zaun war ein kleiner, total abgebrannter Stall, von dem gerade noch ein paar Mauerreste standen. Etwas nach der anderen Seite war ein größerer Stall, der ebenfalls abgebrannt war. In dem kleinen Stall richteten wir unser Klosett ein. Auch so etwas ist lebenswichtig. Die meisten verrichteten ihr Geschäft, wo sie gerade nicht zu sehen waren, oder gingen einfach hinter die Mauern. Wo aber so viele Menschen wohnen, kann man in kurzer Zeit nirgends mehr hintreten, ohne sich die Füße zu beschmutzen.

Da entschlossen wir uns, ein Klosett zu bauen. Klaus hatte zwei Bretter aneinandergefügt, in die er dann in der Mitte ein entsprechend großes Loch sägte. Diese Platte legten wir auf ein aus Ziegelsteinen gestapeltes Viereck. Man mußte schon etwas vorsichtig sein, damit nicht alles umkippte: Denn die Mauer war ja nur gelegt und nicht gemauert. Aber es hielt doch ganz gut, weil die Ziegelsteine von den Seiten von Schutt gehalten wurden. Wenn das Klosett voll war, schütteten wir etwas Schutt drauf und stapelten ein Stück weiter ein neues auf. Wir waren sogar stolz auf unser Werk, denn wer hatte hier überhaupt noch so etwas. Wir hatten es uns so gut wie möglich eingerichtet und gedachten auch, hier zu bleiben. Auch, daß es hier bestimmt sicherer war, nahmen wir an. Es war nur etwa zehn bis zwanzig Meter von den nächsten Familien entfernt, und früher war das ganze Dorf zwischen uns.

Wenn wir nun hinter den abgebrannten Ställen weitergingen, kamen wir an ein Haus, das halb Wohnhaus und halb Scheune gewesen sein mußte. Es war völlig ruiniert, aber das war für uns ja nichts Neues. Hier wohnte aber auch niemand. Hinter dem Haus lag dann mitten zwischen Bäumen die Ruine eines Schlosses. Man konnte jetzt noch sehen, wie schön es gewesen sein mußte. Es sah weiß aus, wie Marmor, und die ganzen Außenwände, soweit sie noch standen, waren verziert wie in Stuckarbeit. Da kam man ins Träumen von Märchen, so mußten die Märchenschlösser aussehen! Erwachsene mögen nicht so gedacht haben, aber wenn wir Kinder mal daneben standen und die Sonne durch die Bäume blinzelte, standen wir ganz versonnen da und malten uns aus, wie es sein müßte, in solch einem heilen Schloß als Prinzessin oder Prinz zu wohnen. Aber das waren Träume, und die hatten wir meistens nur noch in bezug auf das Essen. – Auch das wurde bei unseren Träumen berücksichtigt. Die Prinzessinnen aßen ja auch herrliche Sachen und noch dazu so viel, wie sie nur wollten.

Jetzt war das Gemäuer schon zum Teil bewachsen, und – was uns stutzig machte – es lagen weder in dem Park noch am Haus selber Kleider- oder Möbelreste. Entweder mußte das Schloß vor dem Brand geräumt gewesen sein, oder alles war im Haus geblieben und mitverbrannt.

Auf jeden Fall war hier nicht geplündert worden, das hätte man an verstreutem Gut gemerkt. Der Park, der gleich hinter dem Schloß ziemlich groß war, verlockte uns, dort nach eventuellem Eßbaren zu suchen. Es könnte ja möglich sein, aber wie und wo, das wußten wir auch nicht.

Als wir eines Tages unseren Weg durch den Park machten, entdeckten wir ganz, ganz hinten noch ein Gemäuer. Es war am hintersten Ende, und wir dachten schon, es gehöre gar nicht mehr zum Schloß. Dieses Gemäuer war nicht abgebrannt. Als wir dann in die breite Türöffnung traten, merkten wir, daß es eine Gruft war: Die Gruft des Schlosses. Eine breite Treppe führte in den Raum, der ebenfalls ganz verwüstet war. Mitten in dem Boden war eine Öffnung, die nicht mehr zugedeckt war. Wir sahen hinunter und schauerten zurück, denn es war so gräulich. Zwischen allem möglichen Unrat lagen die Toten, die hier eigentlich ruhen sollten. Manche Menschen waren noch fast heile zusammen, anderen fehlten einige Glieder. In einer Ecke lag ein einzelner Kopf von einem dunkelhaarigen Menschen. Diesen Anblick konnte ich lange nicht vergessen, immer wieder sah ich es vor mir und träumte sogar des Nachts von den Toten, die plötzlich ihre Glieder suchten und einer seinen Kopf.

Mutti ermahnte uns, dort wegzukommen, und sagte, daß wir den Toten doch nicht helfen könnten und wir sie nicht mit unserer Anwesenheit stören sollten. Ihr war es aber auch zuviel, und sie wollte wohl nicht, daß wir noch Schlimmeres sehen sollten. »Da haben die Toten, die einfach unter die Erde gekommen sind, es doch noch besser als diese in der Gruft!« sagte Mutti, und so war es ja wirklich. Bei den Toten hatten die Russen sicher nach Wertgegenständen gesucht und höchstwahrscheinlich auch noch gefunden.

Später sahen wir dann, daß auch viele Gräber aufgegraben waren und auch dort nach Wertsachen gesucht worden war, da war es schon egal, wo einer gelegen hatte. Hier hinten war alles noch trostloser, und weil da sowieso nichts für uns zu finden war, gingen wir auch nicht mehr dahin, höchstens bis ans Schloß.

Aus den abgebrannten Ställen holten wir die verkohlten Balken, um sie zu Brennholz zu sägen. Es wurde dauernd gesägt und gehackt, um genügend Holz auf Vorrat zu haben. So ist das wohl im Leben: Man ist immer bedacht auf morgen, obwohl wir nun schon einige Male gesehen und erlebt hatten, daß es völlig umsonst war.

Wir Kinder wechselten uns meistens mit dem Sägen auf einem selbstgebauten »Holzschragel« ab, während Mutti das Gesägte gleich kleinhackte. Oft halft sie uns aber auch beim Sägen, wenn wir es nicht schafften oder wenn wir einen besonders schwierigen Balken hatten.

Bis jetzt wohnten in Stockheim seit kurzer Zeit nur zwei russische Posten, die einige Kartoffelmieten bewachen mußten. Die Mieten wollten sie jetzt leermachen, und jetzt sollten die deutschen Frauen wieder arbeiten kommen. Für jeden Arbeitstag sollten sie einen Korb voll Kartoffeln bekommen. Wenn die Posten nicht dagewesen wären, wären die Mieten sicher schon lange leer gewesen. Aber die Posten waren immer da, und jetzt waren noch einige dazugekommen. Aber das war ein Angebot. Kartoffeln hatten wir schon lange nicht mehr gehabt. Mutti ging nun an den Mieten arbeiten. Tante kochte unsere Suppe, und wir suchten Holz und machten es so klein, wie wir konnten. Christel besserte an unseren Kleidern ein bißchen aus, was Tante übrigens auch gut machte, und Christel nähte uns dann noch »neue« Sachen.

Wenn wir nicht gerade beim Holzsuchen waren, gingen wir im Ort herum und suchten, ob wir noch etwas Brauchbares fänden. Manches Mal fanden wir ein paar Knöpfe, auch schon mal ein paar Erbsen, aber in letzter Zeit fanden wir wenig an Eßbarem. Jeder suchte, und deswegen war da nichts mehr zu finden.

So kamen wir eines Tages auch in die Stockheimer Kirche. Aber wie sah die bloß aus! Von Gotteshaus war da wirklich keine Rede mehr. Die bunten Bilder an der Decke mit den dazugehörigen Sprüchen waren das einzige, was noch daran erinnerte. Die ganze Kirche stand voller Ackerpflüge. Alles, was sonst zur Kirche gehört hatte, war kaputt und weg. An der einen Seite war eine Kirchengruft. Die kaputte Tür lag ein Stück weiter. Aber um zu erkennen, daß das eine Gruft war, brauchte man gar nicht dicht heranzugehen. Die Toten lagen ein paar Meter rundherum verstreut. Sie lagen da in Wind und Wetter, und niemand kümmerte sich darum.

Wir wunderten uns nur immer, daß keine Krankheiten davon entstanden. Aber von diesen Toten war weniger zu befürchten, sie lagen ja schon eine Zeit in der Gruft und waren jetzt an der Luft wie ausgetrocknet.

Die Deutschen hatten nun die Russen gefragt, ob sie die Toten wieder begraben dürften. Die erwiderten aber nichts, und so blieb es beim alten.

Eines Tages hatten sie dann selber gefragt, ob die Deutschen die Toten nicht wieder in die Särge packen würden. Es sei so an der Hauptstraße, und nun wurde es wieder wärmer, und dann war es doch besser, wenn sie weg wären.

Da ging Herr Rexin dann eines Tages an die Arbeit. Er war ja immer noch der einzige Mann, der etwas tun konnte unter uns Deutschen. Aber es gehörte nicht nur unwahrscheinlicher Mut, sondern auch ein bißchen Glück dazu, die richtigen Toten in die richtigen Särge zu packen. Zuerst mußte er die Särge so gut es ging wieder reparieren. Die Toten, wie auch die Särge, hatten aber verschiedene Größen. Weil sie von der Luft so ausgetrocknet waren, hielten sie wenigstens so weit zusammen, daß er sie einsargen konnte. Eine Frau war wie ein geräucherter Fisch in der Mitte des Körpers durchgebrochen. Aber Herr Rexin konnte sie alle einsargen.

Als er sich schon fast fertig glaubte, mußte er noch einmal anfangen. Am Schluß hatte er noch eine sehr große Frau dort liegen, die noch ihre langen blonden Haare hatte. Sie paßte nicht in den noch vorhandenen Sarg. Da mußte er nun abmessen, welcher der Särge am längsten war, und daraufhin wieder umpacken. Zum Schluß hatte es dann aber doch noch geklappt. Alle Toten hatten wieder einen Sarg für sich, den Herr Rexin auch gleich immer zugenagelt hatte.

Die Russen, die im Moment in Stockheim waren, waren froh, daß das alles weg war, und brachten ihm sogar noch einen Whisky zu trinken. Den konnte er aber auch gebrauchen, denn er war oft daran umzukippen. Dann nagelte er noch die Tür zu und noch im Kreuz zwei Bretter darüber, damit auch alles fest war und bleiben sollte. Aber diese Ruhe sollte nicht lange dauern.

Es war höchstens eine Woche später, als fremde Russen auf einem Lastwagen durch Stockheim kamen. Sie bemerkten die vernagelte Tür und gingen hin, um zu sehen, was da sei. Sie vermuteten sicher noch unentdeckte Schätze dahinter und brachen die Tür auf. Aber damit nicht genug, auch die Särge brachen sie wieder auf und wühlten zwischen den Toten nach irgendwelchen Schätzen. Als sie dann weggefahren waren, sah es nicht anders aus als vor der ganzen Arbeit von Herr Rexin. Es hatte also wirklich keinen Zweck, irgendwo ein bißchen Ordnung zu schaffen.

Oben im Turm hing noch eine kleine Glocke. Die Treppe zum Turm war nicht mehr da. Da mußte jetzt jeden Morgen einer der großen Jungen hinaufklettern und die Glocke läuten. Es war der Beginn zur Arbeit der Frauen. Aber jetzt läutete sie auch ab und zu am Tage kurz. Es war immer dann, wenn wieder jemand einen Toten gefunden hatte. Einer der ersten, den wir hier fanden, war ein Soldat in einem kleinen Stall, dem Fenster und Türen fehlten. Er lag auch auf einem Federbett, sah aber wieder ganz anders aus als der, den wir in Redden am Gutshaus gefunden hatten. Er war zwar der Wärme, Luft und auch der Sonne ausgesetzt, aber nicht dem Regen und der sonstigen Nässe.

Er war regelrecht vertrocknet und bestand nur buchstäblich noch aus Haut und Knochen. Die Haut war wie braunes, trockenes Leder um die Knochen gespannt. Dadurch war der ganze Soldat zusammengeschrumpft und fast nur noch so groß wie ein Kind. Name, Adresse oder eine Feldpostnummer waren hier, wie jetzt bei den meisten, nicht mehr vorhanden. Er wurde mit noch einzelnen Knochen, die in der Soldatenuniform gesteckt hatten, während des Bimmelns des Glöckchens begraben.

Keiner kannte die Namen oder die Nummern der Verstorbenen, und jeder wurde sicher einmal gesucht. Und wie viele Menschen waren vermodert, so daß nur noch die Knochen herumlagen. Wo unser Papa oder unsere anderen Verwandten waren, wußten wir auch nicht. Wir waren ganz von der Welt abgeschnitten und sahen und hörten nur immer, was gerade in unserem Ort passierte. Mutti sagte immer: »Ich weiß, daß Papa lebt, wenn ich die Gewißheit nicht hätte, möchte ich auch nicht mehr durchhalten. Aber für ihn muß ich es schaffen, er wartet auf uns.«

Im allgemeinen wurde gar nicht von Not und Trauer gesprochen. Es ging hauptsächlich nur immer um das Essen, woher etwas nehmen und wo etwas finden.

Eines Tages nun kam Mutti von der Arbeit an den Mieten nach Hause und erzählte uns, daß eine Zigeunerin gekommen sei und den Oberleutnant gefragt habe, ob sie ihm die Zukunft vorhersagen sollte. Sie wollte dafür natürlich auch ein paar Kartoffeln haben. Der Oberleutnant war gut aufgelegt und sagte ihr, wenn sie allen die Zukunft sagen würde, bekäme sie einen ganzen Korb voll Kartoffeln. Das tat sie dann auch. Zuerst wollte er seine Zukunft im voraus wissen. Sie wurde ein bißchen verlegen und sagte, daß es keine gute Nachricht sei. Er wollte sie aber hören, und sie sagte, daß seine Mutter gestorben sei und er in einigen Tagen die Nachricht bekäme. Er glaubte ihr auch sofort und wurde ganz traurig. Er gab ihr den versprochenen Korb voll Kartoffeln und ging dann weg.

Dann hatte sie den deutschen Frauen auch noch »vorausgesagt«. Wir fragten Mutti nun, was sie ihr denn gesagt habe. Sehr viel nicht, nur daß unser Papa lebe und sie durch einen guten Freund der Familie die Nachricht erhalten werde.

Mutti sagte, daß sie sowieso nie gezweifelt habe, daß Papa lebe. Aber sie wollte sich nicht auf solche Reden verlassen. Die Frau könnte ja auch nicht alles wissen, sagte sie. Die Zigeunerin müsse sich doch auch irgendwie ihr Essen verdienen. Mutti wollte dann nichts mehr davon hören, obwohl wir ahnten, daß sie noch mehr gesagt haben müsse. Da schwiegen wir dann auch und fingen nicht wieder davon an.

Die Kartoffeln waren schnell aus den Mieten heraus und die Frauen wieder arbeitslos. Mit den Kartoffeln zogen auch die Posten fort, und da waren wir fortan in Stockheim ganz ohne Russen. Einerseits war es ja ganz schön, andererseits war es für uns aber nicht ganz so gefährlich, wenn fremde Russen durch das Dorf kamen und merkten, daß Russen im Ort wohnten. Aber es änderte sich eigentlich nichts.

Aber dann kam eine schreckliche Nacht für uns. Mitten in der Nacht schrie Mutti plötzlich auf. Und dann mußte schon etwas Besonderes passiert sein. Wir lagen in unserem Schlafzimmer ja alle nebeneinander auf den selbstgebauten Pritschen. Wenn wir die Augen aufmachten, fiel der Blick gleich auf das Fenster, es war also gegenüber unserer Lagerstatt. Als wir durch den Schrei erwachten, sahen wir von draußen am Fenster nur noch einen Schatten. Da sagte Mutti uns ganz kurz, was da gewesen war. Sie hatte schon immer einen leichten Schlaf und war durch ein Geräusch erwacht. Sie hatte nur die Augen geöffnet und dann draußen vor dem Fenster zwei russische Soldaten gesehen, die sich an unserem Fenster zu schaffen machten. Da hatte sie gleich aufgeschrien, noch bevor sie wußte, was los war.

Daraufhin waren sie verschwunden. Mutti sprang von der Pritsche herunter und ging vorsichtig zum Fenster. Man konnte ja nicht wissen, ob sie noch da waren oder ob sie gar Schußwaffen bei sich hatten. Am Fenster war nichts zu sehen. Es war in dieser Nacht ziemlich hell, weil gerade Vollmond war, sonst hätten wir vielleicht gar nichts erkennen können. Die inneren Scheiben waren noch heil. Aber die äußeren waren ganz weg. Wie wir später feststellen konnten, hatten sie die äußeren Nägel zurückgebogen und die ganzen Rahmen abgehoben und an die Seite gestellt. Davon hatte niemand etwas gemerkt, weil von innen ja noch die doppelten Scheiben waren.

Damit mußten sie wohl nicht gerechnet haben, und erst als sie versuchten, den Kitt der inneren Scheiben abzukratzen, war Mutti erwacht.

Nachdem Mutti aufgeschrien hatte, stimmten wir alle mit ein, und davon waren wiederum Plehns auf der anderen Seite wachgeworden. Mit Frau Plehn ging Mutti dann auf den Speicher, um durch das offene Fenster Ausschau zu halten. Denn jetzt an der Türe zu sehen, wäre noch gefährlicher gewesen. Bevor sie aber das Speicherfenster erreichten, hörten sie schon wieder unser Schreien und dazu klirrende Scheiben. Da kamen sie schnellstens wieder herunter, um uns beizustehen. Als Mutti nach oben gegangen war, hatten wir vor Angst zitternd auf unserer Pritsche gesessen. Da kam plötzlich einer der beiden wieder zurück und stieß mit einem dicken Knüppel in die noch heilen Scheiben, daß sie alle als Scherben herunterfielen. Wir hatten in der Aufregung natürlich gar nicht gemerkt, was er da hatte, wir hörten es nur krachen und dachten nichts anderes, als daß er geschossen hätte. Wir krochen unter die Pritsche, um nicht getroffen zu werden. Die Glassplitter flogen bis zu unseren Pritschen. Mutti hatte aber doch noch in das Schreien miteingestimmt, und da hörten wir vom Dorf her etliche Schüsse, und – wie vom Erdboden verschluckt – waren die zwei Gestalten verschwunden. Wir dachten zuerst, die hätten noch mehr Komplizen, die nun mit Waffen kämen, denn woher sollten sonst Schüsse kommen? Russen wohnten keine im Dorf, und die Deutschen besaßen ja keine Waffen. Leider ließ sich niemand von den Deutschen blicken, um uns zu helfen, und wir waren eigentlich enttäuscht.

Da hörten wir wieder schwere Stiefeltritte und dachten, die beiden kämen noch einmal zurück. Es kam jedoch Hilfe. Es waren die zwei Posten von den Kartoffelmieten. Wie die allerdings hierher kamen, wußten wir nicht. Das interessierte uns im Moment aber auch nicht so sehr. Für uns war die Hauptsache, daß uns jemand helfen wollte. Sie waren es gewesen, die im Dorf nach den Hilferufen die Warnschüsse abgegeben hatten und dadurch die Einbrecher vertrieben.

Jetzt erkundigten sie sich, was vorgefallen sei, und besahen sich die offenen, kaputten Fenster. Sie schimpften ganz schlimm auf ihre unbekannten Kameraden und sagten, wenn sie wieder kämen, sollten wir sie totschlagen. Das wäre nämlich verboten, und deshalb dürften sie dies auch nicht tun. Die beiden Soldaten sagten zu uns, wir sollten uns ruhig wieder hinlegen, sie würden in der Nähe bleiben und aufpassen.

Die hatten gut reden! Als ob wir jetzt hätten schlafen können. Schon mit dem Totschlagen war das so eine Sache. Wenn es wirklich darauf angekommen wäre, wären die Deutschen doch nur die Dummen gewesen. Zu uns Kindern sagte Mutti nun aber auch, daß wir schlafen sollten. Wir taten es dann auch, aber bei jedem kleinen Geräusch schreckten wir hoch. Mutti blieb aber auf, sie wollte bei offenem Haus nicht schlafen.

Am Morgen wachten wir schon sehr früh und noch sehr müde auf. Noch jetzt, im Hellen, saß uns der Schrecken der Nacht in allen Gliedern. Schon am Morgen kam eine Nachbarin und wollte sich erkundigen, was in der Nacht vorgefallen war. Ja, jetzt wollten sie alles wissen, aber in der Nacht zum Helfen kam keiner.

Doch nachdem Mutti ihr alles gesagt hatte, sagte sie, einige Frauen waren dabei, zu uns zu kommen, als sie die Schüsse gehört hätten. Dann hätten sie gesagt, wenn die Waffen haben, können wir sowieso nicht helfen, und waren deshalb weggeblieben. Von Frau Klimowitsch erfuhren wir dann, daß die beiden Posten am Abend durch das Dorf gekommen waren, und weil es schon so spät gewesen sei, hatten sie um ein Nachtquartier gefragt. Sie hatten dann da in einem leeren Zimmer geschlafen und waren, als sie die Schreie gehört hatten, sofort aufgesprungen und mit den Gewehren davongestürzt.

Wie sollten wir uns nun aber an anderen Tagen vor diesen oder ähnlichen Einbrechern schützen, da keine Soldaten oder hilfsbereite Menschen in der Nähe waren? Das Haus stand auf schrägem Boden. An Plehns Seite waren die Fenster von draußen so hoch, daß wir mit den Händen nicht an sie reichen konnten. An unserer Seite waren sie so niedrig, daß man bequem hätte einsteigen können. Es waren höchstens dreißig Zentimeter vom Erdboden bis zum Fenster(anfang). Hierdurch war es für uns natürlich viel gefährlicher. Es war nur gut gewesen, daß wir in der Stube von innen und außen Scheiben gehabt hatten. Wenn sie an den Innenscheiben den Kitt weggekratzt hätten, hatten sie sicher vor, die kleinen Nägelchen zurückzubiegen, die Scheibe dahinter herauszuheben und während unseres Schlafes bei uns einzusteigen. Als sie nun gestört wurden und die noch festen Scheiben zertrümmerten, hatten sie die von außen an der Seite unbeschädigt stehen lassen. Dadurch hatten wir nun wenigstens wieder Fensterscheiben für das Zimmer.

Anscheinend mußten die Russen aber vorher gewußt haben, wie wir die Fenster befestigt hatten. Das Fenster im

Schlafzimmer nagelte Mutti ganz mit Brettern zu. Es war nicht so schlimm, wir gingen ja doch nur zum Schlafen hinein. Das andere nagelte sie oben mit Brettern zu und darunter die Rahmen mit den Scheiben. Wir Kinder mußten dann alle Stacheldrahtenden, die an den durchgeschnittenen Stellen herunterhingen oder herumlagen, einsammeln. Die nagelte Mutti dann kreuz und quer über das Fenster mit den Scheiben. Unser Haus sah jetzt noch mehr wie ein Gefängnis aus, aber es war für uns doch ein bißchen sicherer. Mutti sagte noch, wenn einer den Stacheldraht lösen will, hört man das schon eher.

Neben der Arbeit paßten wir genau auf, ob nicht irgendwo ein Soldat zu sehen war und uns jetzt eventuell beobachtete. Aber nirgends war jemand zu sehen. Einmal meinten wir, in der Nähe des Schlosses jemand gesehen zu haben, aber das mußte wohl eine Täuschung gewesen sein. Es blieb aber alles ruhig.

Dafür hörten wir ein paar Tage später, daß die Soldaten an der anderen Seite, noch hinter Tante Anna, bei Familie Tubies gewesen waren. Die wohnten da zu dritt. Die Mutter mit erwachsener Tochter und großem Sohn. Dort waren sie schon am Abend hingekommen und hatten ein kleines Fenster offen gefunden. Wie es nun ganz genau zuging, kann ich nicht sagen. Auf jeden Fall wollten sie durch dieses kleine Fenster in die Wohnung. Aber sobald einer den Kopf hineingesteckt hatte, hatten die Leute von drinnen ihm mit einem Gegenstand auf den Kopf geschlagen. Sie hatten sich dabei riesig gefreut, sie so zu vertreiben. Aber wie das nun im Leben meistens so ist, man soll sich nie zu früh freuen. Irgendwie hatten die Russen die Tür aufbekommen, und dann ging es umgekehrt. Nachdem sie die Leute durchgeprügelt hatten, raubten sie sie total aus und nahmen mit, was sie nur tragen konnten. Von dem Überfall hatte niemand etwas gehört, zu Hilferufen waren sie wohl auch gar nicht gekommen.

Dann war es einige Zeit ruhig, bis eines Nachts bei Rexins geklopft wurde. Als Herr Rexin die Tür öffnete, hörte er schon Lärm. Da war ganz plötzlich eine Schlägerei entstanden, in die Herr Rexin miteinbezogen wurde. Die Russen, wahrscheinlich waren es wieder dieselben, stachen mit Messern um sich. Das waren wohl ihre einzigen Waffen. Dann wurde es plötzlich stiller, und Herr Rexin hatte einen Messerstich in den Bauch abbekommen. Was sollte man mit dieser Verletzung nun machen! Es war ja bekannt, daß weder Arzt noch Hilfsstelle irgendwo war, und wir konnten ihm nicht helfen, weil niemand wußte, was da noch innerlich getroffen war.

Dann hatten die großen Jungen ihn auf einen Karren gelegt und wollten versuchen, ihn nach Königsberg zu bringen. Dort, so hatten wir gehört, sollte ein russisches Krankenhaus sein. Nun wollten sie versuchen, ob die ihm da helfen könnten, wenn es nicht sowieso schon zu spät sein sollte. Es waren doch mindestens fünfzig Kilometer bis dahin. Wann wollten sie dort ankommen? Und wer wußte, ob sie überhaupt dort ankamen. Es konnte doch auch sein, daß die Russen sie unterwegs festnahmen und zur Arbeit mitnahmen.

Auf gut Glück zogen sie so schnell wie möglich los. Sie wollten doch nichts versäumen. Einige Tage blieb es still. Dann kamen die Jungen ohne Herr Rexin wieder und erzählten, daß sie ihn tatsächlich in einem russischen Lazarett in Königsberg unterbringen konnten. Ihm ging es jetzt auf jeden Fall besser als bei uns in Stockheim, und er dürfte da bleiben, bis er gesund sei. Der Stich war wenigstens nicht lebensgefährlich gewesen. Dieses Verbrechen war das letzte bei uns. Die Täter waren immer in Zivil gekommen, und es wurde schon gesagt, vielleicht seien sie von der Armee rausgeschmissen worden.

Jetzt wurde das Essen wieder knapper und nicht nur das,

sondern auch das Salz ging zur Neige. Als Mutti uns eines Morgens die Suppe vorsetzte und wir mit dem Essen beginnen wollten, legten wir die Löffel wieder hin.

Wie schmeckte die Suppe denn plötzlich? Sie war »nur« ohne Salz gekocht, aber das schmeckte schlimmer als angebrannt. Mutti meinte dann, wenn wir wirklich Hunger hätten, dann würden wir schon essen, und wenn nicht, dann sollten wir es nur bleiben lassen, dann sparten wir etwas. Dann erfuhren wir, daß in Domnau in einem ehemaligen Lagerkeller noch von früher eine ganze Sendung von dem roten Viehsalz lagere. Da fuhren Mutti, Klaus und ich eines Tages nach Domnau, suchten und fanden den Lagerkeller und auch tatsächlich das Salz. Das war ja herrlich. Wir luden zwei Säcke voll davon auf unseren Handwagen.

Wer wußte, wie lange wir damit auskommen mußten und ob wir noch einmal die Gelegenheit dafür haben würden. Aber das war eine andere Ladung als gewöhnlich! Zuerst meinten wir, wir kämen gar nicht von der Stelle, so schwer war das Salz. Mit aller Kraft schoben wir an und mußten auch auf der glatten Straße gut mithelfen. Das war ein Glück, nun konnten wir wenigstens unsere Suppe wieder salzen.

Gregorowitschs waren unterdessen nach Lisettenfeld gezogen. Das lag etwa sechs Kilometer von Stockheim entfernt. Die Familie verstand sich ganz gut mit den Russen, und wenn Mutti für sie etwas nähte, bekamen wir auch etwas dafür. Jetzt war die Familie also in Lisettenfeld, und von irgendwoher erfuhren wir, daß da noch eine ganze Scheune voll ungedroschener Kornähren sei. Das war natürlich etwas für Muttis Nase. Obwohl der Weg zum Ährenschneiden nicht gerade erfreulich für uns war, fuhren wir von nun an fast jeden Tag dahin und schnitten den ganzen Tag Ähren. In der Scheune waren jetzt schon immer sehr viele Leute, sie kamen von überall aus der ganzen Umgebung.

Nirgends gab es etwas zu essen, und da wurde auch die kleinste Gelegenheit wahrgenommen.

Wo nun so viele Menschen nach Ähren suchen, ist auch bald ein Ende gekommen, und so kamen immer weniger Leute, es lohnte sich nicht mehr. Zum Schluß waren außer uns meistens noch zwei oder drei Familien da. Aber bald war auch für uns Schluß.

## Ostern

So kam Ostern heran. Ich weiß gar nicht, woher die Erwachsenen wußten, daß Ostern war, und wie sie sich das ausgerechnet hatten, aber es wurde auch ohne Kalender Ostern. Wo sollten wir jetzt aber einen Ostergottesdienst halten? Am Sonntag machte Mutti das immer bei uns in der Stube für uns, aber Ostern, da mußte doch für alle etwas sein. Wir hatten doch so viel zu danken, daß wir noch lebten und bis jetzt auch noch immer etwas zu essen gehabt hatten.

Mutti besprach das mit Herrn Rexin, der inzwischen wieder zu Hause war, und da kamen sie überein, daß der Ostergottesdienst in unserem Haus abgehalten werden sollte, weil es die größten Räume hatte. Klaus und ich gingen dann am Vormittag zu allen Dorfbewohnern und luden sie dazu ein. Er sollte am Nachmittag stattfinden. Eine Bibel hatte Mutti, und weil kein Pfarrer da war, sollte Herr Rexin vorlesen. Die meisten hatten uns zugesagt zu kommen, und ich glaube, es waren nur zwei, die dann nicht kamen. Es war ganz schön voll bei uns, und noch nie hatten die Lieder so voll geklungen. Sonst waren ja auch nur immer wir wenigen versammelt.

Als es dann anfing zu dunkeln, verabschiedeten sich die

Besucher und gingen wieder in ihre Behausungen zurück. Es war aber, als ob ein frischer Wind gekommen wäre, der allen wieder ein bißchen neue Luft zum Atmen gegeben hatte in diesen trostlosen Tagen, wenn die Sorge um das Essen nicht immer gewesen wäre. Eines Tages kam Herr Tischel zu Mutti und fragte, ob er unseren Handwagen geliehen haben könnte. Das tat Mutti nun nicht gerne, wir hatten ihn sehr nötig und wußten nicht, wie er dann zurückkam. Da sagte Herr Tischel, ich könne ja mit ihm fahren, er hätte gehört, daß in Heinrichsdorf noch allerlei zu essen liegen sollte. Ob er nicht gerne teilen wollte, weiß ich nicht, so hätte er doch Mutti Bescheid sagen können. Sonst fuhr man doch meistens zusammen, wenn man sich gegenseitig helfen konnte. Dann meinte er, sie könnte mich ja mitschicken und dann bekämen wir auch etwas ab. Und Mutti erlaubte, daß ich mitfuhr. Ich war noch nie ohne Mutti irgendwohin gefahren, und mir war ganz komisch zumute, mit jemandem anders als ihr auf Essensuche zu fahren. Aber ich scheuchte meine trüben Gedanken immer wieder weg und dachte nur immer: keine Angst haben, dann kannst du auch etwas für die anderen mitbringen.

Zuerst fanden wir in Heinrichsdorf überhaupt nichts, und ich ärgerte mich, daß ich überhaupt mitgefahren war. Mir kam es so vor, als ob Herr Tischel nur auf gut Glück gefahren war. Das taten wir ja auch oft, aber dann mußte man auch nicht sagen, da wäre etwas. Dann fanden wir aber wenigstens noch ein Teil Linsen auf einem Speicher. Sie waren zwar ausgeschüttet und ganz schmutzig, aber wir konnten sie freudig einschippen, und ich war glücklich, daß ich doch nicht umsonst mitgefahren war. Beim Teilen war ich dann aber doch enttäuscht, aber Mutti tröstete mich, daß sie keinen mehr mit irgend jemandem mitfahren ließ. Es rentierte sich nicht, und obendrein hatte Mutti den ganzen Tag Angst gehabt, ob etwas passierte. So verschwiegen wir, was uns geärgert hatte, und waren mit dem, was wir hatten, zufrieden.

Es war jetzt schon so schön warm, und es könnte draußen schon etwas zu essen wachsen. Aber erstens hatten wir keinen Samen, und zweitens wäre doch nichts stehen geblieben. Ab und zu hatten wir auf den Streifzügen noch Rhabarber gefunden und mitgebracht. Das war noch das einzige, was man ohne zu säen ernten konnte.

Später nahm das auch ab, weil die Russen den Rhabarber gerne so aus der Hand aßen und die Mitte mitausrissen, und dann ging der Rest ja ein. Den Rhabarber taten wir dann in die Suppe, um ein bißchen anderen Geschmack hineinzubringen. Zucker und Fett kannten wir schon eine kleine Ewigkeit nicht mehr. Die einzige, die noch Zucker hatte, wenn man einmal hinkam, war die Frau Tubies, die von früher mit Frau Apel bekannt war. Sie stand, wie ihre Tochter auch, gut mit den Russen, wofür sie solche seltenen Sachen bekamen (oder von wem, das wußte ich nicht).

Von den Ähren aus Lisettenfeld konnten wir nicht mehr leben und satt werden. Da mußten wir anfangen, uns auf die Natur umzustellen. Draußen wuchs jetzt an vielen Ecken die als Unkraut bekannte »Melde«. Mutti sagte, wenn es so wie Spinat zubereitet würde, würde man den Unterschied im Geschmack kaum merken. Ja, wenn! Aber wir konnten es ja nicht so zubereiten. Aber es schmeckte uns auch gut so, wie es war, denn es war einmal etwas anderes. An alles Unkraut wagten wir uns nicht, weil wir nicht alles kannten.

Unsere Frühlingssuppe kochten wir nun so: Zuerst brühten wir die Melde und drehten sie durch den Fleischwolf. Dann kam Wasser hinzu, Salz und ein bißchen Mehl. Wenn wir dann Rhabarber hatten, kam davon noch etwas dazwischen. Sonst war nichts darin, aber am Anfang waren wir zufrieden. Nun muß man sich aber vorstellen: jeden Tag dreimal die gleiche Suppe, nie etwas anderes. Da waren wir froh, als wir keine Melde mehr fanden. Alles war abgegessen, sie konnte gar nicht so schnell wachsen, wie wir sie brauchten. Was sollten wir aber jetzt essen? Wir mußten etwas Neues suchen. Dann fingen wir an, Brennesseln zu suchen. Sie schmeckten fast wie die Melde, eigentlich noch besser. Wenn sie noch klein waren, schmeckten sie am besten. Jeden Tag mußten wir Kinder nun Brennesseln suchen gehen. Zuerst standen sie an allen Ecken, aber dann wurden es immer weniger. Wir suchten sie ja nicht alleine, die anderen Deutschen suchten sie genauso wie wir. Und wenn man eine Mahlzeit davon kochen wollte, brauchte man schon einen Korb voll Nesseln. Sie gingen beim Kochen so zusammen, daß man schon genug suchen mußte. Am Anfang verbrannten wir uns beim Pflücken noch oft die Finger, aber das zu verhindern lernten wir schnell. Wir dachten nun, daß sie auch beim Essen brennen würden, das war nun zum Glück aber nicht der Fall, und wir hofften nur, daß es noch lange welche davon gab. Die erste Zeit ging es, es wurde aber immer unerträglicher mit dem gleichen Essen, und mehr als einmal steckte es uns im Hals und wollte nicht hinunter. Aber Hunger tut weh, und da blieb uns nichts übrig, als mit größter Verachtung Tag für Tag das gleiche hinunterzuschlucken. So verging ein Tag wie der andere. Jeden Tag Nesseln suchen, erst für morgens, dann für mittags und dann für abends. Eines Tages trafen wir mit Ingetraut zusammen, die auch nach Brennesseln suchte. Sie hatte eine Glatze, und wir begannen sie auszulachen. Sie sagte, es sei wegen der Läuse, dann bekäme man keine und wenn man welche hätte, bekäme man sie so am schnellsten wieder weg.

Ja, um diese Zeit gab es wohl keinen, der kein Ungeziefer hatte. Es fing schon mit dem Schlafen an. Wo man sich hinlegte und ein anderer mit Ungeziefer gelegen hatte, lauerten die Viecher schon. Mutti wollte uns aber nicht die Haare abschneiden, und wir Mädchen hatten doch alle so lange Zöpfe. Sie nahm sich viel Zeit dafür und kämmte uns jeden Tag mindestens ein- bis zweimal mit dem Staubkamm die langen Haare. Wir bekamen sie tatsächlich damit weg, aber es war viel Geduld dabei. Aber man versäumte ja auch nichts. Nur die Flöhe bekam man nicht so schnell weg, mit denen mußte man erst lernen umzugehen. Aber auch das brachten wir fertig, und wir hatten immer Spaß, wenn wir wieder einem den Garaus gemacht hatten. Ingetraut erzählte dann auch, daß es Frau Apel nicht so gut ginge. Sie müßte wieder im Bett liegen. Im Winter hatte Frau Apel noch für Ingetraut einen warmen Wintermantel bei Mutti nähen lassen. Sie hatte nämlich noch Stoffe und Wolle gerettet. Die bewahrte sie in zwei Koffern auf und hatte sie Mutti gezeigt, als sie den Mantelstoff holte. Nun lag sie also wieder im Bett. Das mußten wir natürlich Mutti erzählen. Mit den übrigen Dorfbewohnern kamen wir nämlich gar nicht oft zusammen. Niemand nahm sich besondere Zeit für Besuche, jede Minute wurde für die Suche nach Essen genutzt. Dann ging Mutti noch zu Frau Apel und besuchte sie. Ihr ging es ziemlich schlecht, und sie fühlte, daß sie sterben würde. Sie sagte dann zu Mutti, es würde ihr leichter fallen, wenn sie wüßte, was nach ihrem Tod aus Ingetraud würde. Sie hätte Mutti gefragt, aber bei uns waren schon so viele. Dann meinte sie, vielleicht würde sie auch bei Rexins bleiben, weil sie da wohnten, und Mutti beruhigte sie, daß wir sie auf keinen Fall alleine ließen. Kurz darauf starb Frau Apel dann. Doch lange blieb Ingetraud nicht bei Rexins. Kurz nachdem Frau Apel begraben war, holte die Frau Tubies sie zu sich. Wer wollte etwas sagen, denn sie war von früher mit ihr bekannt gewesen. Aber warum hatte Frau Apel denn nicht gefragt, ob sie dahin ginge? Scheinbar wünschte sie es gar nicht. Lange wurde auch nicht darüber gesprochen. Sie wußten wohl, warum sie es taten, hatte doch alleine Ingetraud noch die Koffer voll neuer Sachen. Auch die geretteten Betten nahm sie ja mit.

Weil es nun mit dem Essen so knapp war, daß man nur noch mit Angst an den folgenden Tag dachte, versuchten viele, ihr Glück in Litauen zu machen. Wir konnten es zuerst gar nicht verstehen, wie sie bis dahin kamen, es war doch weit, und wer wußte, wie es da aussah. Aus Nachbardörfern waren einige auf gut Glück vor kurzer Zeit dagewesen und hatten begeistert von dort erzählt, als sie wieder zurückgekommen waren. Sie wären von den dortigen Bauern sehr freundlich aufgenommen worden und hätten sich erst einmal tüchtig satt essen können. Dann hatten sie noch Rucksäcke mit Essen, das wir nicht mehr kannten, mitgebracht. Ja, das machte so die Runde, daß immer mehr das Glück versuchten. Die Reise war am gefährlichsten, und deshalb wollte Mutti nichts davon wissen. Alle konnten wir nicht dahin, und trennen wollte Mutti die Familie auf keinen Fall. Die ersten hatten es wohl auch gut getroffen, aber je mehr hinkamen, desto weniger gab es. Wenn sie dann wirklich noch etwas bekamen, wurde es ihnen unterwegs oft wieder weggenommen, und sie hatten bei der Heimkehr auch nichts. Manche kamen überhaupt nicht mehr zurück. Niemand wußte, ob sie freiwillig dageblieben waren oder ob sie unterwegs irgendwohin mitgenommen worden waren.

Da kamen eines Tages fremde Deutsche durch das Dorf, die auch nach Litauen wollten. Sie hatten in der Nähe von Frau Tubies Rast gemacht und auch mit ihnen gesprochen. Da hatte Frau Tubies gefragt, ob sie Ingetraud mitnehmen würden. Als wir davon erfuhren, waren alle bestürzt. Sie meinte aber, sie wollte ja nur, daß sie sich nur einmal richtig sattessen könnte. Jetzt war es warm, und Ingetraud war im Sommerkleid ohne Jacke oder Mantel mitgegangen. Auch ihre Habseligkeiten in den Koffern und die Federbetten, alles blieb bei der Familie. Niemand wußte, wo sie war und ob sie je wiederkommen würde. Es konnte jetzt keiner mehr helfen, denn Ingetraud war schon irgendwo unterwegs, und keiner wußte, wo. Von Ingetraud erfuhren wir auch niemals mehr etwas, solange wir noch da waren.

Wir versuchten dann noch ab und zu in Lisettenfeld wenigstens einige Ähren zu finden, um etwas in die Nesselsuppe zu tun. Es rentierte sich ja kaum, aber schon eine Hand voll tat uns gut. Wir hatten uns in dem Strohberg, an welchem die Ähren nun abgeschnitten waren, schon fast bis auf den Grund durchgearbeitet, und es machte große Mühe, immer wieder die Strohberge an die Seite zu schaffen, damit man unten noch nach ein paar Ähren suchen konnte. Unten fanden wir dann gar nichts mehr, weil da Mäuse und Ratten waren, die auch zu ihrem Recht kommen wollten. Sie hatten das meiste ganz zerfressen, da war nun die letzte Hoffnung ganz hin.

## Wir müssen wieder weg

So war es nun mittlerweile Juli geworden, als wir zum letzten Male in die Scheune gefahren waren. Es war dann auch schon ziemlich spät am Abend, als wir uns wieder auf den Heimweg machten. Es war aber noch hell. An diesem Tage war Mutti mit Ernst und mir zur Scheune gefahren. Da sahen wir weit vor uns irgend etwas Bewegliches auf der Straße, ob es ein Russe war? Das fehlte uns gerade noch, wir waren schon ängstlich. Als sich das Pünktchen aber näherte, merkten wir, daß es Klaus war. Was mochte passiert sein? Sonst gab es das nämlich nicht, daß einer alleine das Haus verließ. Und dann noch zu so später Stunde und so weit von unserem Haus weg! Weshalb er aber kam, daran hatte niemand im entferntesten gedacht. Kaum war er bei uns, als er hervorstieß: »Wir müssen von Stockheim weg!« Wir konnten gar nicht begreifen, was er da sagte und wie er darauf kam. Er erzählte dann aber auch gleich weiter: Am Nachmittag sei ein Lastauto mit Russen dagewesen, und die hätten gesagt, daß sie am anderen Tage alle Deutschen abholen wollten. Genaueres wußte er auch nicht. Das war nun wirklich eine aufregende Sache, wo sollten wir denn hin? Wollten sie uns jetzt doch noch nach Sibirien bringen? Oder was hatten sie sonst mit uns vor? Und außerdem hatten sie es noch vorher angekündigt, meistens taten sie es ja sofort. Aber in Redden war es ja auch so gewesen, daß sie an einem Tage Bescheid gaben, und am anderen mußten wir weg sein. Nun mußten wir erst einmal warten, bis wir in Stockheim waren, und dann die anderen Deutschen fragen, was sie da gesagt hatten. Bei uns waren die Kinder und Tante nur da, und die anderen wußten vielleicht mehr, weil die sicher gleich mehr gefragt hatten. Wir beeilten uns jetzt noch mehr, und als wir in Stockheim ankamen, fing es bereits an zu dunkeln. Ja, und hier erfuhren wir dann, daß die Russen am Nachmittag dagewesen seien und, wie schon Klaus gesagt hatte, uns alle abholen würden. Wir sollten dann alle auf verschiedene »Kolchosen« verteilt werden. Kolchosen, das waren die Lager, in denen die Deutschen gesammelt wurden und dort für die Russen arbeiten mußten. Nun wußten wir auch nicht mehr. Sollten wir nun traurig sein, oder sollten wir uns freuen? Mutti meinte, wir sollten es so nehmen, wie es käme. Hier war sowieso mit Arbeit nichts, und Essen gab es auf keinen Fall. Jetzt hätte man wenigstens die Hoffnung, daß man noch etwas verdienen könnte. Aber so ganz geheuer kam uns das alles nicht vor. Es war wieder ganz anders als damals, als wir von Redden wegmußten.

Damals blieben wir uns selbst überlassen, aber jetzt wurden wir verpflichtet, und keiner wußte, wie das war. Viel Zeit zum Packen blieb uns auch diesmal wieder nicht. Es war ja schon dunkel, als wir ankamen, und sie wollten am nächsten Vormittag kommen. Wir suchten alles zusammen und verstauten es in Kisten und banden Bündel zusammen. Es war ja alles unentbehrlich, was wir noch hatten. Alles wurde verschnürt und dann dicht zusammengestellt. Es mußte alles bereitstehen, warten taten die nämlich nie. Und dann hätten sie uns ohne unsere Habe mitgenommen. Wir sollten nach Georgenau, weil die Russen gehört hatten, daß Mutti nähen konnte und sie dort dringend eine Schneiderin brauchen konnten. Wo mochte der Ort liegen, den wir noch nicht einmal mit genauem Namen wußten? Am nächsten Vormittag kamen dann auch etliche Autos, und eines davon hielt direkt vor unserem Stacheldrahtzaun. Vor das Haus konnte es ja nicht, weil eben der Zaun davor war. Dann wurden in Eile alle Sachen auf das Auto geladen, von den selbstgezimmerten Pritschen bis zum Trinkbecher. Die ganze Ladung war so wackelig, daß wir Angst hatten, damit loszufahren. Aber wir hatten doch Hoffnung, alles bis in den neuen, uns unbekannten Wohnort zu bringen. Die anderen Familien wurden alle woanders hingebracht. Das war nun nicht so schön. Wir würden keinen kennen, ganz unter Fremde kommen, und dann würden wir auch nicht wissen, wo die anderen hinkommen.

Der Umzug ging schnell. Man brauchte keine An- und Abmeldeformulare, gar nichts. Nachdem nun alles auf dem Wagen verstaut war, wurden wir selbst noch dazwischen verstaut, und wir hatten schon gedacht, es paßte nichts mehr darauf. Wir hatten gerade das letzte Bein zwischen unseren Gepäckstücken festgeklemmt, als das Auto auch schon anfuhr. Erschrocken stellten wir erst mal fest, ob auch alle mit waren, denn es war so schnell gegangen, und niemand hatte gefragt, ob wir schon alle oben waren.

Es schien ein schöner Tag zu werden, wenigstens was das

Wetter anging. Die Sonne lachte, als ob sie uns nur Gutes verheißen könnte. Zuerst war es ein Kunststück, überhaupt auf dem Wagen zu bleiben, denn wir fuhren zuerst über die durchgetretene Wiese, und da war es ganz schön holperig. Wir mußten die Möbelstücke festhalten, damit sie nicht herunterfielen. Auf der Straße ging es dann schon etwas besser. Wir spürten zwar ordentlich die Schlaglöcher und die rutschende Ladung, aber wir fuhren und waren alle zusammen, es fehlte keiner. Dann fuhren die Soldaten aber ein langes Stück über einen Feldweg. Als wir sahen, wie sie dort hinaufbogen, bekamen wir einen Schrecken. Wie wollten sie da nur durchkommen? Der Weg war ganz lehmig und matschig und vom Fahren so holperig, daß wir Schlimmes befürchten mußten. Außerdem fuhren die Soldaten in solchem Tempo, daß wir die Augen am besten zu machten. Jeden Moment spürten wir schon, daß wir umgekippt im Dreck lagen, aber es passierte nichts. Das war wirklich ein Kunststück, wie sie das so geschafft hatten.

Dann kamen wir wieder auf eine bessere Straße und konnten mit weniger Angst weiterfahren. Es war dann schon Spät-Nachmittag, als wir in diesem Georgenau ankamen. Das Auto fuhr durch das ganze Dorf, bis es an einem langen Haus anhielt. Die Kinder und auch die Erwachsenen guckten uns an, als ob wir aus einer anderen Welt kämen. Wir kamen uns aber selber so vor. Sofort wurde alles abgeladen, und uns wurde in dem langen Haus ein Saal zum Wohnen angewiesen. Dann fuhren die Soldaten los, und wir konnten einräumen. Dieser große Raum wurde von dem ganzen Ort nur der »Saal« genannt. Er war so groß, daß er in der Mitte an zwei Stellen von je einem Balken gestützt wurde.

Nachdem wir nun erst einmal alle Sachen im Saal hatten, machte Mutti in der einen Ecke unser Nachtlager aus den Pritschen fertig und versuchte, uns etwas zum Essen zuzubereiten. Weil wir noch keinen Herd oder dergleichen hatten, ließ uns unsere neue Nachbarin Frau Fleck bei sich kochen. Sie hatte zwei niedliche Mädchen mit dicken, hellblonden Zöpfen, die wir gleich gerne mochten. Ihre Augen waren so blau wie Vergißmeinnicht. Ich kann mich nicht erinnern, daß wir Kinder je so auf Äußeres bei anderen Kindern gesehen hatten. Diese fielen uns richtig auf, und sie waren, wie auch ihre Mutter, sehr nett zu uns. An diesem Abend machten wir uns aber nicht weiter bekannt, es war einfach zu spät, und wir waren zu müde. So schnell es ging, krochen wir auf unsere Pritschen und schliefen auch schnell ein. Am nächsten Morgen fing die Räumerei erst richtig an. Am Abend war es ja dunkel, und wir hatten doch kein Licht. Jetzt konnten wir bei dem Tageslicht sehen und mußten erst einmal die Sachen sortieren, was wir in der Eile gar nicht gekonnt hatten. Die Lagerstätte blieb in der einen Ecke, in die andere kam der Tisch mit den sonderbarsten Sitzgelegenheiten und in eine andere die Säcke mit unseren Kleidungsstücken. Zu einem Schrank waren wir nämlich noch nicht gekommen. Wir waren noch beim Kramen, als schon einige vom Oberleutnant geschickt wurden, wie es mit der Näharbeit stände. So ging es denn gleich los. Am Mittag kam eine Nachbarin zu uns und fragte, ob wir von den kleinen, geräucherten Sprotten mögen. Wir waren mit allem zufrieden, was man essen konnte, und wußten gar nicht, was das war, »die Sprotten«. Wenigstens wir Kinder nicht. Sie kam denn auch gleich darauf mit einer ganzen Schüssel voll und sagte, die gäbe es immer bei den »Produkten«, und sie sei sie so langsam satt, und außerdem mochte sie die kleinen Dinger mit allem Eingeweide sowieso nicht essen.

Das fing ja gut an. Wir brauchten noch keine Nesseln zu suchen. Uns schmeckten die kleinen, geräucherten Fische ganz herrlich. Wie lange hatten wir schon nichts anderes als die Nesseln gehabt, es war richtig schön. Nach dem Essen mußte Mutti gleich wieder nähen. Christel half ihr dabei, so gut sie es konnte. Der Oberleutnant hatte ziemlich viel für sich, seine Frau und seinen achtjährigen Sohn zu nähen. Dieser Soldat hatte also seine Familie hier. Das war für uns auch neu. Auch für den Kaptain, der noch über dem Oberleutnant stand, war genug Näharbeit zu erledigen. Für jede fertige Näharbeit brachten sie uns etwas zum Essen mit, was uns recht zufrieden machte.

Am Ende der Woche gab es dann auch für uns »Produkte«. Zuerst mußten wir fragen, was das war. Es war praktisch die Wochenration an Lebensmitteln für die ganze Familie. Da Mutti nun auch zu den Arbeitskräften zählte, bekam sie die auch. Es waren für uns köstliche, langentbehrte Lebensmittel. Es war zwar von allem nur wenig, weil Mutti ja die einzige Arbeitskraft war und nur das zählte, aber es war so schön, wieder etwas von der normalen Welt zu spüren. Es gab etwas Brot, ein bißchen Fett, Zucker, Mehl, Kartoffeln und dann etwas von den Fischchen. Weil es ja alles nur für Mutti als Arbeiterin gedacht war, konnten wir froh sein, daß wir zusätzlich von der Näharbeit noch immer etwas bekamen. Auch für die Deutschen nähte Mutti manches Mal etwas, was die Russen aber eigentlich nicht wissen durften. Weil Mutti nun nähte, brauchte sie nicht wie die anderen Frauen auf das Feld, um dort zu arbeiten.

An den nächsten schönen Sommertagen durchstreiften wir Kinder die Gegend, um sie auszukundschaften und kennenzulernen. Wir brauchten jetzt ja keine Nesseln zu suchen und auch sonst nichts, da hatten wir noch ein wenig Kinderzeit und konnten auf der Wiese spielen. Wir ahnten ja nicht, wie kurz diese schöne Zeit für uns Kinder sein sollte. Das war aber sicher gut so, sonst wären wir schon an diesen Tagen betrübter gewesen. Wir räumten am Morgen ein bißchen auf und konnten dann nach draußen. Nur durften wir nie alleine weiter weg gehen. Das Nähen bei Mutti ging nun natürlich viel,

viel langsamer als damals in Redden zu Hause. Damals hatte Mutti eine Nähmaschine, und jetzt mußte sie alles mit der Hand nähen. Das war dann sehr langwierig, bis so ein Stück fertig war. Sie war aber fleißig und stichelte den ganzen Tag, und so hatten wir, nicht gerade übermäßig, so aber doch immer ausreichend zu essen. Die Leute von nebenan sagten uns schon bei unserem Einzug, solange wir in dem« Saal« wohnen würden, hätten wir auch zu essen. Das läge an dem Saal. Noch niemand hätte zu hungern brauchen, der darin gewohnt habe. Mutti mußte darüber lachen und meinte, was denn so ein Raum dafür könnte. Jetzt, wo wir immer etwas hatten, sagte sie oft im Scherz: »Na ja, wir wohnen ja auch im Saal!« Was uns am allerwenigsten an dem Saal gefiel, war, daß wenn die Tür aufging, man gleich draußen stand. Es gab keine Zwischentür oder einen Zwischenflur. Da wußte man auch nie, wer kam, wenn es klopfte. Aber andere Wohnungen gab es auch nicht, da mußten wir uns schon so begnügen. Die anderen Leute mußten jetzt länger als sonst auf dem Feld arbeiten, weil die große Ernte anbrach. Wir waren recht froh, daß Mutti bei uns war und nicht mitmußte. Auf die Dauer war es nun aber nicht schön, immer in einem Zimmer zu hocken, in dem genäht, gekocht, gegessen und geschlafen wurde. Da hörten wir eines Tages, daß ein rotes Haus, in dem bis jetzt einige der »höheren« Russen gewohnt hatten, frei werden sollte. Das wäre gut. Wir hofften nun, daß es stimmte und daß es auch leer bleiben würde. Wenn es wieder bezogen wurde, hätte es uns auch nichts genützt, so aber hätten wir da hinziehen können. Wir warteten dann noch die nächsten Tage ab, und dann zogen die Soldaten tatsächlich aus dem Haus aus. Mutti suchte nun und fand auch die Gelegenheit, in das Haus einzuziehen. Vier vollständige Wohnungen waren in dem Haus. In die ganz letzte vom Hof, an der rechten Seite, zogen wir ein. Im Erdgeschoß waren eine große Küche, ein großes und ein kleines Zimmer. In das kleine Zimmer konnte man vom Flur und auch vom großen Zimmer aus hinein. In das kleine Zimmer stellten wir unsere Pritschen, und damit war das ganze Zimmer ausgefüllt. Der Umzug, den wir gleich am Tage nach dem Auszug der Soldaten vornahmen, ging ziemlich schnell. Erstens war nicht viel ausgepackt, dann konnten wir die Sachen in die Wohnung tragen, und außerdem ging es zu der Zeit schnell, weil man erst nur fegte und dann auch schon drinnen war. Da sah niemand, ob die Fenster geputzt waren, man war froh, wenn überhaupt welche drin waren, und wie der Fußboden oder gar die Wände aussahen, interessierte niemand. Kein Mensch achtete auf Feinheiten, nur daß eben alles dicht war. Die kleine Stube war mit den Pritschen eigentlich fertig. Da hatten wir noch ein Kinderbettchen bekommen, was gerade noch an die eine Seite paßte und in dem nun Volkmar schlief. Da brauchte man nicht immer nachzusehen, ob er noch im Bett lag. In die große Stube stellten wir den Tisch mit den Kisten und Kästen, die als Stühle und Schränke dienten. Dann mußte in die eine Ecke noch das Bett für Tante. Sie hatte es besser, wenn sie alleine schlief, und der Platz war ja noch da. Außerdem war das Bett am Tag noch Sitzgelegenheit. In der Küche war zu unserem Glück noch ein großer eingebauter Herd, wie er dort so üblich war. Da stellten wir auch noch einen Tisch und ein paar Kisten hinein, und dann war alles fertig eingerichtet. Im großen Zimmer, das nun unsere Wohnstube war, nähte Mutti auch. Tante kochte jetzt oft, aber meistens saß sie auch in der Stube und besserte Sachen aus. Sie war nicht mehr so gut auf den Beinen und immer froh, wenn sie sitzen konnte. Mutti hatte da wenigstens keine Arbeit mit dem Ausbessern unserer paar Sachen. Tante machte so winzige Stiche beim Nähen, daß das Geflickte noch hielt, wenn der Stoff schon kaputt war. Wir Kinder mußten wieder alle helfen.

Es war anders als in Stockheim, aber wir konnten nicht nur spielen wie die ersten Tage. Beim Kochen und Vorbereiten mußten wir ganz schön mithelfen. Ich mußte dann mit Strümpfestricken anfangen. Der Winter würde schneller kommen, als wir es gerne sahen, und es fehlte an allen Ecken und Enden. Die Wolle zum Stricken hatten wir von aufgeribbelten Soldatenstrümpfen und von kaputten Stricksachen. Es mußte alles aneinandergeknotet werden, und dann konnte ich anfangen. Bis ich ein Paar lange Strümpfe fertighatte, dauerte es mindestens zwei Wochen. Es kam darauf an, ob ich zwischendurch noch etwas anderes tun mußte oder am Strickzeug bleiben konnte. Bei so vielen Personen mußte ich mich also dranhalten, wenn ich bis zum Winter wenigstens für jeden ein Paar Strümpfe schaffen wollte. Und dann noch die für Mutti, die waren ja noch viel länger, obwohl unsere Mutti eine kleine Frau war. Muttis Strümpfe waren auch am »buntesten«. Vom hellsten Grau und Braun bis in die dunkelsten Töne.

Aber auch nach draußen kamen wir noch. Das Stückchen Land, das sich am Haus befand und einmal ein Garten war, gruben wir um und wollten etwas pflanzen. Von irgend jemand bekamen wir ein paar Kohlpflanzen. Ich weiß es nicht mehr genau, aber ich glaube von einem Menschen, der auf den Feldern beim Kohlpflanzen arbeitete. Auf jeden Fall setzten wir diese in die Erde. Wir wollten doch wenigstens noch etwas ernten. Neben uns zog eine Familie Gottschalk mit ihren Kindern ein, dahinter auch eine Familie, und am anderen Ende zog eine Frau Schulz mit ihren acht Kindern ein. Diese Frau war so schmutzig, daß sogar wir Kinder, die wir eigentlich wenig Anstoß an so etwas nahmen, uns ganz von den Kindern zurückzogen.

Es ist gar nicht zu beschreiben, wie die Leute sich gehenließen. Wir hatten zum Wäschewaschen auch kein Waschpulver. Dafür wurde extra die reine Holzasche sortiert aufgehoben, und es wusch sich ganz gut damit. Aber selbst wenn man nur klares Wasser nahm, ging es noch, aber bei denen mußte das auch noch fehlen. Dann verstand die Frau scheinbar auch nicht zu flicken, denn an allen hingen die Fetzen nur so herum. Den Russen war es ja egal, ob sauber oder schmutzig, die Hauptsache, es waren Arbeitskräfte. So ging die Frau auch immer mit aufs Feld zum arbeiten.

Gleich neben uns, weiter vom Dorf ab, waren noch zwei Häuser. In dem ersten neben uns wohnte der russische Tierarzt mit seiner Frau. An der anderen Seite war das Haus, in dem immer die Produkte ausgeteilt wurden.

Am anderen Ende des Dorfes war die Molkerei. Da durften sich die Deutschen immer die Molke abholen, wenn die Arbeiter den Käse machten. Die Brühe war gelblich und säuerlich, schmeckte uns aber nicht schlecht. Mindestens eine Stunde, bevor die Molke ausgegeben wurde, standen schon die Kinder mit Kannen und anderen Gefäßen in einer langen Schlange vor der Tür und warteten. Wir kochten darin unsere Suppe. Die war immer noch besser als eine mit Wasser, und Milch gab es auch hier nicht. Es kam sogar manches Mal vor, daß noch ein paar Quark-Krümel darin waren, das war dann natürlich besonders schön. Je nachdem, wer von den Deutschen da arbeitete und wie gerade die Aufsicht war, ließen sie schon mal extra ein paar Krümel mehr drin, aber das war für die arbeitenden Frauen immer ein Risiko, sie durften dabei auf keinen Fall erwischt werden.

Jetzt hörten wir auch manches Mal, daß einige Frauen, die gerade von der Arbeit entwischen konnten oder irgendwie nicht gerade gebraucht wurden, nach Friedland auf den »schwarzen Markt« gingen. Der wurde dort von den Russen betrieben, und viele Deutsche gingen dahin, um die letzten Kleider oder Schmucksachen gegen Lebensmittel einzutauschen. Mutti wollte die wenigen Sachen, die wir noch hatten, nicht auch noch weggeben und versuchte immer wieder, uns genügend Essen zu beschaffen. Die Beeren fingen an zu reifen, und da wollten wir versuchen, uns ein bißchen dran zu halten. Im Wald gab es jetzt jede Menge Blaubeeren. Ernst und ich gingen fast täglich und pflückten immer eine Zweiliterkanne voll. Zu Hause wurden wir jedes Mal freudig begrüßt, denn das milderte den Hunger und gab wieder einen anderen Geschmack.

Auch Pilze brachten wir dann oft mit. Mutti brauchte nur selten einen unbekannten wegzuwerfen, wir kannten uns nämlich schon ganz gut mit den eßbaren und giftigen Pilzen aus. Was uns aber sehr schwerfiel und wir doch täglich tun mußten, das war Holz zu suchen. Wir mußten doch genügend Brennmaterial für den Winter haben, und schon jetzt reichte es immer so gerade aus zum Kochen. Was sollten wir denn nur im Winter tun, wenn wir damit noch heizen sollten? Als wir sonst nichts mehr finden konnten, begannen wir, die Zaunpfähle der Weidegärten abzusägen. Gebraucht wurden die Gärten sowieso nicht, und die ganzen Drähte waren weg oder heruntergetreten. Zuerst hatten wir die umgeknickten genommen, dann sägten wir die anderen dicht am Boden ab, weil sie für uns viel zu fest im Boden saßen. Wenn Mutti mitkam, mußten wir eichene absägen. Die waren für uns Kinder zu hart. Weil die beim Brennen aber besonders ergiebig waren, suchte Mutti gerade nach denen und legte dann das davon gehackte Holz für den Winter weg, während wir zum Kochen von den Fichtenhölzern nahmen. Unser Handwagen war uns unentbehrlich. Daß er das alles so aushielt, mußte uns oft wundern, ihm ging es nicht anders als uns Menschen, da mußte man auch oft staunen, wie man das alles schaffte, und noch war es nicht die schwerste Zeit.

Das Holz mußten wir zu Hause dann zersägen und hacken. Dann wurde es in »unserem« Stall, der eigentlich zur Wohnung gehörte, gestapelt. Das meiste mußten wir jedoch im Haus unterbringen, es gab immer wieder welche, die es sich auf leichtere Art holen wollten, und wir hatten dann das Nachsehen, und Schlüssel hatten wir ja keine. In dem Stall hatten wir uns auch wieder eine Toilette eingerichtet und brauchten nicht, wie die meisten, hinter den Stall auf die freie Wiese zu gehen. Sonst war in dem Stall noch Heu und oben, durch eine Luke zu sehen, ebenso. So ein Stall war bei jeder Wohnung, die meisten wurden jedoch nicht benutzt.

## Verzweifelt suchen wir Essen

Das Essen war schon lange viel knapper als im Saal, und oft dachten wir an den kleinen Reichtum an Essen in den wenigen Tagen, die wir im Saal gewohnt hatten. Jetzt gab es auch nicht mehr für jedes genähte Stück Lohn wie am Anfang. Da mußte man mit den paar Produkten vorliebnehmen und wieder an das Essensuchen denken. Aber wo sollten wir nun suchen?

Jetzt hatten wir auch wieder Verbindung mit Tante Anna bekommen. Die wohnte nun in Klein-Salau, wo Gretel und Eckhard jetzt arbeiteten. Zu dieser Zeit arbeiteten sie auf den Kartoffel- und Möhrenfeldern der Russen. Es war Erntezeit, und alles wurde strenger als sonst bewacht. Gretel hatte uns dann gesagt, wir Kinder sollten mal an dem und dem Tag um eine bestimmte Zeit an dem Feld dort am Wald vorbeikommen. Sie würde dann gerade da arbeiten und wollte versuchen, uns etwas von den Kartoffeln oder Möhren an eine bestimmte Stelle in den Graben zu legen oder, wenn niemand da sei, uns zu reichen. Nur dürften wir nie zu einem sagen, von wo wir das hätten, falls wir damit angetroffen würden. Das war nun wenigstens eine Hoffnung für uns. Wir kamen ja nicht an solche Sachen, weil Mutti nicht auf dem Feld arbeitete.

Dann an dem bestimmten Tag schickte Mutti mich und Christel los. Wir hatten einen kleinen Rucksack und eine Tasche mitgenommen und marschierten voller Vorfreude und Hoffnung los. Das Wetter war schön warm, und bald hatten wir den Weg hinter uns. Jetzt waren wir am Wald und konnten das Feld gut übersehen. Wir mußten ja unauffällig gehen und durften nicht zeigen, daß wir zu jemand auf dem Feld wollten. Auf dem Feld lagen große Berge mit Kartoffeln und mit Möhren, schön sortiert. Ach, hätten wir davon nur ein paar für uns in Sicherheit gebracht. Langsam näherten wir uns dem Feld und sahen dann auch Gretel. Sie hatte uns auch gesehen, und als sie keinen Posten entdecken konnte, zeigte sie uns einen Haufen von Möhren, von dem wir unsere Taschen füllen sollten. Dann ging sie weiter ihrer Arbeit nach. Das war für uns schnell getan, und sogleich, ohne noch etwas zu sagen, traten wir den Rückweg an. Wir gingen nun den Weg entlang und waren bald am Wald. Unser Schritt war normal, zu schnell konnten wir ja nicht gehen, sonst hätten sie uns gleich bemerkt. Plötzlich bemerkten wir einen Russen, er kam von vorne uns entgegen. Wir beachteten ihn anscheinend gar nicht und gingen weiter, als ginge er uns gar nichts an. Im Innern waren wir aber doch aufgeregt, was kommen würde und ob er uns anhalten würde. Zuerst sah es so aus, als ob auch er nichts bemerkte. Als wir dann aber an ihm vorbeiwollten, fragte er uns, was in den Taschen sei, wir sollten sie aufmachen. Nun, da blieb uns nichts anderes übrig als zu gehorchen. Dann fragte er, woher wir die Möhren hätten, und da sagten wir, daß das Lohn für die Näharbeit von dem Oberleutnant aus Domnau sei. Domnau lag nun wirklich so, daß man diesen Weg durch Salau mußte. Zuerst wollte er uns schon gehen lassen, dann sagte er aber, wir sollten mit zu dem Oberleutnant kommen, er wollte fragen, ob das richtig sei. Dagegen wehrten wir uns und sagten, wir müßten schnell nach Hause, der Weg sei noch weit und es würde bald dunkel. Wer wußte denn, wohin er uns überhaupt haben wollte? Zum Oberleutnant wäre er sicher nicht mit uns gegangen, weil er ordentlich ausgeschimpft worden wäre, wenn es tatsächlich gestimmt hätte. Er nahm uns aber unsere Taschen ab und sagte, wir sollten nur kommen, dann ging er mit unserem kurzen Glück davon. Wir sahen ihm nach und hätten fast geweint, aber wir durften doch nicht mitgehen. Jetzt waren außer den Möhren auch unser kleiner Rucksack und die Tasche weg. Hoffentlich hatte keiner am Feld etwas beobachtet, daß Gretel noch in Gefahr kam. Als wir dann nach Hause kamen, mit leeren Händen und traurigen Gesichtern, sagte Mutti, es wäre gut, daß wir nicht mitgegangen wären, und sie sei mehr froh darüber, daß wir wieder ohne Schaden bei ihr wären, als daß wir die Möhren mit unserem Verlust bezahlt hätten. Das war nun wieder eine Erleichterung für uns, daß Mutti nicht noch auf uns schimpfte, wo wir ja nichts dafür konnten.

Als die Kornernte nun zu Ende ging, mußte ein Trupp Salauer Frauen in unser Dorf zum Dreschen kommen. Die eine Scheune voll Korn gehörte nämlich den Salauer Russen. Wir hätten auch gerne etwas zum Essen verdient, aber wie und wo? Nun mußten die Frauen jeden Morgen, von Posten begleitet, nach Georgenau marschieren. Die Posten, die sie begleiteten, gingen alle hinter den Frauen her. Da konnten die ersten Frauen oft unbemerkt im Vorbeigehen von den Kartoffel- und Möhrenfeldern etwas einstecken. Wir wohnten nun der Scheune am nächsten, in der gedroschen wurde, und außerdem war bei uns Mutti zu Hause, wo sonst die Frauen auch arbeiten waren. Da brachten uns die Frauen dann am Morgen das Gemüse und die Kartoffeln, damit wir für sie daraus Mittagessen kochten. In der Mittagspause kamen sie dann alle zu uns und aßen sich satt, und unser Lohn für die Arbeit war, daß wir uns ebenfalls immer satt essen konnten. Für uns war das ein sehr guter Lohn. Die Suppe war kräftig von dem Gemüse und schmeckte immer gut, und vor allen Dingen war immer genug zum Sattessen da. Das Korn zum Dreschen nahm auch ab, und als eines Tages niemand mit Gemüse kam, dachten wir, daß sie schon fertig waren, und wunderten uns nur, daß uns keiner etwas davon gesagt hatte.

Aber es hatte einen anderen Grund: Die Russen wollten den Rest des Kornes so schnell wie möglich weg haben und ließen die Frauen keine Pause mehr machen. Sogar des Nachts mußten die Frauen durcharbeiten. Weil die Russen nicht genug Frauen für zwei Schichten hatten, mußten die gleichen Frauen Tag und Nacht ohne Pause dreschen. Wir glaubten das zuerst gar nicht. Das Dreschen war doch sowieso schon anstrengend und dann so lange ohne Pause? Aber es war so.

Nun waren sie schon einen ganzen Tag und eine ganze Nacht ohne Unterbrechung dabei, aber das Korn war noch nicht alle. Da machten sie einfach weiter. Als dann am folgenden Abend einige der Frauen vor Erschöpfung umkippten, schimpften die Aufseher riesig. An Essen hatten sie in der Zeit auch nur, was wir ihnen heimlich bringen konnten. Als das Dreschen dann vorbei war, kamen die Salauer nicht mehr, und wir hatten auch nichts mehr, wovon wir Essen bekamen. Bei der Kartoffelernte wurde überall sehr aufgepaßt. Sehr oft zogen die Posten mit einer Frau los, die sich nur einige Kartoffeln in die Rocktasche gesteckt hatte.

Einmal hatte eine Frau nur sechs, einmal eine sogar nur vier Kartoffeln in der Tasche, trotzdem wurden die Frauen rücksichtslos mitgenommen. Die Frauen wunderten sich meistens, woher die Posten das wissen konnten. Es waren doch weit und breit keine Russen zu sehen gewesen. Dann entdeckten Ernst und ich eines Tages, woher sie es wußten.

Wir beide waren wieder in den Wald gegangen, um Blaubeeren zu suchen, und das gerade zu erntende Kartoffelfeld lag direkt am Wald. Als wir gerade in den Wald biegen wollten, vernahmen wir ein Geräusch aus den Bäumen und schauten hoch. Und da sahen wir zwei Posten, die sich in den vordersten, hohen Bäumen versteckt hatten. Jetzt wußten wir auch, woher die Posten immer so genau Bescheid wußten. Von hier aus konnte man nämlich das ganze Kartoffelfeld übersehen.

So suchten wir weiter unsere Blaubeeren und Pilze, während Mutti und Christel nähten. Durch das Nähen bekamen wir immer weniger, weil sie sich sagten, Mutti bekäme ja Produkte dafür. Uns wäre lieber gewesen, wenn wir dann statt der Produkte von jedem Nähkunden etwas bekommen hätten. Sie verlangten nämlich immer mehr an Näharbeit, und es war kaum zu schaffen. Kartoffeln bekamen wir am Anfang der Kartoffelernte auch noch von den Russen für die Näharbeit, aber sie reichten längst nicht für alle aus.

Mehl hatten wir jetzt auch schon länger wieder keines mehr, und die Produkte wurden immer weniger. Von dem letzten Mehl hatte Mutti noch ein Brot gebacken. Das hatte sie dann in Scheiben geschnitten und getrocknet. Es sollte für eine schwere Zeit sein.

Wir waren doch so im Ungewissen über unsere Zukunft. Das getrocknete Brot hing in einem Beutel an der Wand in unserer Schlafstube. Das konnte bis zum Winter da bleiben, dann hatten wir ein ganzes Brot für acht Personen und den ganzen Winter. Mäuse und Ratten gab es überall mehr als genug, nur keine Tiere zum Essen.

Nach einer schlaflosen Nacht entdeckten wir dann noch Wanzen und Flöhe. Wanzen kannten wir bis jetzt noch nicht und wunderten uns sehr, woher die plötzlich kamen. In dem Kinderbettchen, in dem Volkmar schlief, war eine Roßhaarunterlage, und da fanden wir die meisten von diesen scheußlichen Viechern, die uns mehr als Läuse und Flöhe zu schaffen machten. Da konnten wir uns denken, woher sie kamen. Sie mußten in den Ritzen des Kinderbettchens gewesen sein und sich jetzt so vermehrt haben. Zuerst versuchten wir, alle mit Wegfangen loszuwerden. Das gelang aber nicht, und Mutti sagte, wir bekämen sie nur weg, wenn wir das Bettchen verbrennen würden. Hoffentlich waren noch keine in die anderen Ritzen gekrochen. So verbrannten wir das Bettchen, das uns eigentlich ganz wertvoll gewesen war. Die Läuse hatten wir schon länger weg, und da mußten wir jetzt nur tüchtig aufpassen, daß sich nicht wieder welche bei uns niederließen. Für die Zeit war das nicht so schlimm, das Ungeziefer gehörte dazu, man fragte sich höchstens, was man noch hatte.

Wir wurden jetzt aber doch schon merklich schmaler und schwächer. Das Essen reichte nicht hinten und nicht vorne. Wie sollte das nur werden? Mutti war in dieser Zeit froh, daß sie zu Hause war und nicht, wie die anderen, zum Feld mußte. Da konnte sie doch schon mal mit uns auf Essen-Suche gehen, wenn sie eigentlich auch nähen mußte. Nicht weit von uns war die Georgenauer Kirche. In der hatten die Russen eine Pferdesauna eingerichtet. Gerade für solche Zwecke wurden die Kirchen immer benutzt. Im Moment war allerdings nichts los, und sie lag im Stillen da. Hinter der Kirche floß ein Bach, zu dem wir Kinder eines Tages gingen und wo wir auf Beute warten wollten. Wir hatten nämlich von einigen Leuten gehört, daß sie Frösche gefangen und gegessen hatten. Mutti hatte uns ja gesagt, daß das eine Delikatesse sei, aber sie wußte nur etwas von Froschschenkeln. Ob die ganz gegessen wurden, wußte sie auch nicht. Wir wollten auf jeden Fall welche fangen, aber so lange wir auch warteten, es ließ sich kein Frosch blicken, und wir kamen ohne Frösche wieder nach Hause zurück.

Eines Tages hörte Mutti nun, daß einige Frauen nach Friedland fahren wollten, um Muscheln zu holen. Dort in dem Fluß seien so viele, und das sollte unseren Hunger mildern. Mutti nahm unseren stabilen Handwagen mit und fuhr mit los. Ihr war nicht ganz wohl dabei, und sie sagte noch, hoffentlich käme nicht gerade an diesem Tage eine Kontrolle, ob sie beim Nähen säße. Meistens war es ja auch so. Und tatsächlich kamen am Nachmittag Soldaten und fragten, wo Mutti sei. Wir sagten, daß sie weggegangen sei, aber wohl gleich wiederkäme. Darauf warteten wir nun wirklich, denn die Frauen waren schon am Morgen losgefahren, und wir wußten nicht, wie lange sie dafür an Zeit brauchten. Die Soldaten schimpften sehr und meinten, wenn sie nicht arbeiten würde, bekäme sie auch keine Produkte. Was nutzte uns das? Die Produkte waren für eine Person berechnet, und wenn nun acht davon aßen, mußte ganz einfach noch etwas dazukommen. Sie sagten dann, daß sie deshalb noch einmal kämen und gingen schimpfend davon. Wir hatten nun Angst. Hoffentlich kamen sie nicht und holten Mutti ab, wie so viele Frauen, und wir standen dann alleine.

Mutti kam ziemlich spät wieder und brachte tatsächlich eine Menge Muscheln mit. Das war eine Freude, obwohl wir überhaupt nicht wußten, wie sie schmecken würden. Wir hatten sie weder gegessen noch je gesehen. Wir wußten nur, daß sie zum Essen waren. Sie wurden sofort in zwei Waschkessel geschüttet, die bis oben hin mit Wasser gefüllt wurden. So sollten sie sich halten, wenigstens ein paar Tage. Kaum waren sie im Wasser, als sich die langen, grauen Schalen öffneten. Wenn man aber nur in die Nähe kam, schlossen sie sich sofort wieder. Wir machten uns dann einen Spaß daraus, das immer zu wiederholen. Am gleichen Abend konnten wir dann noch probieren, wie die neue Speise schmeckte. Wir fanden, daß sie sehr gut schmeckte.

Und wie sie gekocht wurden? Sie wurden einfach in

kochendes Salzwasser gelegt, wo sich die Schalen sofort öffneten und das Innere so rosa wurde. Dann wurden sie wieder herausgeholt und gegessen. Das ganze Kochen ging immer so schnell, weil es ja kaum Zutaten gab. Für jeden waren bestimmte Muscheln abgezählt, und damit war die Mahlzeit dann beendet. Satt essen konnten wir uns ganz selten einmal, die Hauptsache war immer, daß man überhaupt etwas im Magen hatte.

Jetzt, wo es schon Herbst wurde, bekamen wir für die Näharbeit oft Kohl. Auf den Feldern begann nämlich die Kohlernte, und da kamen die Russen auch billig an ihre zu zahlenden Sachen. Nachdem nun die Muscheln zu Ende waren und wir Kohl bekamen, aßen wir wieder nur Kohl. So war das nun mal, dreimal täglich das, das nächste Mal dreimal täglich das andere. Was wir gerade hatten, wurde immer für alle Mahlzeiten genommen. Einteilen konnten wir uns nichts, weil alles immer nur von kurzer Dauer war und auch immer nur kurze Zeit frisch blieb. Wenn es keinen Kohl oder sonst etwas Mitgebrachtes gab, wurden weiter Brennesseln gesucht. Man fand nur so wenig, und die waren noch hart und zerfressen, der Frühling mit den besten Nesseln war eben vorbei.

Weiter hinter uns an dem Kartoffelfeld stand ein hoher »Kruschkebaum«. Die Kruschkes waren so kleine Birnen, die aber immer sehr hart waren und kaum Saft hatten. An diesem Baum war es aber alles anders. Die Früchte waren sehr saftig und lecker, und man hätte sich fragen müssen, wieso hier noch etwas zum Reifen kam, da sonst schon immer die Früchte vorher abgepflückt wurden.

Der Baum war sehr hoch und dazu sehr dünn. Die untersten Äste fingen da an, wo der längste Mann nicht mehr hinreichen konnte. Wie sollte man da nun hinauf? Das werden sich wohl alle gefragt haben, die die Früchte gerne gehabt hätten. Wenn man eine Leiter angelehnt hätte, wäre der Stamm sicher umgebogen. Außerdem war der Stamm ganz glatt und daher auch so schwierig zu ersteigen. Das Kartoffelfeld daneben war noch nicht geerntet und wurde von einem Posten bewacht. Da blieb sowieso jeder außer Reichweite. Mutti nahm das nicht so tragisch mit dem Baum. Obwohl Klaus gut klettern konnte, wollte Mutti nicht, daß er in Gefahr kam wegen der Höhe. So stieg sie selber hinauf. Wir Kinder standen unten und sammelten die herabgeschüttelten Kruschkes auf. Dabei beobachteten wir, daß Mutti nur nicht zu weit nach einer Seite kam, sonst schwankte der ganze Baum, daß wir es mit der Angst zu tun bekamen. Das war nun eine herrliche Sache.

Mutti hatte aber noch etwas anderes im Sinn gehabt. Sie beobachtete von da oben den Posten an dem Kartoffelfeld. Wenn des Nachts jemand am Kartoffelfeld gesehen wurde, konnte der Posten einfach schießen. Am Tage ging sowieso niemand in seine Nähe. Der Hunger aber tat so weh, und was sollte man tun, wenn man nichts bekam? Für ein »leichtes« Vergehen kam man auf die »schwarze Liste«, und bei dreimal war der- oder diejenige geliefert. Sie verschwanden dann eines Tages ohne Ankündigung und wurden von niemandem mehr gesehen. Da hatten immer alle Angst, daß man auf die Liste kam. Aber niemand wußte, wer darauf stand und wenn, nicht weshalb. Es war immer alles geheim. Herr Tietz, ehemaliger Kaufmann von uns aus Domnau, kam auch ab und zu bei uns vorbei und hatte mit Mutti abgemacht, daß sie eines Abends zu dem Feld gehen und ihr Glück versuchen wollten. In der Nacht war es noch gefährlicher, weil da der Posten ein Pferd hatte, um bei etwas Verdächtigem sofort hinzureiten. So machte er auch die Runde um das Feld zu Pferde, was natürlich schneller ging, viel zu schnell für einen, der dort etwas holen wollte. Uns Größeren sagte Mutti, was sie vorhatte, und obwohl wir schreckliche Angst hatten, vertrauten wir ihr. Wir sollten es wissen, falls sie nicht mehr zurückkäme, wie sie sagte.

Es war schon späte Nacht oder sogar beinahe Morgen, als Mutti endlich wieder kam. Wir hatten schon das Schlimmste befürchtet und vor Angst gezittert, doch nun waren wir froh, daß sie wieder da war. Sie hatte ein ganzes Säckchen Kartoffeln mitgebracht. Obwohl es schon kühl um diese Jahreszeit war, war sie barfuß losgegangen. Herr Tietz und Mutti waren getrennt in das Feld gegangen, man durfte den anderen nicht gefährden. Als der Posten dann gerade weg war, mogelte Mutti sich in das Feld und legte sich bäuchlings zwischen die Kartoffelstauden. Dann hatte sie die Kartoffeln mit den Händen unter den Sträuchern ausgebuddelt und die Kartoffelsträucher stehen lassen. Dann wurde es nicht so schnell bemerkt.

So war diesmal alles glattgegangen, wenn es auch lange gedauert hatte. Unser Glück um das neue Essen ließ uns unsere Angst dann schnell vergessen. Aber wie lange reichte das wieder aus? Außerdem mußten wir die Kartoffeln, so gut es ging, geheim kochen und verbrauchen, sonst hätte einer auf die Idee kommen können, woher wir die gehabt hätten, und dann wäre es für uns doch noch schlecht ausgegangen.

Mutti hatte natürlich vor, noch einige Male das gleiche zu versuchen, obwohl ihr nicht wohl in ihrer Haut war, zumal sie immer die Angst hatte, von uns getrennt zu werden. Was sollte sie aber tun? Gefiel es Gott, sich das Essen so zu holen, oder gab er das Glück und die Gelegenheit, daß es gut ausging. Man konnte sich die Frage gar nicht stellen, weil es anders unmöglich war, überhaupt zu überleben, und somit dies alles selbstverständlich wurde. Die Angst dabei war wohl immer der Preis, den man bezahlen mußte. Zur Tante hatte Mutti nichts davon gesagt, weil sie dann solche Angst hatte, daß sie sich vor Aufregung verplappert hätte.

Noch einige Male konnte Mutti dann wirklich barfuß und

unbemerkt an das Feld gelangen und für uns Kartoffeln buddeln. Sie war dann aber immer alleine gegangen. Mehrere zusammen verrieten sich meistens schon durch Bewegungen, und wenn das nicht der Fall war, taten sie es oft, weil sie selbst geschnappt wurden. So zog Mutti es eigentlich immer vor, alleine loszuziehen. Einige Frauen hatten unabhängig von ihr das gleiche versucht und waren ertappt worden. Da wurde alles noch schärfer bewacht, und die Möglichkeiten für die hungernden Deutschen wurden immer geringer. Der frische Kohl nahm auch ab, es war fast alles in Silos zu Sauerkohl eingestampft worden. Die Silos wurden so scharf bewacht, daß wirklich nicht die kleinste Möglichkeit bestand, noch an etwas heranzukommen.

Und der Winter würde kommen. Wo nun Kartoffeln, Kohl und Korn fort waren, blieben noch die Rüben. Also mußten wir versuchen, daran zu kommen. Wenn es nur ging, versuchte jeder, von irgendwo so eine Runkelrübe zu ergattern. Aber die waren schnell geerntet und in den Kuhstall verfrachtet. Und wer kam schon in die Ställe? Doch nur die, die da arbeiteten, und die mußten froh sein, daß sie die Stelle dort überhaupt als Arbeitsplatz hatten. Anderen helfen konnten die auch nicht. Das verstanden auch alle, und jeder wußte, daß er nur für sich selber sorgen konnte und mußte. Der Winter kam immer näher. Man merkte es jetzt schon jeden Tag deutlicher. Wenn nun eine Rübe erwischt werden konnte, wurde sie abgebürstet, gekocht, in Stücke geschnitten und durch den Fleischwolf gedreht. Der Fleischwolf war das begehrteste Stück an Küchengerät zu der Zeit. Man verlieh ihn unter sich von Tür zu Tür und mußte immer laufen, bis man ihn zum eigenen Gebrauch wieder hatte, und das war täglich, soweit man etwas zu essen hatte. Dadurch merkte dann gleich jeder Nachbar, daß man etwas zu essen hatte. Die durchgedrehten Rüben wurden dann in gesalzenem Wasser zu Suppe gekocht, und so war wieder eine Mahlzeit fertig. So eine Rübe mußte aber für einen Tag reichen, denn mehr als eine bekam man auf gar keinen Fall. Was ist aber eine einzige Rübe für so eine große Familie? Es mußte weitergehen, und es ging auch weiter.

Von einigen Deutschen erfuhren wir, daß man auf den abgeernteten Feldern noch gut etwas an Kartoffeln zusammenstoppeln könnte. Man fände da noch ein gutes Teil. Der erste Frost war allerdings schon gewesen, aber wenn man sie lange genug in kaltes Wasser legte, könnte man sie gut gebrauchen. So machten wir uns wieder auf, das Feld zu suchen, wo noch etwas zu finden sein sollte. Von den Frauen, die bei der Kartoffelernte gewesen waren, war durchgesickert, daß sie mit Absicht viele Kartoffeln einfach in den Boden getreten hatten. Nicht etwa, damit sie schneller mit der Arbeit fertig wurden, sondern um später nachzustoppeln. Meistens hatten gerade die Frauen die wenigste Gelegenheit dazu, dafür konnten sich dann aber andere helfen. Wir kannten zwar nicht gerade die Ecken, wo möglicherweise die meisten lagen, aber nach einigem Suchen hatten auch wir einen Korb der halbgefrorenen Kartoffeln voll. Zu Hause war die Freude groß. Die Kartoffeln wurden in eiskaltes Wasser gelegt und über Nacht stehen gelassen. Am anderen Tag konnten wir sie dann kochen. Das war mal wieder eine Abwechslung.

Aber die Freude dauerte nicht lange an. Als wir eines Tages wieder buddeln gehen wollten, kamen russische Posten und vertrieben uns. Sie hatten wohl gemerkt, daß auf den Feldern besonders viele Kartoffeln gefunden wurden und konnten sich daraus auch wohl zusammenreimen, wieso da so viele waren. Da setzten sie einfach Posten ein, die jeden vom Feld vertreiben mußten. Lieber sollten nun die paar Kartoffeln in der Erde verfaulen, als daß wir Deutschen sie gegessen hätten. Zu uns sagten sie das allerdings nicht. Sie sagten, der Boden müßte ruhen, sonst würde im kommenden Jahr nichts darauf wachsen.

So wurde es immer härter mit dem Essen. Es gab viele Tage, wo wir nur eine Mahlzeit hatten, und dann war weder Fett noch Fleisch oder sonst etwas Kräftiges darin; es wurde immer nur mit Wasser und Viehsalz gekocht. Wir waren nicht mehr wählerisch und aßen eigentlich alles, was man essen konnte, und doch mußten wir oft hungrig ins Lager kriechen. Unsere Körper wurden immer dünner, und jetzt sagte Mutti schon zu Recht:

»Ihr seid nur noch Haut und Knochen.«

Das sagte sie aber meist nur, wenn sie sich unbeobachtet fühlte, sie wollte die Angst selber auch nicht wahrhaben und war in allem doch immer voller Hoffnung, selbst wenn sie halb ironisch sagte,

»Ach, was sorgen, für morgen laß Gott sorgen.«

Wenn dann am anderen Tag wirklich wieder was da war, sagte sie dann:

»Seht ihr, müssen wir nicht wieder dankbar die Hände falten!«

Immer mehr Deutsche starben jetzt. Meistens waren es die, die noch am kräftigsten aussahen. Jetzt war der Dezember gekommen, und bei uns war mal wieder überhaupt nichts mehr zu essen da.

Da begann eine sonderbare Zeit, nämlich die, daß Klaus uns täglich mit Essen versorgte, und das kam so: In dem Kuhstall arbeitete eine Frau Tietz. Wir hatten sie erst dort kennengelernt. Diese Frau half, so gut sie konnte, ganz besonders den Kindern. Aber es war so gefährlich, daß sie wirklich nicht einen Moment an sich selber denken durfte. Wie ich schon sagte, war es besonders in den Ställen so streng, weil dort ja nur noch Essen zu finden war und das für die Tiere bestimmt war. Sie hatte mit Klaus vereinbart, um welche Zeit er sich in der Nähe des Stalles aufhalten sollte. Es war immer im Morgengrauen, wenn noch alles ruhig war. Sie hatte dann irgendwo eine Rübe hingelegt, und wenn Klaus ihr angeblich beim Füttern zusah, flüsterte sie ihm die Stelle zu. Er schlenderte dann zu der benannten Stelle und wenn er gewiß war, nicht beobachtet zu werden, nahm er das gute Stück und kam damit nach Hause. In der Beziehung war er so raffiniert, daß er nie erwischt wurde. Er führte sogar manches Mal einen zufälligen Posten an der Nase herum, um heile und mit unentdeckter Beute heimzukommen.

Wenn bei Frau Tietz gerade niemand war, gab sie Klaus sogar manches Mal von der frischgemolkenen Milch zu trinken. Das war alles nicht viel und doch so reichlich. Was hätten wir ohne diese Hilfe getan. Diese Rübe, die Klaus nun so gut wie täglich holte, rettete unser Leben. Für das Nähen gab es so gut wie nichts mehr. Es war einfach Pflicht geworden, wie das Arbeiten auf dem Feld für die anderen Frauen. Es kam natürlich auch noch mal vor, daß einer ein bißchen Sauerkohl oder grüne, eingesalzene Tomaten mitbrachte, aber das war eine Seltenheit. Nun bekamen wir seit einiger Zeit die Kartoffelschalen von der Frau Oberleutnant und wurden von den anderen noch darum beneidet. Wer bekam schon so etwas. Weil Mutti für sie nähte, durften wir Kinder nun jeden Tag die Schalen abholen. Die Schalen bereiteten wir wie die Rüben zu. Sie wurden gewaschen, abgekocht, durch den Wolf gedreht und dann in Salzwasser zu Suppe gekocht. Manches Mal drückten wir sie auch nach dem Durchdrehen in die lauwarme Pfanne und trockneten sie als Platze, das war dann mal wieder etwas anderes.

## Pferdefleisch kann man auch essen

In dem Stall vor unserm Haus wurden jetzt oft Pferde untergebracht. Manches Mal nur für eine Nacht, manches Mal aber auch für länger, und dann waren die ganze Zeit über Posten dabei, was für uns Bewohner des Hauses natürlich nicht schön war, weil wir automatisch mitbewacht wurden und deshalb kaum aus dem Haus kamen und schon gar nicht mit etwas zurückkommen konnten.

So wurde an einem Abend wieder ein Pferd in unseren Stall gebracht. Es war schon dunkel, und wir kümmerten uns nicht weiter darum. Am nächsten Morgen hörten wir dann, daß das Pferd auf der glatten Straße auf dem Eis ausgerutscht war und ziemlich unglücklich auf den Kopf gefallen war. Zunächst war das auch alles, was wir wußten. Es schien noch ein ziemlich junges Tier zu sein, und mager sah es auch nicht gerade aus. Als wir im Laufe des Tages dann hörten, daß es wahrscheinlich nicht am Leben bleiben würde, freuten wir uns. Wir hatten dann nämlich wieder Hoffnung auf Essen. Aber bis jetzt hatten wir wirklich nur die Hoffnung, denn noch wußte niemand, was sie damit vorhatten. Das Pferd war tatsächlich so schwer verletzt, daß es in Ohnmacht fiel und kurz darauf tot war. Weil es nun ja an keiner Krankheit gestorben war, erkundigte Mutti sich so nebenbei und unauffällig, was sie nun damit tun würden. Das stand dann auch schnell fest. Vorne im Wald hatten die Russen einen Pferdefriedhof angelegt. Nicht etwa, weil sie ihre Tiere da in Ruhe liegen lassen wollten, sondern damit die Deutschen sich nichts davon holen sollten. Von den anderen Pferden holte Mutti nie etwas, auch wenn sie es hätte können. Man wußte nie, an welcher Krankheit sie gestorben waren, und da war das zu gefährlich für unsere eigene Gesundheit. Das hatten die Russen in ihrer Begründung auch gesagt, daß sie den Deutschen nicht das kranke Fleisch lassen wollten. Dann wurde das Pferd am Nachmittag fortgeschafft, und darauf hatten wir gewartet. Gleich als Mutti das hörte, zog sie sich eine Jacke über, nahm ein paar Säcke und ging mit Christel und Klaus in einem Abstand hinter den Russen dem Wald entgegen. Sie mußte sehr aufpassen, daß sie von niemandem gesehen wurde, denn es war ja streng verboten. Im Wald angekommen, hatten die Männer das tote Pferd abgeladen und mit dem Posten das Feld verlassen. Wahrscheinlich wollten sie Werkzeug zum Vergraben holen. Diese Zeitspanne nutzte Mutti aus. Es war auch die einzige, die überhaupt eine Möglichkeit bot. Mutti schnitt in Windeseile mit ihrem berühmten Taschenmesser das Pferd auseinander. So gut und einfach ging das natürlich nicht, aber Mutti schaffte es wie immer. Es war noch gar nicht lange Zeit vergangen, als Mutti mit Christel und Klaus heimkam und das halbe Pferd mitschleppte. Es war jetzt schon spät geworden, und wir konnten unser Glück noch immer nicht begreifen. Das Pferd war natürlich nicht nur einmal durchgeschnitten, sondern Mutti hatte immer die Stücke davon ausgelöst, die sie am besten fand. Außer dem Taschenmesser hatte sie diesmal aber noch ein Beil mitgehabt, das war doch notwendig, weil sie die Knochen in der Eile ja nicht alle gleich an Ort und Stelle auslösen konnte.

Mutti war kaum mit allem zu Hause, da hörten wir schon, daß auf dem Pferdefriedhof schrecklich geschimpft worden sein sollte, und in Zukunft sollten alle toten Pferde gleich immer verbrannt werden. Für das nächste Mal sorgten wir nicht. Wir wußten auch nicht, ob noch einmal ein Pferd einen Unfall haben würde, und die anderen interessierten uns sowieso nicht. Das Fleisch mußten wir nun als allererstes verstekken. Es konnte gut möglich sein, daß die Russen eine Haussuchung machten, und wenn sie nur durch die Stuben gingen. Es wurde also alles an verschiedenen Stellen versteckt und dann der Abend abgewartet. Als es dann dunkel war und noch niemand nachgefragt hatte, fing Mutti an, das erste zu kochen. Das war ein Festessen. Wann hatten wir eigentlich das letzte Fleisch gegessen? Aber auch hier bremste Mutti. Sie sagte, daß der Körper das nicht mehr gewohnt sei, und wir deshalb in kleinen Mengen anfangen müßten. Dann gab es Fleisch, bis es alle war: Ja, wie mit den anderen eßbaren Sachen, so war es auch mit dem Fleisch des Pferdes. Die Runkelrüben hatten wir uns natürlich auch nicht an den Fleischtagen entgehen lassen, aber es wurde immer schwerer, eine zu bekommen, und mehr als einmal kam Klaus jetzt ohne Rübe heim. Es versuchten immer mehr, zu dem Stall zu gelangen und dort etwas zu essen zu bekommen, so daß die Russen jetzt mehr Posten einsetzten, und da war es auch Frau Tietz nicht möglich, auch nur eine Rübe beiseite zu legen. Man meinte täglich, jetzt sei alles aus, und wie immer mußte es weitergehen.

So kam der zweite traurige Heilige Abend heran. Klaus hatte auch an diesem Morgen keine Rübe bekommen, und so saßen wir ganz traurig da und schnitten wieder Papiersterne aus, die wir an unseren Tannenbaum hängen wollten. Was sollte es diesmal werden? Im vergangenen Jahr hatten wir noch ein bißchen Mehl gehabt und den verbrannten Kuchen. Auch war für jeden noch eine Scheibe Brot pro Feiertag gewesen. Diesmal hatten wir nichts, nur Hunger. Das Bäumchen fing an, geschmückt auszusehen. Außer den Papiersternen hatten wir uns sogar noch etwas silbernes Lametta geschnitten. Es kam ab und zu vor, daß die Russen Zigaretten hatten und die Dosen mit dem Silberpapier darin wegwarfen. Das hatten wir uns für den Weihnachtsbaum gesammelt, und wir fanden, daß es ungeheuer wichtig war, so einen geschmückten Baum zu haben, denn es war ja schließlich ein Jubeltag. Alle hatten wir Hunger, aber niemand sprach davon, auch die Kleinsten nicht. Wir waren es schon gewohnt, daß wir etwas bekamen, wenn etwas da war. Mutti hatte den ganzen Tag genäht, aber dafür konnten wir auch nichts erwarten, höchstens erhoffen. Bisher war es ja immer so gewesen, daß wir gerade dann etwas bekamen, wenn die Not am allergrößten war. Und dann war es Abend geworden, der Heilige Abend war da, und unsere Freude war echt und groß. Wir hatten ein halbes Brot, einen Topf voll Sirup und eine große Runkelrübe auf dem Weihnachtstisch liegen. Wir kamen uns reicher als ein König vor. Bevor Mutti uns aber von dem Brot etwas für den Hunger abschnitt, nahm sie die Bibel und las uns die Weihnachtsgeschichte daraus vor. Wir hatten wirklich wieder allen Grund zu danken. Dann sangen wir noch Weihnachtslieder und erzählten uns von früheren Festen. Dann war es auch schon Zeit zum Essen und zum Schlafen. So war der zweite Heilige Abend in dieser armen Zeit vorbei.

Von den Feiertagen hatten wir nicht viel gemerkt, sie vergingen wie die anderen Tage auch, und so war Weihnachten schnell wieder vorbei. Unser Tannenbäumchen hatten wir noch ein paar Tage stehen, und es wurde von allen sehr bewundert, denn wer hatte schon so ein geschmücktes wie wir? Viele stellten sich gar keins hin, weil sie so unglücklich über solche Zeiten waren, aber was konnte die Zeit für unsere Feier? Für uns Kinder war es ein Fest wie früher, und wir waren stolz und glücklich über das von uns geschmückte Bäumchen.

Klaus versuchte wieder krampfhaft, eine Rübe zu ergattern und stand dazu jeden Morgen als erster von uns Kindern auf. Wir gingen dann später wieder in die Molkerei, ob wir noch ein bißchen Molke kriegen konnten, und dann hatten wir wieder ein Mittagessen zusammen, wenn das alles geklappt hatte. Die eine Mahlzeit war jetzt fast schon üblich als Tagesessen. Es kam nicht sehr oft vor, daß wir noch eine zweite kochen konnten.

# Das neue Jahr

Jetzt kam Neujahr. Das alte war trübe vergangen, und wie sollte das neue beginnen, und vor allem, wie sollte das wieder durchgehalten werden. Man sagte immer, wenn man am Neujahrstag zu essen hat, hat man das ganze Jahr über auch etwas. Was mochte nun für uns zutreffen? Wir wußten noch nicht, ob wir an dem einen Tag was hatten und wenn, glaubten wir nicht, daß wir ausgerechnet deshalb das ganze Jahr über etwas haben sollten.

Am Silvesterabend sah es ganz schlimm aus. Genauso wie am Vormittag des Heiligen Abends war nichts mehr im Haus. Wenn wir am anderen Tag für die Näharbeit von Mutti nichts bekamen, sah es nicht gut aus. Alles war am Neujahrsmorgen weiß verschneit. Zum Frühstück konnten wir schon eine Rübensuppe kochen. Klaus hatte eine Rübe bekommen, und so gab es heute zum Jahresbeginn schon Frühstück. Die Bäuche taten auch schon weh vor Hunger, aber wo nichts ist, konnte man nichts nehmen. Einige Russinnen hatten sich die unmöglichsten Sachen aus Servietten und rotem Inlett nähen lassen, wie zum Beispiel Büstenhalter nach eigenen Maßen und Mustern. Es lag alles fertig zum Abholen, und wir hofften, daß wir etwas dafür bekämen. An diesem Tag war alles so ganz anders. Es war, als ob der Tag lachte und die Sonne schien, daß es im Schnee bis in die Fenster glitzerte. Da mußte man doch fröhlich werden, wenigstens taten wir Kinder das.

Gleich am Nachmittag kam die eine der Russenpaninkas und holte ihre Sachen ab. Sie brachte uns etwas Brot und einen halben Liter Magermilch. Das konnten wir gar nicht glauben. Wir wußten gar nicht mehr, wie Milch schmeckte, und versuchten immer wieder, daran zu riechen, ob wir es dann merken würden. Von einer anderen Frau bekamen wir etwas Mehl und Kartoffeln. Sie hatten ja auch nicht viel, diese Russinnen, aber heute hatten sie ihre Produkte bekommen, und die fielen doch anders aus als die, die die Deutschen bekamen. Das war wieder ein echter Glückstag für uns, wenn auch alles nur für ein bis zwei Tage reichte. Es gab aber wieder Hoffnung für viele Tage. Wieder von einer anderen hatten wir noch ein bißchen Sauerkohl bekommen, und da sagte Mutti am Abend zu uns:

»Seht ihr, nun haben wir von allem etwas, was sollen wir uns sorgen? Die Angst war doch wieder umsonst. Der Herrgott hilft uns doch immer wieder!«

Und wir mußten ihr Recht geben, es war wie immer, wenn die Not am größten war.

Ein paar Tage später kam ein Oberleutnant aus Friedland und wollte, daß Mutti dort im Haus bei ihm für seine Familie nähte. Mutti wollte das aber nicht. Wir Kinder wären dann mit Tante alleine zu Hause gewesen, und das beängstigte sie zu sehr. Außerdem wußte sie ja nicht, wovon wir dann in der Zeit essen sollten. Dem Oberst war das nicht recht, aber Mutti meinte, sie würde ihm gerne alles nähen, wenn er die Sachen zu ihr brächte. Er zog aber unzufrieden ab. Doch einige Tage später kam er dann wieder und bestellte sich einen Pelz, ganz nach Vorschrift. Scheinbar wollte er prüfen, ob Mutti den auch so genau nähen konnte.

Um diese Zeit ging Mutti auch schon ab und zu mit einem oder zwei von uns Kindern nach Friedland zum schwarzen Markt. Es war sehr wenig, was man dort bekam. Für ein Kleid zum Beispiel gab es zwanzig bis dreißig oder allerhöchstens vierzig Rubel. Umgerechnet gab es für zehn Rubel eine Scheibe Brot. Wir nahmen deshalb auch kein Brot, obwohl es uns so verlockend in die Nase stieg, sondern hielten uns dann an Kartoffeln und Kohl, wovon man doch ein bißchen mehr bekam. Alle anderen waren nun schon auf dem Markt mitgewesen, nur ich nicht, die ich doch sonst immer mit Mutti unterwegs gewesen war. Ich bat sie daher, mich das nächste Mal mitzunehmen. Aber wie das so geht, sie kam jetzt nicht von zu Hause weg.

Da kam der Oberleutnant von Friedland wieder und bat Mutti, wenigstens für eine Woche zu seiner Frau ins Haus zu kommen. Er könne das Nähzeug so schlecht bringen, und seine Frau könne auch nicht kommen. Da entschloß Mutti sich, es zu versuchen. Wenn es ihr nicht zusagte, wollte sie am nächsten Tag gar nicht mehr hingehen. Da ging sie also morgens hin und kam abends wieder heim. Sie bekam dort ganz gut zu essen, aber sie hatte ja nichts für uns. Das mußte sie abändern, nur wie?

Mutti hatte nun zu Hause schon mehrere Pelze genäht, und da fielen von dem Fell immer kleine Reste ab, die nicht mehr zu gebrauchen waren, die sammelte ich. Mal waren es welche mit ganz kurzen, krausen Haaren, mal waren sie länger und wie gewellt. Dann gab es helle, braune, dunkle und sogar schwarze. Ich hatte schon ein ganzes Teil solcher Reste und wußte jetzt beim Sammeln noch gar nicht, wie gut ich die einmal brauchen würde, um gut Geld zu verdienen und uns allen beim Essensorgen zu helfen. So hatte ich schon ein gutes Teil beisammen, als ich auf die Idee kam, mir ein Püppchen zu nähen und den Pelz als Haare zu verwenden. Ich hatte mir früher schon mal eines genäht, aber da war ich ja noch »kleiner«,jetzt mit elf Jahren war das schon etwas anderes, und ich erhoffte mir mehr Glück. So setzte ich mich eines Tages hin und begann mit meinem Glück. Es sollte ein ganz kleines Püppchen werden, weil ich gerade so kurzes, krauses Fell hatte, und das sah für eine kleine Puppe besser als Haare aus. Und dann nähte ich. Zuerst hatte Mutti es gar nicht beachtet, als es dann aber Formen annahm, mußte sie zugeben, daß es gar nicht so schlecht war. Das ganze Ding wurde etwa zehn Zentimeter hoch und sah ganz allerliebst aus. Besonders gut wirkten die Fell-Haare auf dem Köpfchen. Dann bekam es noch ein Kleidchen an, und es war zufriedenstellend geworden. Das Gesicht hatte ich mit Farbresten aufgestickt, und nun hatte ich endlich wieder ein Spielzeug. Es gefiel mir so gut, daß ich gleich fünf in derselben Größe zuschnitt. Dafür gebrauchte ich ja nur kleine Läppchen, und solche fielen überall ab. Auch diese fünf wurden fertig, sahen aber alle ganz verschieden aus. Die Haare wurden durch die verschiedenen Felle schon ganz anders. Von den längeren Fellsorten konnte ich bei den kleinen Dingern winzige Zöpfchen flechten, während die anderen hell- oder dunkelkrause Haare hatten, mal länger, mal ganz kurz. Dann bekamen auch alle verschiedene Kleidchen, die ich aber gleich festnähte, und natürlich verschiedene Gesichter. Das war natürlich gar nicht möglich, eines wie das andere zu sticken, und es war ja auch lustiger, wenn sie alle anders dreinschauten. Obwohl die Püppchen nun so klein waren, machten sie mir doch eine schwere Arbeit, bis sie fertig waren. In der anderen Woche wollte ich ein bißchen Abwechslung hineinbringen und schnitt mir drei größere Muster zu. Die eine sollte etwa vierzig und die beiden anderen je fünfundzwanzig Zentimeter groß werden. Dafür mußte ich nun schon größere Lappen nehmen, aber Lappenzeug gab es doch noch, wenn es auch alles nicht neu war. So große Puppen wollte ich dann aber doch nicht mehr machen, dazu fehlten mir auch die Haare, denn so große Stücke fielen nicht ab. Aber weshalb nun gleich so viele Puppen?

Wir hatten den Einfall, sie auf dem schwarzen Markt zu verkaufen. Die Russen waren immer ganz wild auf Spielzeug, und gerade das gab es ja so gut wie nirgends mehr. Ob wir Glück hatten und sie loswerden würden? Mutti hatte von Volkmar noch ein kleines Nachttöpfchen aus Glas. Das wollte sie der Frau Oberleutnant in Friedland bringen, weil sie gesehen hatte, daß die so etwas nicht besaßen und es für die Kinder angebracht war. Außerdem waren die Russen im allgemeinen alle sehr scharf auf alles, was aus Glas war. So packten wir unsere Habseligkeiten, die wir zu verrubeln gedachten, ein und machten uns eines Morgens auf den Weg nach Friedland. Wir gingen da immer die Bahnstrecke lang. Züge fuhren ja nicht, und die Strecke war etwas kürzer. Es ließ sich nur nicht so gut gehen, weil die Holzschwellen der Bahn für einen normalen Schritt zu kurz lagen. Man mußte sich immer erst an diesen »Bahn-Schritt« gewöhnen, dann ging es nachher. Dieses Mal durfte ich mit. Es war ja wohl auch recht, denn schließlich wollte ich ja »meine« Puppen verrubeln. Ich war aber doch bange. Würde sie überhaupt einer nehmen? Oder würden sie mich nur auslachen? So ging ich mit gemischten Gefühlen neben Mutti her.

Zuerst gingen wir dann in Friedland zu der Oberleutnantsfrau. Sie war begeistert von dem Töpfchen, und als sie die Puppen sah, noch mehr. Sie lachte, als ob sie selber ein Kind war oder damit spielen wollte. Dann fragte sie nach dem Preis. Wir hatten schon zu Hause in etwa überschlagen, was man nehmen könnte, und da bekamen wir für jede der beiden mittelgroßen Puppen fünfzehn Rubel von ihr. Sie hatte beide von der gleichen Größe für ihre Kinder genommen. Ich war glücklich, dreißig Rubel für die zwei Puppen, die man sonst für ein Kleid bekam. Freudig gingen wir wieder los, um auf den Markt zu kommen. Die Arbeit an den Puppen war zwar nicht bezahlt, aber wer zählte die überhaupt?

Dann kamen wir auf den Markt. Das war ein Gewühle, man mußte gut aufpassen, daß man nicht auseinanderkam und daß man im Gewühl nicht unterging. Dazwischen war ein Gerufe, weil jeder seine Ware anpries, und dann das Verhandeln um jedes Stück. Es war kein Vergnügen, wie ich es mir eigentlich gedacht hatte. Wir konnten unsere Sachen, die wir mitgenommen hatten, fast alle verrubeln und auch ziemlich schnell. Die Puppen waren auch alle weg. Für die große hatten wir zwanzig, für die kleinen fünf bis sechs Rubel bekommen. Als ich nur noch eins der kleinen Dinger hatte, wollte eine der Russenfrauen noch zwei und war ganz traurig, weil sie doch zwei Kinder hatte. Da fragte sie, ob ich am nächsten Sonntag wieder kommen und für sie zwei mitbringen könnte, sie wollte dann kommen und mir beide abkaufen. Das war neue Hoffnung. So bekam ich schon Bestellungen, und zuerst hatte ich gedacht, sie überhaupt nicht loszuwerden. Für die Rubel kauften wir dann hauptsächlich Kartoffeln. Das Brot und Fleisch war viel zu teuer, und bei dem Fleisch erzählten sie sich immer wieder, daß Menschenfleisch dazwischen wäre, und obwohl wir nicht recht an so etwas glaubten, kam es einem unwillkürlich wie ein Kloß in den Hals, und man hätte schon nichts mehr genommen, selbst wenn es erträglich im Preis gewesen wäre.

Am nächsten Sonntag ging ich mit Mutti dann noch einmal auf den Markt. Ich war die Woche über fleißig beim Nähen gewesen und hatte mehrere der kleinen Püppchen fertigbekommen. Die kleinen waren gefragter als die großen, und da hatte ich nur noch die eine Sorte gemacht. Wir wurden sie auch alle los, obwohl die eine Russenfrau nicht gekommen war, die ja unbedingt zwei haben wollte. Unter anderen Sachen, die wir an diesem Tage noch verrubeln wollten, war auch meine Bernsteinkette, die ich mal von Mutti zum Geburtstag bekommen hatte. Es fiel immer schwer, ein liebes Stück abzugeben, aber jeder war froh, mithelfen zu können, und was nützte uns eine schöne Kette, wenn wir hungern mußten. Aber dann war die Kette weg, irgendwer hatte sie uns beim Anschauen gestohlen, ohne daß wir etwas davon gemerkt hatten. Wir waren ganz unglücklich, und ich sagte:

»Hätten wir sie lieber zu Hause gelassen, dann hätten wir sie noch!«

Mutti meinte dann tröstend, daß sie wahrscheinlich doch einmal weggekommen wäre, ob verkauft oder jetzt so, ich sollte ihr nicht soviel nachtrauern, es wäre schon viel Wichtigeres weggekommen. Ja, sie hatte recht, aber das wollte ich nicht verstehen. Als Kind ist es, als ob einem jemand etwas Liebes ohne Grund wegnimmt, der Verstand spielt da ja keine Rolle, und Verständnis war deshalb im Moment auch nicht von mir zu erwarten.

Ein roter Rock, den Mutti sich schon in der Russenzeit genäht hatte, brachte uns dann ein gutes Teil Rubel ein, und der Schmerz lockerte sich wenigstens etwas. Ich gab aber nicht auf, immer nach der Kette zu suchen, und sah jeden ziemlich genau an, dabei kam es mir nicht in den Sinn, daß der, der sie ja haben mußte, sie auf jeden Fall versteckt hielt. Wir kauften nun für das Geld sofort Kartoffeln und Kohl und wollten gleich nach Hause, denn es wurde Zeit. Da kam plötzlich die Paninka schreiend an, die den Rock gekauft hatte, und sagte, sie hätte uns zuviel dafür bezahlt, sie wollte ihn nicht so teuer kaufen. Wir wußten gar nicht, was wir sagen sollten, denn es war ja ihr Geld gewesen, und sie selber hatte den Preis doch mit uns ausgehandelt. Wahrscheinlich hatte sie den Rock in ihrer Begeisterung Bekannten gezeigt, die ihr dann wieder gesagt hatten, daß das zuviel sei, und deshalb mußte sie jetzt wohl gekommen sein. Wir hatten nun das Geld doch schon ausgegeben und nichts mehr da. Andererseits hatten wir Angst, sie könnten uns alle unsere gekauften Sachen wegnehmen, denn wir hatten ja kein Recht und mußten tun, was sie wollte. Da versuchten wir noch etwas von unseren Sachen, die wir noch nicht verkauft hatten, etwas billiger loszuwerden und ihr etwas zurückzuzahlen. Der Rock war das schon wert gewesen, aber wo hätten wir um Recht fragen sollen?

Als sich die Frau dann schimpfend zu einer anderen Russin umdrehte, nahmen wir schnellstens unsere Sachen und verschwanden, so schnell und so unauffällig wir nur konnten.

Vorläufig hatten wir genug vom schwarzen Markt. Aber wir hatten ja auch kaum noch etwas hinzubringen. Die Eßsachen der Russen wurden immer teurer und die Sachen der Deutschen immer billiger. Es lohnte sich gar nicht mehr, den weiten Weg zu machen. Je länger der Winter dauerte, je schlechter wurde es mit Nahrungssuche.

Als Mutti damals in Friedland zum Nähen gewesen war, erzählte sie uns, daß da Kinder auf den gefrorenen Feldern nach verfaulten Kartoffeln gesucht hätten und sich darüber immer riesig gefreut hätten, wenn sie eine fanden. Wir konnten nicht begreifen, daß man verfaulte Kartoffeln essen konnte, und bedauerten solche armen Waisenkinder, die daran bestimmt bald starben. Das war aber nur unsere Meinung mit dem Sterben, weil wir immer gewohnt waren, keine verdorbenen Sachen zu essen. Es kam immer häufiger vor, daß verlotterte Kinder herumliefen und sich von überall Abfälle aufsammelten und aßen. Auch betteln kamen manche. Was sollte man ihnen geben, wo man selber nichts hatte? Mutti gab ihnen dann etwas von unserem Essen, aber zum Mitgeben hatten wir auch nichts.

Eines Tages kam ein Junge zu uns und hatte eine Rübe, sicher hatte er sie irgendwo geschenkt bekommen oder sich erbettelt. Er fragte, ob er sie sich bei uns abkochen oder im Feuer braten dürfte. Das war ja nur selbstverständlich, und er freute sich, daß er noch ein bißchen am warmen Ofen sitzen konnte, weil draußen der Frost klirrte. Aber er wollte wieder weiter.

Dann hörten wir eines Tages, daß am Anfang des Dorfes ein kleiner Junge im Straßenrand liegen würde und vor Erschöpfung nicht mehr weiter könnte, aber er würde noch leben. Ich fing an zu betteln, Mutti möchte den armen Jungen doch holen und mit uns zusammenlassen. Ich dachte freilich nicht daran, daß Mutti ihn dann ja mit ernähren müßte, und sie hatte gerade schon genug, aber mich quälte der Gedanke so, daß ich meinte, ich läge selber so hilflos da im eisigen Graben. Dazu sollte er noch in meinem Alter sein, es tat mir so weh. Mutti sagte zuerst, wenn sie alle Kinder holte, könnte sie gleich aufgeben, es wären einfach zuviel. Aber ich ließ nicht locker, immer wieder begann ich und bettelte. Dann sagte sie: »Gut, komm, wir sehen uns das mal an, und dann soll er meinetwegen zu uns kommen, das werden wir dann auch noch schaffen.« Ich weiß nicht, ob ich je so im Inneren gejubelt habe wie nach dieser Antwort, und schnell gingen wir los. Aber wie es sein sollte, der Junge war nicht mehr da. Ich begann zu weinen. Jetzt würde er sicher irgendwo anders sterben, und wir hatten ihm nicht geholfen. Wären wir sofort gegangen, hätten wir ihn noch gefunden. Ich brauchte Tage, bis ich über diese Enttäuschung hinwegkam. Weshalb, war mir gar nicht bewußt, es sollte aber wohl so sein.

Mit dem Essen war es aber auch von Tag zu Tag unmöglicher, und immer mehr Menschen starben. Der Januar und auch der Februar vergingen so.

Ganz plötzlich mußte im Winter die Georgenauer Siedlung geräumt werden, in der die meisten Deutschen wohnten. Sie mußten noch alle bei uns untergebracht werden. Wie eng das wurde, ging niemand etwas an. Wir bekamen auch noch Einquartierung. In den Oberstuben unseres Hauses wohnten schon seit längerer Zeit Leute. Direkt über uns wohnte Herr Bania, der frühere Lehrer von Groß-Klitten, der uns bekannt war. Die kleine Stube, in der wir unsere Lager zum Schlafen aufgestellt hatten, mußten wir auch noch abgeben. Da kam eine Frau Penk mit ihrer Tochter, einer Frau Buchholz, hinein. Frau Penk war Dolmetscherin bei den Russen, ihre Tochter mußte auch wie die anderen Frauen arbeiten. Es waren aber nette Leute, und sie konnten ja nichts dafür, daß wir noch enger wohnen mußten. Unsere Pritschen zum Schlafen stellten wir nun noch ins Wohnzimmer, da war das wenigstens voll. Wir konnten uns kaum noch bewegen, wofür auch, die meisten lagen sowieso schon vor Erschöpfung, bis sie starben. Man nahm das gar nicht mehr so tragisch, wenn mal wieder jemand tot war. Die Tür vom Wohnzimmer zu dem kleinen Zimmer stellten wir mit den Pritschen zu, und die beiden Frauen konnten nun durch die andere Tür direkt in den Flur und brauchten nicht erst bei uns durch, das war doch ganz gut, so blieb jeder für sich.

## Wir essen verfaulte Kartoffeln

Jetzt im frühen Frühjahr kamen eines Sonntags wieder einmal Grete und Eckhard zu uns. Ganz so streng mußte es bei denen noch nicht sein, denn sie hatten den Sonntag zu uns kommen können, wo bei uns alle arbeiten mußten. Sie sprachen über dies und das und natürlich hauptsächlich über die Not und das wenige Essen. Als sie am Nachmittag dann wieder losgehen wollte, sagte Eckhard, als er beim Vorbeigehen in das Kellerloch hineinsah:

»Ihr habt euch wirklich nicht zu beklagen, ihr meint, ihr habt nichts zu essen, und da liegt der ganze Keller voll Kartoffeln!«

Freilich, Kartoffeln lagen darin genug, aber was für welche. Die ehemaligen Bewohner hatten sie sicher eingekellert, und das war jetzt rund zweieinhalb Jahre her. Sie hatten den Keller, wie die ganze Wohnung, verlassen müssen und so auch die Kartoffeln. Fenster und Türen waren dann offen, und da konnten Wind und Wetter ihr Spiel treiben. So war in der Zeit das Dreckwasser bis über die Kartoffeln gestiegen, und sie schwammen nun ganz verfault darin herum. Wenn man nur in die Nähe des Kellers kam, stank es einem schon schlimm entgegen. Und da wollte Eckhard von Reichtum an Essen sprechen. Aber auf unser Lachen bekamen wir von Eckhard zu hören, daß sie bei sich schon seit langer Zeit diese so verfaulten Kartoffeln essen würden und es bei ihnen deshalb auch schon keine mehr gäbe. Wir waren sprachlos und wollten das nicht glauben; das konnte doch gar nicht sein. Dann sagte er, wenn wir die nicht haben wollten, dann würde er sich die schon holen kommen. Er kroch dann auch hinein und holte ein paar heraus, die er mitnahm. Ja, und dann mußten wir die ja auch mal untersuchen. Etwas mußte nun ja daran sein. Zuerst krochen wir durch die Kellerluken in den Keller, wobei wir uns an Brettern und Latten festhalten mußten, um nicht selber in das Wasser zu fallen, das wie Jauche stank. Dann fischten wir einen Eimer voll von diesen Kartoffeln heraus. Sie sahen wie frische aus, nur waren sie beim Anfassen ganz weich. Wenn wir die Schale, die ganz in Ordnung war, aufmachten, floß erst eine Flüssigkeit heraus, die die halbe Schale gefüllt hatte. Die andere Hälfte bestand aus einer gelblichen Masse und fühlte sich zwischen den Fingern wie Kartoffelmehl an. So war es denn auch. Die Kartoffeln hatten sich in den Schalen selber geteilt, das Wasser und das Stärkemehl etwa zu gleichen Teilen. Obwohl es furchtbar stank, wollten wir es probieren. Wir rissen die Schalen vorsichtig über einem Eimer auseinander, damit das Wasser hinausfließen konnte, und kippten dann das »Dicke« in eine Schüssel. Damit dieses Dicke, was auch noch weich, aber manchmal klumpig oder faserig war, glatt wurde, ließen wir es auch durch die Fleischmaschine laufen. Dann kam, wie an alles, Salz und noch ein bißchen klares Wasser zum Glattrühren dazu. Dann wurde diese Masse in die Pfanne zum Trocknen gegeben, immer nur kleine Kleckse, damit sie nicht gleich zerbrachen und nicht hängen blieben, weil wir ja kein Fett hatten. Zuerst schmeckten uns die Dinger etwas modrig, aber wir gewöhnten uns schnell an den Geschmack und waren über unsere neue Nahrung überglücklich. Sie war sogar sättigend. Wahrscheinlich wegen des Stärkemehls, was darin noch war. Es war ein Glück, daß wir wußten, daß diese verfaulten Kartoffeln genießbar waren, und mehr als einmal sagten wir, der liebe Gott hat die extra für uns so verfaulen lassen, damit wir wieder etwas zu essen haben. Jetzt holten auch noch Nachbarn aus unserem Keller von diesen Kartoffeln. Hunger hatten sie genauso wie wir, und uns gehörten sie genauso wie den Nachbarn. Aber dadurch nahmen sie so schnell ab, und in den anderen Kellern waren fast nirgends welche zu finden. Wir gingen nun, so oft wir konnten, in verlassene Häuser und suchten, ob in den Kellern noch irgendwo solche Kartoffeln waren. Es war aber selten, daß wir etwas fanden, und dann meistens nur sehr wenige. Am Ende des Dorfes, nicht weit von unserem Haus entfernt, war die Ruine eines Wohnhauses. Alles war da zerfallen und mit Sand und Sträuchern bedeckt, wie das jetzt ungefähr bei allen Ruinen so war.

Wir waren nun eines Tages am späten Nachmittag dahin gegangen und wollten den Schutt zur Seite schaffen, um in den Keller zu gelangen, um dort nach Kartoffeln zu suchen. Es war schwer und mühsam, aber es war nichts zu finden, der Keller war mit eingestürzt und alles war verschüttet. Mit uns waren auch von den Schulze-Kindern einige da. Mutti war nicht mit, sie mußte nähen und wußte, daß wir ja in der Nähe waren. Es dunkelte schon, als wir merkten, daß hier nichts zu holen war und den Rückweg antreten wollten. Da bewegte sich etwas in der Dunkelheit des Gemäuers. Wir waren sowieso immer aufmerksam, wenn sich etwas bewegte, weil es vielleicht ein Tier für uns zum Essen sein könnte. Aber diesmal war es nur ein Igel. Was sollte man mit dem schon machen? Da sagte eines der Schulze-Kinder, sie hätten auch schon mal einen gehabt, den könnte man doch essen. Wir waren uns zwar nicht ganz sicher, aber zuerst nahmen wir ihn einmal mit. Wir wollten Mutti fragen, sie wußte das sicher am besten. Zuerst erzählten wir ihr von dem Pech, daß es da keine Hoffnung auf Kartoffeln gäbe, und dann zeigten wir ihr den Igel und fragten, ob das wohl möglich sei, den zu essen. Mutti war auch der Meinung, wenn sie auch nicht wußte, wie man das tun sollte. Warum sollte man das Fleisch von einem Igel nicht essen können, wenn viele sogar Frösche und anderes Getier aßen? Wir versuchten aber vergeblich eine Lösung zu finden, wie wir den Igel erst einmal töten konnten. Sonst nützte es uns ja nichts, und er rollte sich nicht auf. Da machte Klaus auf dem Hof ein kleines Feuer, um die Stacheln anzusengen, er wurde von dem Rauch dann nur betäubt und konnte dann leicht wie andere Haustiere geschlachtet werden. Als er tot war, hätten wir fast geweint, aber er gab für unsere ganze Familie wieder Essen für einen Tag. Viel war an ihm nicht dran, nachdem wir ihm das Fell abgezogen hatten, aber schon die Brühe war wieder etwas anderes. Wir hatten den Eindruck, als wenn das Fleisch wie Hühnerfleisch schmeckte, aber vielleicht kam das auch nur daher, daß wir gar nicht mehr richtig wußten, wie das schmeckte. In späterer Zeit haben wir nie mehr einen Igel gesehen, sie waren wie alle Tiere ausgestorben.

Da wir jetzt gar nichts mehr zu essen hatten und bekamen, war unsere ganze Hoffnung auf die verfaulten Kartoffeln gerichtet. Wo gab es nur noch welche? Kinderprodukte war das einzige, was es noch gab, und die gab es dann etwa alle vier Monate einmal. Es war so wenig, daß man vielleicht einen Tag anständig kochen konnte. Aber die Russen hatten selber kaum mehr. Wie sollten die etwas für uns Deutsche geben, wo sie für sich gerade das Nötigste aufbringen konnten.

Jetzt, wo unser Keller leer war, wollte Mutti eines Tages noch einmal auf Fahrt gehen, und zwar wegen solcher Kartoffeln. Alles andere war ja längst nicht mehr zu finden.

Früh am Morgen, die anderen schliefen noch, standen Mutti und ich auf und machten uns auf den Weg. Ob er sich lohnen würde? Es war schon nicht mehr an Glück zu glauben, aber die Hoffnung blieb uns. Wir hatten schon so manchen Kilometer zurückgelegt und waren durch mehrere Orte gekommen, aber von Essen oder diesen Kartoffeln war nirgends etwas zu sehen und zu finden. Es war trostlos. In manchen Kellern konnten wir auch sehen, daß schon andere vor uns gefischt hatten und für uns nur noch ein paar leere Schalen schwammen. So zogen wir immer weiter, in der Hoffnung, doch noch irgendwo etwas zu finden. Jetzt waren wir mittlerweile in einem Wald gelandet, der im Bogen dann den Weg wieder zurück nach Hause führte. Da sahen wir wieder ein Dach. Es waren schon so viele Häuser, die wir vergeblich untersucht hatten, daß ich schon keine Lust mehr hatte. Dieses mußte wohl das Forsthaus gewesen sein, es stand ganz alleine im Wald. Hier wollten wir unser Glück nun noch versuchen, bevor wir dann nach Hause mußten. Den Wagen ließen wir an der Türe stehen und gingen dann in das ruinierte Wohnzimmer, das nicht anders aussah als alle andern unbewohnten Wohnungen. Schon in einem der ersten Räume entdeckten wir die Kellerluke im Fußboden, und er war wie die meisten Keller bis zum Rande mit stinkendem Wasser gefüllt. Oben drauf schwammen auch ein paar Schalen von verfaulten Kartoffeln, aber das gab noch keine Hoffnung. Das hatten wir nun schon so oft gesehen und doch nichts gefunden, daß wir nur noch der Gewohnheit wegen suchten. Mutti nahm eine Harke voll von den so sehnlichst gesuchten Kartoffeln.

Uns blieb im ersten Moment die Sprache weg, und als Mutti dann sagte, daß der Keller noch ein gutes Teil davon verbarg, was sie ja gefühlt hatte, war unser Jubel groß. Wir hätten am liebsten vor Freude gesungen, aber wir mußten still sein. Wir konnten ja nicht wissen, ob hier im Wald noch Russen oder auch Deutsche waren und wenn, was sie getan hätten, wenn sie uns hier alleine gesehen hätten. Mutti sagte dann eines ihrer vielen Sprichwörter her:

»Siehst du, Morgenstund hat Gold im Mund!«

Gut, daß wir heute so früh aufgestanden und losgezogen waren, dennoch war es nicht spät, es mußte gerade Mittagszeit sein. Jetzt fingen wir an zu fischen. Alles, was wir da herausholen konnten, holten wir. Im Garten lagen noch ein paar alte Eimer und Wannen und sogar eine alte Holztruhe, alles wurde mit Kartoffeln dieser Art gefüllt. Natürlich konnten wir die nicht alle auf einmal mit nach Hause nehmen, aber das war nicht das Schlimmste, der gerade Weg bis hier war nicht so weit, und das Holen war das einfachere, das Suchen und Finden war immer das schwerste. Als wir nun alles, was wir konnten, herausgefischt hatten, versteckten wir erst einmal die Truhe und die Wanne, die wir nicht mitschafften, damit uns kein anderer die Fracht vor der Nase wegschnappen konnte. Dann zogen wir fröhlich mit unserem bepackten Wagen heimwärts. Das war gar nicht so leicht. Die nassen Kartoffeln, die zur Hälfte noch mit Wasser gefüllt waren – und dann war da ja noch ein weicher Waldweg zu überwinden. Aber der innere Jubel um diese stinkenden, verfaulten Kartoffeln war so groß, daß wir schneller vorwärtskamen als zu anderen Zeiten. War doch jetzt die Sorge wieder für einige Tage von Mutti weg, und ich war deshalb so glücklich, weil ich wieder die Aussicht hatte, ein paar Tage satt zu werden.

Zu Hause wurden wir wie erwartet jubelnd empfangen, und dann wurde die Last ins Haus geschleppt, wo gleich darauf mit dem Zubereiten von Mittagessen angefangen wurde. Wir backten heute wieder Platze davon. Die letzten Tage hatten wir nur noch Suppe von den Resten gekocht. Bei der Suppe spürte man den modrigen Geschmack noch lange hinterher, während man das beim Trocknen in der Pfanne nicht so merkte. Am Nachmittag zogen wir dann gleich los, um die anderen Gefäße noch zu holen, es war uns zu kostbar, sie auch nur eine Nacht dazulassen und dann am nächsten Tag vielleicht nichts mehr zu finden.

Das Brennholz wurde auch schon wieder knapp. Die Zaunpfähle waren schon in weitem Umkreis alle abgesägt und höchstens noch ein paar vereinzelte zu finden, die dann aber so gefault waren, daß sie nicht mehr brannten, und deshalb nicht lohnten.

Jetzt begannen wir, das waren alle Deutschen, mit dem Absägen der Bäume im nahen Wald. Dahin durften wir Kinder aber nicht alleine gehen. Erstens war es sowieso gefährlich, und dann schafften wir die Bäume noch nicht alleine. So mußte Mutti da auch immer mit und immer riskieren, daß sie von den Russen angemeckert wurde, daß sie nicht beim Nähen war. Wir hofften nur immer, daß gerade in der Zeit dann niemand käme.

Nun waren die Kartoffeln aus dem Forsthaus auch wieder alle, und Molke gab es seit längerer Zeit keine mehr, weil die Molkerei ganz geschlossen hatte. Da fing die Not wieder von vorne an.

Eines Morgens in aller Frühe begaben Mutti und ich uns wieder auf die Suche. Diesmal nahmen wir außer dem Wagen noch Forke und Korb mit, und ich mußte Mutti erst fragen, was sie diesmal vorhätte. Mutti wollte auf den Feldern nach Kartoffeln suchen. Sie hoffte, daß die Posten jetzt nicht mehr da waren, und sagte, daß die Kartoffeln in der Erde sicher auch zu essen seien, wenn sie verfault wären, genau wie die aus dem Wasser. Die Neugier war mit der Hoffnung zusammen bei uns, und so zogen wir los. Dann kamen wir an eines der ehemaligen Kartoffelfelder und mußten feststellen, daß wir durchaus nicht die ersten der Suchenden waren. Überall waren Menschen auf dem Feld, die eben nach diesen Kartoffeln gruben. Wir überlegten nicht lange und fingen auch zu graben an. Es war schwer, hier welche zu finden. Oft grub Mutti ein ganzes Stück lang und fand keine einzige, dann waren wieder ein paar auf einem Haufen, aber nie viele. Es waren ja nur die vergessenen oder, besser gesagt, die mit Absicht verlorenen, die hier in der Erde waren. Diese Kartoffeln hier auf dem Feld sahen nun aber wieder ganz anders als die aus dem Wasser aus. Das war ja auch leicht zu erklären, diese waren in der Erde, die anderen im Wasser gefault. Sie schmeckten auch ganz anders und mußten anders zubereitet werden. Wenn wir sie aus der Erde nahmen, sahen sie wie frische aus, sie waren nur weich wie Pudding, aber nicht mit Wasser gefüllt. Deshalb mußten wir sie vorsichtig von der Erde abnehmen, die meistenteils noch gefroren war, damit sie nicht kaputtgingen. Wenn erst Schmutz an dem Inneren war, ging der auch nicht wieder ab, weil sich beim Waschen die ganze Füllung aufgelöst hätte. So weich wie Pudding waren sie, und so braun wie von Schokoladenpudding sahen sie aus. Leider schmeckten sie nicht so. Sie schmeckten uns aber fast noch besser als die gelben aus dem Wasser. Weil der Inhalt dieser Kartoffelschalen breiig war, konnten wir ihn nicht so wie bei den gelben verdünnen. Er wurde nur durch die Fleischmaschine gedreht, gesalzen und dann kleiner, aber dicker, in der Pfanne getrocknet.

Am Anfang war Mutti immer zum Suchen mitgegangen, dann konnte sie aber nicht mehr so oft, und wir Kinder mußten alleine losziehen, um diese einzige Nahrung zu suchen. Es war sehr mühselig und dazu kalt und so viele Menschen, die danach gruben. Dann entdeckten wir eines Tages auch Zivilrussen beim Graben. Das waren Angehörige der Soldaten, die nachgekommen waren, oder russische Arbeiterinnen, die zum Arbeiten von Rußland geholt worden waren. Die Offiziersfrauen hatten das nicht nötig, aber den andern ging es nicht besser als uns, und jetzt gruben sie sogar mit uns diese Kartoffeln aus. So wurde Feld um Feld abgesucht, und wenn man einmal wenig fand, hoffte man das nächste Mal auf mehr. Wir mußten mit dem Gefundenen zufrieden sein, ob es wenig oder viel war. Da durften wir eines Tages nicht mehr auf die Felder und auch nicht mehr nach unserer einzigen Nahrung suchen. Wir waren verzweifelt. Wovon sollten wir denn jetzt leben? Wir hatten schon aufgehört, uns über etwas zu wundern, und doch taten wir so, weil nicht noch mehr Menschen sterben sollten.

Als es nun eines Tages wieder mit allem am Ende war, nahm Mutti wieder ihre Forke und die Körbe, und dann gingen wir los. Mutti wollte weiter entfernt ein Feld suchen und hoffte, daß da keine Posten wären. Wir kamen auch an ein ehemaliges Kartoffelfeld, aber am anderen Ende waren Kartoffelmieten, und da lagerten eine Menge russischer Soldaten, die dabei waren, die Mieten zu leeren. Was sollten wir tun? Von den guten Kartoffeln wollten wir ja keine nehmen, aber verstanden sie das, wenn wir mit dem Graben beginnen würden? Wir versuchten es einfach. Aber es war nirgends etwas zu finden. Dann ging Mutti langsam in die Richtung der Mieten. Allerdings von der Seite, wo uns die Soldaten nicht so schnell sehen konnten. Sie ahnte wohl, daß hier eher welche seien. Beim Einschütten in die Mieten waren im Herbst sicher welche verschüttet und in den losen Boden getreten worden. So war es denn auch. Je näher wir den Mieten kamen, desto dichter lagen unsere Kartoffeln im Boden und dazu noch schöne dicke, da hatten wir schnell beide Körbe bis zum Rand voll.

Daran hätten wir nie auch nur heimlich gedacht. Es war wieder ein rechter Reichtum für uns. Als wir dann jedoch aufbrechen wollten, hatten uns einige der Soldaten von den Mieten bemerkt und kamen auf uns zu. Uns fing das Herz an zu klopfen. Was würden sie tun? Uns unsere verfaulten Kartoffeln wegnehmen oder uns gar aufschreiben oder mitnehmen? Alles war möglich, und wir mußten abwarten. Mutti tat zuerst, als ob sie die Ankommenden gar nicht bemerke, und stocherte noch ein bißchen in der Erde herum. Dann waren sie da und ließen sich den Inhalt der Körbe zeigen. Sie hatten vermutet, daß wir richtige, gute Kartoffeln geholt hatten. Dann murrten sie nur unzufrieden und sagten uns, daß wir uns aber auf keinen Fall mehr auf diesem Feld sehen lassen sollten. Anscheinend wäre es ihnen lieber gewesen, wenn sie gute Kartoffeln bei uns gefunden und damit einen guten Fang gemacht hätten. So zogen wir doch noch glücklich und beladen nach Hause. Da wurden wir schon wieder sehnsüchtig erwartet. Die Kartoffeln allerdings noch mehr als wir. Was sollten wir aber nur machen, wenn jetzt alle Felder bewacht wurden und uns damit die letzte Nahrung genommen wurde, die ja sowieso schon arg wenig genug war. Irgendwie mußte es doch weitergehen.

Da hörten wir eines Tages, daß wieder ein Pferd gestorben war. Ob Unfall oder eine Krankheit konnten wir nicht erfahren, aber es konnte nichts Besonderes gewesen sein, sonst hätten sie das Pferd gleich dort verbrannt, wo es war. Nun warteten wir darauf, ob sie es wieder zu uns an den Waldrand auf den Pferdefriedhof brächten. Wir Kinder trieben uns schon die ganze Mittagszeit in dessen Nähe herum, um Mutti gleich Bescheid zu geben, wenn sie es bringen würden. Dann kamen endlich ein paar Männer und brachten es. Aber was sie dann taten, gefiel uns weniger. Sie begossen es mit irgend etwas, ob es nun Benzin oder etwas anderes war, und steckten es an. Wir

Kinder kamen bis an den Zaun und konnten nur durch den Maschendraht zusehen, wie die Flammen immer höher schlugen und dann das ganze Pferd einwickelten. So brannte das Pferd, was wir uns doch eigentlich hatten holen wollen. Nachdem wir so weit zugesehen hatten, wollten wir noch sehen, was sie tun würden. Es fing dann ganz abscheulich an zu stinken, daß wir uns die Nase zuhalten mußten. Es mußte doch noch etwas anderes gewesen sein, was sie darauf gegossen hatten. Das Feuer hatte nun in kurzer Zeit seine Arbeit getan und das Pferd zu einem unkenntlichen, schwarzen Klumpen zusammengeschmort. Da gingen wir traurig nach Hause und erzählten Mutti, was wir gesehen hatten. Mutti hörte sich alles genau an, sagte aber nichts darauf. Wir dachten, sie würde auch traurig daherreden wie wir, aber das war nicht der Fall. Nun dauerte es ja nicht mehr lange bis zum Dunkelwerden. Da nahm Mutti einen Sack und noch einen, ihr Messer und dann mich. So gingen wir ohne viel Worte in den dämmernden Abend. Es ging natürlich dem Wald zu. Aber was Mutti da noch wollte, konnte ich mir nicht vorstellen. Wir hatten ihr doch erzählt, daß das Pferd ganz verbrannt war. Mutti indes wußte genau, daß so ein Tier in solch einer kurzen Zeit nicht ganz verbrennen konnte, und so wollte sie versuchen, ob sie noch etwas davon ergattern konnte. Sie mußte ja auch überprüfen, womit es begossen worden war, damit uns keine Gefahr drohte. Aber das Begossene war ohnehin abgebrannt. Mit solchen Gedanken waren wir dann am Wald angekommen. Wir vergewisserten uns erst, ob uns niemand beobachtete, und gingen dann langsam auf den Pferdefriedhof zu. Bei jedem Geräusch schreckten wir hoch. Es konnte ja sein, daß doch noch Posten da waren, denn mittags hatten sie gesagt, daß einer als Posten dableiben müßte. Der eingezäunte Raum für die toten Pferde war gut erkennbar und noch so im Hellen, daß wir ihn gut übersehen konnten. Da war aber nichts von einem Pferd oder dergleichen zu bemerken. Sollte uns doch jemand zuvorgekommen sein? Das wäre doppeltes Pech. Aber Mutti gab immer noch nicht auf. Sie versuchte nun, in der Erde herumzustochern, um dort doch noch etwas zu finden. Sie vermutete nämlich, daß die Männer das Verkohlte vergraben hätten, und es war auch wirklich so. Sie hatten sicher geglaubt, daß sich jetzt niemand mehr darum kümmern würde, weil es ja erst verbrannt und nun auch noch unter der Erde war. Da hatten sie aber nicht mit Mutti gerechnet. Mutti entdeckte bei dem Stochern plötzlich etwas, was unbedingt von dem Pferd sein mußte. Dann half ich ihr, und wir legten das verbrannte Tier, so gut wir konnten, frei. Nach Tier sah es wirklich nicht mehr aus, aber es stank noch immer etwas nach dem begossenen Zeug und dem Brennen und war sogar noch etwas warm. Es war für uns sehr schwer, bis wir es soweit frei hatten und Mutti dann zu schneiden anfing. Der Brand war ziemlich tief, aber doch nicht so tief, daß alles verbrannt war. Das Schlimmste schnitt Mutti, so gut es eben ging, ab. Dann löste sie die Schinkenstücke, und was ihr sonst noch wert war, aus und steckte die Stücke in die Säcke. Ich mußte dabei immer die Umgebung beobachten, ob nicht doch noch jemand kam, und hatte ganz schlimme Angst. Den einen Sack schleppten wir dann vom Wald weg und ließen ihn oberhalb unseres Hauses am Waldweg in einem Gebüsch liegen, um uns den zweiten zu holen. Man konnte nicht wissen, ob uns einer den einen abnahm und sich dann den anderen auch noch holte, da ging Mutti wieder auf Nummer sicher. Wir hatten das erste dann zu Hause und holten die letzte Beute. Mit der kamen wir aber nicht weit. Auf halber Bergeshöhe kam uns die eine Russenpaninka des Nachbarhauses entgegen. Sie wohnte jetzt mit anderen in dem Haus, wo der russische Tierarzt gewohnt hatte. Sie nahm uns nun den Sack ab und schimpfte und zeterte, sie würde das am nächsten Tag dem

Oberleutnant bringen, weil der das streng verboten hätte. Wir ließen ihr den Sack mit dem Fleisch und waren froh, daß wir das meiste schon zu Hause hatten. Nun mußten wir zu Hause nur alles Fleisch gut verstecken, es konnte ja sein, daß die wirklich etwas sagte und dann im Hause nachgesucht würde. Aber Mutti sagte noch am gleichen Abend, daß die sicher genauso froh über das Fleisch sei wie wir.

So muß es dann auch gewesen sein, denn niemand ließ etwas von sich hören. Von dem Fleisch wurde die schwarze Kruste abgeschnitten und das andere gekocht. Es war durch das Brennen schon halb gar, da sparten wir sogar noch an Brennung. Von den Russen nebenan hörten wir auch nichts. Schulzens hatten sich am anderen Tag den Rest geholt, sogar die Därme hatten sie mitgenommen. Das war uns doch zu schlecht, aber jeder war froh über das, was er hatte und bekam. Jeder wartete nun sehnlichst auf den Sommer, wo man sich aus der Natur wieder Nesseln und anderes Grünes suchen konnte. Der ganze Winter war sehr hart, und wir lebten doch noch immer alle.

## Ich muß arbeiten gehen

Dann kam das Frühjahr schnell und schneller, und mit dem gesäten Getreide wuchs das Unkraut, und da kamen eines Tages die Russen und holten alle Frauen und jungen Mädchen zum Distel-Stechen auf die Felder. Mutti mußte diesmal auch mit. Als sie am Abend müde nach Hause kam, brachte sie eine ganze Schürze voll Disteln mit. Was wollte sie denn damit? Sie erzählte uns, daß die anderen Frauen sich auch welche mitgenommen hätten und die auch gegessen werden könnten. Wir probierten es dann gleich, und sie schmeckten wirklich. Sie waren etwas herber als die Nesseln, dafür wuchsen mehr davon, und der Korb war beim Sammeln schneller voll.

Da holten wir in den folgenden Tagen noch oft Disteln. Dann hielten wir uns aber doch wieder an die Brennesseln. Sie waren zwar mühseliger zu finden, aber dafür schmeckten sie uns doch besser und wurden auch besser vertragen. Immer mehr Kinder mußten jetzt mit zur Arbeit, weil sie von den Erwachsenen nicht mehr geschafft wurde. Am Anfang gingen sie noch freiwillig, meistens mit der Mutter, mit, um sich den Liter Suppe pro Tag zu verdienen. Dann kam der Tag, wo es sein mußte. Auch ich war nun unter den Arbeiterinnen. Ich war jetzt gerade elf Jahre alt und wußte noch nicht, wo sie mich einsetzen würden. Wie mochte die Arbeit bei den Russen sein? Wie mochte sie für Kinder sein? Ich hatte Angst vor dem Neuen und verbarg diese Angst vor Mutti, weil ich wußte, daß ich ein bißchen mithelfen konnte, den Hunger von allen zu mildern. Die Angst wurde stärker und stärker. In der Nacht davor konnte ich kaum schlafen, und am Morgen war ich schon wach, als Mutti mich wecken wollte. Im Dorf wurde morgens nämlich zur Arbeit geläutet. Das erste Mal läutete es zum Aufstehen, beim nächsten Mal mußte man in der Dorfmitte versammelt sein, und da wurde man dann an die verschiedenen Arbeitsstellen verteilt. Klaus war schon seit einiger Zeit bei der Arbeit. Wenn für den Zehnjährigen nicht eine besondere Arbeit da war, mußte er an einem alten Gemäuer Steine abklopfen. Er mußte den alten Putz davon klopfen, damit die Steine wieder zum Mauern zu verwenden waren. Er wußte schon, wie die Arbeitsverteilung war, und ich? So stand ich verängstigt und, wie mir vorkam, ganz alleine auf der Kreuzung, wo allmorgendlich der Appell stattfand. Es kamen laufend Menschen dazu, kleine und große. Männer waren kaum welche dabei, die gab es unter den Deutschen gar nicht mehr. Dann kamen die Russen und suchten sich die

Arbeiter für ihre Plätze aus. Die meisten waren nun schon weg auf den Feldern, es wurden immer weniger, und ich stand immer noch da. Jetzt waren nur noch zwei Frauen und ich übriggeblieben. Aber auch wir wurden nicht vergessen, denn da kam schon das Oberhaupt der Gärtnerei, die russische Frau Iwanov, auf uns zu. Ob sie mich auch nahm? Ein freundliches Gesicht hatte sie nicht gerade, und sie machte auch keine besonders freundliche Miene, als sie uns an das Handwerkszeug schickte und uns dann aufforderte, mit ihr auf das Kohlfeld zu kommen. Der Anfang war für mich getan, aber ich hatte noch nichts getan und konnte mir nicht vorstellen, daß ich gegen die beiden Frauen in der Arbeit ankam. Aber was sollte mich das stören, wenn die Frau Iwanov mich mitnahm. Etwa zehn Minuten vom Dorf entfernt war das Kohlfeld, wie auch die anderen Felder, die alle zu der Gärtnerei gehörten.

Es war nämlich nicht so, wie man sich das im allgemeinen von einer Gärtnerei vorstellt. Jedes Gemüse war mindestens auf einem Feld, wenn nicht gar gleich auf mehreren gesät, und dann waren die einzelnen Felder in Größen, wie wir sie sonst von Korn- und Kartoffelfeldern her kannten. Ich war überrascht, was wir nun zu tun bekamen. Die Kohlpflanzen waren noch klein und sollten heute Kunstdünger bekommen, damit es recht kräftige Köpfe wurden. Die Frau Iwanov war bei aller Arbeit stets in unserer Nähe, und wenn sie wirklich einmal wegging, hatte man sie so vor Augen, als ob sie dabeistand.

Sie war genauso wie die russischen Soldaten angezogen, das heißt, sie trug einen Rock, aber oben genauso eine wattierte Jacke wie die Männer. Oft trug sie aber auch Hosen. An den Füßen trug sie immer die bekannten Filzstiefel.

Ich hatte vor ihr eine gewisse Furcht und tat deshalb alle Arbeit, damit sie zufrieden mit mir sein sollte. Ich hatte schon öfters gehört, daß sie mit den Arbeiterinnen böse wäre und ziemlich schimpfte, aber ich meinte, wenn ich alles recht machte und nicht meckerte, könnte sie auch nicht böse sein. Nun mußte ich abwarten, was eintreffen würde. Obwohl kein Vertrag für die Arbeit geschlossen war, war es Pflicht für mich, jeden Morgen zur Arbeit zu gehen, einmal dagewesen, war Verpflichtung.

Ich war jeden Morgen gleich schlimm müde, und Klaus erging es nicht anders, aber was nützte es, die Klingel rief, und wir mußten antreten. In der Gärtnerei hackten wir die Kohlfelder. Wenn Kunstdünger gegeben wurde, hatte jede von uns einen Eimer mit dem Zeug und mußte mit den Händen um jede Pflanze den Dünger streuen und dabei aufpassen, daß nichts an die Pflanzen kam.

An den anderen Tagen mußten wir die Kohlfelder hacken, immer schön um die Pflanzen, und man meinte, es nähme überhaupt kein Ende. Das Unkraut zwischen den Pflanzen wuchs immer schneller und höher, und man hatte es schwerer, das Soll des Tages zu schaffen als am Anfang. Die anderen Frauen wechselten oft und waren manches Mal nur ein oder zwei Tage bei uns. Auch Mädchen in meinem Alter waren ab und zu da, aber alle wechselten und wurden für andere Arbeiten bei der morgendlichen Verteilung geholt. Die einzige, die wohl ständig bei Frau Iwanov war, das war ich. Weshalb, weiß ich nicht, aber trotz ihres mißmutigen Gesichtes hatte ich manchmal das Gefühl, daß sie mich mochte. Weshalb, wußte ich auch nicht. Manchmal kämpfte sie bei der Verteilung um mich, und ein anderes Mal nahm sie mich gleich an ihre Seite, bevor die andern mit der Verteilung begannen. Mir sollte es recht sein. Wer wußte, wie es die Kinder auf den Feldern hatten. Hier in der Gärtnerei war es nicht leichter, aber irgendwie schien das »Dawei« nicht so grob dahinter. Wenn ich dann wieder hörte, daß die anderen auf den Feldern für das Distel-Stechen für soundso viel am Tag die doppelte Ration Suppe und Brot bekamen, wünschte ich mir, auch dabei zu sein, aber es war ganz sicher besser so, wie es war. Für einen Tag Arbeit bekamen wir einen Liter Kohlsuppe, wobei man allerdings die Kohlblätter suchen mußte, und hundert Gramm von dem säuerlichen, nassen Russenbrot. Das war eine dicke Scheibe und war als Frühstück mitgerechnet. Alles zusammen konnte am Abend abgeholt werden, nachdem unsere Arbeitsleiter die Arbeitszeit angegeben hatten.

Zu Hause schnitt Mutti das Brot in acht gleiche Teile, und jeder hatte etwas davon. Es mußten ja alle leben, ob groß oder klein, ob Arbeiter oder »nur« Kind. Wenn wir auf dem Feld unseren Streifen gehackt hatten oder auch mehr, kam jeden Abend Frau Iwanov und maß das gehackte Stück mit ihrem großen Zirkel ab. Hatte man mehr, zählte das genau wie das, das man mußte, nur wenn man wirklich das Doppelte geschafft hatte, bekam man die doppelte Ration. Mir passierte das nur ein einziges Mal. An dem Tag war ich mit einem etwa gleichaltrigen Mädchen beim Hacken. Schon am Morgen begannen wir mit frischem Mut und guter Laune mit unserer Arbeit und merkten dann gegen Mittag, daß wir schon weit mehr geschafft hatten als an den sonstigen Tagen. Da beschlossen wir, alle unsere Kräfte und den guten Mut da einzusetzen und bis zum Abend das Doppelte zu schaffen. Wenn wir an manchem anderen Tage schon gemeint hatten, es würde gereicht haben, war es immer zu wenig, und wenn oft nur ein halber Meter in der Länge gefehlt hatte. Da hatten wir uns dann auch nicht mehr so angestrengt, es war ja gerade genug, was geschafft werden mußte. Aber heute mußte es reichen. Das letzte hackten wir schon richtig mit verbissenem Eifer, besonders als die Schatten länger wurden und wir Frau Iwanov kommen sahen. An diesem Tag war ich recht glücklich, es reichte für die doppelte Menge. Zu Hause glaubten es die anderen erst, als ich beim Abholen zwei Liter Suppe und zwei Scheiben Brot zugeteilt bekam. In die Kohlsuppe, die nicht schlecht schmeckte, aber so dünn war, kochten wir dann noch Nesseln hinein, um sie etwas anzudicken und für alle genug zu bekommen.

Jetzt, wo die Tage länger wurden, wurde auch länger gearbeitet. Es mußte immer bis zur Dunkelheit gearbeitet werden, wie lange das war, kümmerte niemanden etwas. Das war bei uns in der Gärtnerei ein kleines bißchen anders. Morgens mußten wir zwar genau mit den anderen am Dorfplatz sein und anfangen, aber am Abend waren wir immer so gegen halb sieben oder halb acht Uhr fertig und durften dann heim. Auf jeden Fall mußten wir aber warten, bis Frau Iwanov abgemessen hatte. Mittags hatten wir auch etwa eine Stunde Pause. Unsere Uhr war die Sonne. Wir konnten am Schatten fast auf die Minute genau sagen, wie spät es war. So etwas lernt man, wenn es sein muß und keine richtige Uhr da ist. – Die Gärtnerei bestand nun nicht nur aus den Feldern, sondern hatte auch noch einen Garten mit Beeten und Frühbeeten. Hier war auch schon immer alles etwas früher reif als auf den Feldern. Einesteils war es zum Ausprobieren und dann eben als Frühbeet zum Weiterverpflanzen. Hier waren auch Tomaten angepflanzt und auch die ersten Gurken.

In dem Garten, den wir insgeheim das Heiligtum der Frau Iwanov nannten, weil sie da immer nur alleine arbeitete, war es natürlich weit schöner zu arbeiten als auf den großen Flächen der Felder. Das merkte ich eines Tages, als ich plötzlich in ihm arbeiten »durfte«. Ich war schon auf dem Feld beim Kohl, als sie erschien und mich holte. Zuerst erschrak ich und meinte, ich hätte etwas falsch gemacht und sie wollte mich strafen oder so etwas, denn sie konnte kaum deutsch sprechen und sich nur wenig verständlich machen. Verstehen konnte sie aber fast alles. Das ist ja meistens so. Nun ging ich ängstlich neben ihr, aber sie machte gar kein so böses Gesicht. Im Garten zeigte sie mir, was ich tun sollte. Die Arbeit selber war nicht leichter als die auf dem Feld, aber schöner, weil es etwas Besonderes war und alles kleiner. Die großen Gurken sollte ich abnehmen und in Säcke stecken und dann die anderen Beete säubern. Zuerst war sie noch da, dann ging sie für längere Zeit weg. Ob sie nun auf die Felder ging oder nur sehen wollte, was ich in ihrer Abwesenheit tat, weiß ich nicht, vielleicht aber auch beides. Ich war so richtig zufrieden und spürte die Arbeit an dem Tag nicht so als »Muß«, dazu lachte die Sonne so freundlich und warm, als ob sie selber Spaß daran hatte. Als Frau Iwanov wieder zurückkam, hatte ich die Säcke alle fertig gefüllt, und die dicken Gurken waren somit für heute geerntet. Dann hatte ich schon an den Beeten begonnen, allerdings nicht viel. Ich schielte vorsichtig zu ihr hinüber, war es genug und richtig? Das war es, sie lächelte sogar und sah dadurch netter und nicht mehr so wie ein Mann aus. Sie war mit mir zufrieden, und ich merkte plötzlich, daß sie mich mochte. Weshalb, weiß ich auch nicht. Ich hatte ja schon manchmal den Verdacht gehabt, aber jetzt wußte ich es. Es war ein schönes Gefühl, daß man einem etwas recht machte und der andere zufrieden war. So deutlich hatte ich das noch nie bei einem Menschen gespürt wie bei dieser als streng und böse bekannten Russenfrau. Ich war ihr dankbar. Das alles war ohne Worte geschehen, und ich hoffte, daß es nicht anders werden würde.

Nun war ich oft in dem Garten beschäftigt. Zum Sommer hin würde das nicht mehr so der Fall sein, weil da auf den Feldern ja mehr als hier zu tun war. Wenn man nun aber Tag für Tag, ohne Sonn- und Feiertage zu haben, arbeiten muß, wird einem die beste Arbeit auch leid. Mir fiel es sowieso schwer, immer in so gebückter Haltung zu stehen, und dann noch nicht mal einen Tag Pause zu haben, es war zuviel. Da wollte Mutti mich den kommenden Sonntag mit nach Friedland auf den Markt mitnehmen, zu dem sie nach längerer Zeit mal wieder hingehen wollte. Ich freute mich riesig über die Abwechslung, durfte sie aber niemandem verraten. Ob Sonntag oder Alltag, es gab keine Entschuldigungen. Einesteils freute ich mich nun, und andererseits war ich bange davor, was Frau Iwanov am Montag sagen würde oder ob sie richtig böse würde. Am Samstag kam ich mißmutig nach Hause. Frau Iwanov hatte davon gesprochen, was am nächsten Tag alles gemacht werden sollte. Mutti tröstete mich aber und sagte, daß wir trotzdem gehen wollten. Vielleicht würde sie sich dann eine andere Frau holen.

Der nächste Tag, der Sonntag also, fing schlecht an. Es war dunkler als gewöhnlich und regnete. Das war für unseren Tag natürlich nicht gerade freundlich. Beim ersten Klingelzeichen stand ich noch nicht auf. Wir wollten zwar auch früh weg, aber doch nicht im Dunkeln. Wir waren dann gerade fertig angezogen, als eine Russenfrau vom Büro kam und mich zur Arbeit holen wollte. Mutti sagte ihr, daß ich heute nicht käme und sonst ja auch noch nie gefehlt hätte, und sie ging. Aber noch bevor wir uns reisefertig gemacht hatten, erschien sie wieder. Sie war diesmal ungehaltener und sagte, daß Frau Iwanov geschimpft hätte und ich sofort kommen müßte. Mutti blieb hart, obwohl wir auch Angst hatten. Die Botin ging böse und ärgerlich weg und wir auch gleich, nur in der anderen Richtung, sonst wäre doch nichts aus meinem freien Tag geworden. Ob alles gutgehen würde? Oder ob wir hinterher noch Ärger haben würden? Wir waren nun erst einmal in Friedland, wo es immer noch regnete. Auf dem Markt war auch nicht viel los, und es dauerte nicht lange, bis wir wieder aufbrachen, um nach Hause zu gehen. Als wir dann durch die Stadt gingen, sahen wir plötzlich auf der anderen Straßenseite Frau Iwanov uns entgegenkommen. Sie suchte mich aber nicht, sie tat ganz einfach, als ob sie uns nicht gesehen hätte oder uns nicht kannte. Wenn jetzt nichts anderes nachkam, gab es keine bessere Lösung, als was sie tat. Sie war also auch zu einem Ausflug aufgebrochen, trotz des schlechten Wetters. An den anderen Tagen war sie ja auch immer an der Arbeit, und auch sie als Vorgesetzte hatte nicht mehr Freizeit wie wir. Was hätte sie bei dem Wetter auch auf den Feldern machen sollen und dann vielleicht noch alleine.

Es blieb das einzige, was wir auf mein Fehlen entgegennehmen mußten. Da hatten wir mehr als Glück, denn sonst ging es nicht so glatt ab, oder hatte sie etwa dafür geradegestanden? Es ging wieder weiter, Tag für Tag die fast gleiche Arbeit für mich, das gleiche für Klaus und für Mutti die Näherei, bei der ihr Christel half. Christel hätte auch schwerlich auf den Feldern arbeiten können, obwohl sie älter war als wir. Ihre Beine machten ihr immer mehr Last, und oft waren sie stark geschwollen. Und das im Kindesalter von jetzt vierzehn Jahren. Äußerlich sahen wir alle noch kleiner aus, das hing wohl mit dem ganzen Leben zusammen, wir waren fast auf der Stufe vom Beginn der Flucht an stehen geblieben. So kam der Juni heran. Mutti nähte immer noch mit der Hand, und daher dauerte alles seine Zeit. Außerdem machte es solche Mühe.

## Das letzte Mal in unserem Zuhause

Der Oberleutnant schickte dann eines Tages jemand zu Mutti und ließ ihr ausrichten, er habe etliche Nähmaschinen bei sich, sie möchte mal vorbeikommen und sie ansehen. Sicher könnte sie auf der einen davon nähen, dann ginge alles schneller und besser. Voller Hoffnung ging sie hin. Aber wie sie schon vermutet hatte, war keine zum Nähen zu gebrauchen.

Die wichtigsten Teile fehlten an allen, selbst wenn sie verschiedene zusammengestellt hätte.

Da kam Mutti auf eine Idee. Sie sagte zu dem Oberleutnant, daß sie noch eine brauchbare Nähmaschine versteckt hätte, aber sie könnte sie nicht holen, weil sie in Redden sei und dahin wegen der Grenze niemand dürfte. Der Oberst überlegte nicht lange. Er freute sich sehr auf die Aussicht der Maschine, die für ihn ja hauptsächlich von Nutzen war, und sagte dann zu Mutti, er würde ihr ein Dokument ausstellen, mit dem sie bis Domnau käme. Dort sollten wir uns an den dortigen Oberleutnant wenden, den er scheinbar kannte, und ihm den Schein geben. Von dem würden wir dann die Erlaubnis bekommen, nach Redden zu gehen.

Was war Mutti glücklich! Durfte sie doch jetzt noch einmal in unser Haus und sehen, wie es da und im ganzen Ort aussah. Daran hatte sie nie mehr geglaubt. Wir bekamen den Schein und konnten uns dann auf den Weg machen, nämlich Mutti und ich. Für diesen Tag hatte ich sogar frei bekommen. Dieses Mal wollten wir aber nicht zur Nacht dort eintreffen, es war ja auch nicht heimlich. Wir machten uns also schon am Morgen auf den Weg, bis mittags wollten wir dort sein und im Hellen wieder zurück. Nun wußten wir ja nicht, ob alles klappen würde, und was auf dem Papier stand, konnten wir auch nicht lesen, es war ja in russisch geschrieben. Das Wetter schien auch schön zu werden, und so zogen wir beide hoffnungsvoll in den Morgen hinein. Wir hatten keinen Handwagen mitgenommen, nur jeder einen selbstgenähten Rucksack, der uns schon viele Dienste getan hatte. Es war noch ziemlich früh am Vormittag, als wir in Domnau ankamen. Erstens war es von Georgenau nicht so weit wie von Stockheim, und dann hatten wir bei unserer Wanderung schönes Wetter. In Domnau erkundigten wir uns dann überall nach der genannten Adresse und dem betreffenden Oberleutnant. Als wir das

Haus dann gefunden hatten, hörten wir, daß der Gesuchte nicht zu Hause sei und auch niemand genau wußte, wann er wiederkommen würde. Mutti wartete und überlegte nicht lange, sondern ging mit dem Schreiben, das wir von unserm Oberleutnant hatten, weiter. Sie hoffte, daß wir auch mit dem bis nach Redden und unser Haus kämen. Warten hätte sich nicht gelohnt, weil es zu spät geworden wäre, und wer weiß, was der noch für Einwände gehabt hätte. Ganz so sicher wie am Anfang waren wir zwar nicht, aber doch wohlgemut genug, weiterzumarschieren. Wir gingen frei, möglichst immer mitten auf der Straße, um keinen unnötigen Verdacht zu erwecken. Begegnete uns ein Reiter, zeigte Mutti ihm das Schreiben, ohne es aber aus der Hand zu geben. Man mußte immer vorsichtig sein.

Im allgemeinen waren wir aber froh, daß wir nur wenigen Reitern begegneten. Hier auf dem Waldweg nach Redden waren sowieso keine Fußgänger anzutreffen, nur die Reiter, meist auf Streife. So gelangten wir wohlbehalten gegen Mittag in Redden an. Diesmal machten wir alles genau im Gegenteil von der damaligen Nacht. Wir gingen geradewegs auf das Schloß zu, in dem die ganze Grenzkommission war. Hier kam uns gleich ein Posten entgegen, dem Mutti das Schreiben reichte. Er sah nur, daß es russische Schrift war, und sagte, wir möchten einen Moment warten. Sicher konnte er, wie die meisten eigentlich, gar nicht lesen. Es dauerte auch gar nicht lange, und er kam mit einem Russen zurück, der einen höheren Rang hatte als der Posten, der das Schreiben angenommen hatte. Es war auch ein Oberleutnant. Oft wunderten wir uns, daß es so viele davon gab. Er fragte uns in gebrochenem Deutsch, ob es das und das Haus sei, und beschrieb somit das unsrige. Mutti nickte zustimmend, und er forderte uns auf mitzukommen. Etwas ängstlich waren wir ja doch, da es unangenehm war, alleine mit dem Soldaten mitzugehen. Wir wußten ja gar nicht, wo er uns hinführen würde. Aber so sah er nicht aus. Im Gegenteil, er schien freundlich und sich selber auf etwas zu freuen. Den Grund erfuhren wir auch bald. Er erzählte uns auf dem kurzen Weg bis zu unserm Haus so einiges, bis wir merkten, daß er selber darin wohnte. Nun wollte er uns selber zeigen, daß alles in Ordnung gehalten würde und er nichts verderben ließe. Daß das Haus bewohnt war, sahen wir schon an den Fenstern. Sie waren bei uns alle heile und in Ordnung, während sie in den unbewohnten Häusern kaputt oder ganz weg waren und so Wind und Wetter überall alles verderben konnten. Er zeigte uns das Haus, als ob wir seine persönlichen Gäste seien, und führte uns dabei durch alle Zimmer. Sie waren alle gut in Ordnung und auch die Einrichtung so gut, wie es hier ging. In der Küche war allerdings ein anderer Herd. Unser weißer Kachelherd war nicht mehr da. Es war aber wieder ein eingebauter Kachelherd. Da erzählte er, daß der unsrige kaputt gewesen war, und weil er ihm so gut gefallen hatte, hätte er sich fast den gleichen wieder einbauen lassen. Es klang fast wie eine Entschuldigung, und er beteuerte auch, daß er nichts dafür gekonnt hätte. Dieser war so sonderbar rötlich, daß man nicht lange hinsehen mochte. Aber das störte uns im Augenblick nicht, wir wohnten ja nicht hier und hatten ihn nicht täglich vor Augen. Durch die Küche gingen wir ins Wohnzimmer und dann ins Schlafzimmer. Dann zurück in die kleine Stube. Hier lagen auf den Tischen überall Johannisbeeren zum Trocknen ausgebreitet. Da fragte Mutti ihn, ob er hinter dem Ofen schon etwas gefunden habe. Er verneinte und meinte, da sei auch nichts. Er stieg noch hinauf und sagte, daß da wirklich nichts sei. Wir wußten ja nicht, ob wir noch einmal zurückkommen würden, und da wollte Mutti wenigstens versuchen, mit diesem netten Soldaten noch ein Geschäft mit Essen zu machen. Deshalb stieg Mutti selber hoch und holte ihm den Spiegel hervor. Er war noch ganz unbeschädigt und ohne Flecken, und der Oberleutnant war zutiefst überrascht. Er freute sich ganz unbändig darüber und fragte Mutti, was sie dafür haben wollte. Er hätte ihn ja auch einfach so nehmen können, aber er fragte nett und freundlich. Mutti fragte ihn, ob er etwas zum Essen hätte, sie hätte doch sechs Kinder und alle hätten Hunger. Er holte uns Fisch und andere Nahrungsmittel und gab uns das. Es war alles nicht sehr viel, aber für uns so köstlich und lange entbehrt. Wir waren zufrieden. Dann kam er wieder auf die Maschine zu sprechen, wegen der wir ja hier waren. (Wir hatten gewußt, daß wir keine mitbringen würden, es war nur ein Vorwand gewesen, denn was wir verlassen hatten, war doch längst weg.) Er fragte, ob wir die im Garten vergraben hätten. Das war nun ein herrlicher Ausweg für uns, und Mutti nickte. Da sagte er ganz traurig, daß da im Garten nichts mehr sei. Eines Morgens, so erzählte er, sei da so ein großes, tiefes Loch gewesen, und niemand hätte sehen können, was darin gewesen war. Es müßten in der Nacht heimlich Russen dagewesen sein, die das getan hätten. Noch nachträglich schimpfte er auf die unbekannten Kameraden, die er als Täter vermutete. Er war richtig traurig, daß er uns nicht helfen konnte, und deshalb schimpfte er wohl auch auf die Soldaten. Wie hätte er ahnen können, daß wir, oder überhaupt Zivilisten, bis hier gekommen waren. Für uns war es ein guter Ausweg gewesen und dann noch gut, daß er uns nicht in Verdacht bringen konnte und tat. Wer weiß, ob er dann noch so nett gewesen wäre. Zuletzt zeigte er uns noch die Werkstatt von Papa. Auch hier waren überall Johannisbeeren zum Trocknen ausgebreitet. Ob er das alles alleine machte? Uns schien alles so, als ob auch eine Frau da sein müßte, die ganze Wohnung war so danach eingerichtet. Aber wir fragten nicht weiter.

Als wir nun alles gesehen und das traurige Los der nicht vorhandenen Maschine kannten, machten wir uns wieder auf den Heimweg. Das Schreiben bekamen wir wieder mit, man konnte ja nie wissen, wem man begegnete. An den Obstbäumen hing das halbreife Obst hier noch in Hülle und Fülle. In der Dorfmitte war es von den dort wohnenden Russen schon verzehrt, aber in den etwas abgelegenen Gärten hing es so voll, und obwohl es noch nicht ganz reif war, wollten wir uns wenigstens von den Augustäpfeln welche mitnehmen. Ganz reif wurden sie sowieso nie, weil die Soldaten sie schon immer vorher pflückten und aßen, und zum andern kamen wir ja nicht mehr wieder, und dort, wo wir wohnten, kam es sowieso schon zu keiner Obsternte, weil viel zu wenig Essen und viel zu viele Menschen da waren. Hier war es genau umgekehrt, denn hier wohnten weit und breit keine anderen Menschen als die russischen Posten dieser Grenzstation. Davon war dann noch ein ganzer Streifen Niemandsland, so konnte dort auch keiner durch als eben nur diese Posten. Es muß so gegen drei Uhr gewesen sein, als wir an die Obstgärten der Höfe in Richtung Domnau kamen. Wir gingen unter die vollen Apfelbäume und wollten erst schütteln. Sie fielen aber nicht, weil sie ja noch nicht reif waren. So pflückten wir, was wir bekommen konnten, und dann kletterte Mutti hinauf und pflückte von oben. Es dauerte gar nicht so lange, bis wir unsere Rucksäcke voll hatten. Obwohl die Last ziemlich schwer war, war es uns eine Erleichterung, wenigstens etwas an Eßbarem mit nach Hause zu bringen. Aber noch waren wir nicht zu Hause.

Hier im abseits gelegenen Garten hatte uns niemand bemerkt, und wir hatten auch niemand gesehen, aber wer wußte, ob wir nicht jemandem auf der Straße begegnen würden und wie das dann ausging. Zum Glück hatten wir ja noch immer das russische Dokument bei uns, und das war für uns jetzt wie ein Ausweis. Wir machten uns also auf den Weg und nahmen den kürzesten Weg, der durch den Wald führte. Kurz vor dem Wald waren am Rand so viele dicke, rote Walderdbeeren, daß wir ihnen nicht widerstehen konnten. Wir legten die Rucksäcke ein bißchen hinter das Gebüsch und machten eine kurze Rast. Dabei futterten wir von diesen herrlich süßen Beeren, was wir kriegen konnten. Es war herrlich und dazu noch der schöne Sonnenschein. Alles weit und breit still, nur ab und zu hörte man ein paar Fliegen oder dergleichen summen. Wir ruhten hinter dem Gebüsch und kamen uns vor, wie in friedlichen Zeiten im Gras zu liegen. Was war das schön.

Da hörten wir plötzlich Hufgetrappel. Das hatte uns gerade noch gefehlt. Wir versuchten uns ganz ruhig zu verhalten und hofften, daß der Reiter uns nicht bemerken würde. Er mußte aber doch irgend etwas bemerkt haben und hielt direkt vor unserem Gebüsch an, indem er auf russisch rief, wir sollten hervorkommen. Die Straße war hier etwas tiefer als der Rand mit dem Gebüsch, hinter dem wir lagerten. Uns blieb sowieso nichts anderes übrig. Wären wir nicht hervorgekommen, hätte das nur noch verdächtiger gewirkt.

Also standen Mutti und auch ich auf und traten vor das Gebüsch. Er fragte etwas in seiner Sprache, wahrscheinlich wollte er wissen, wie wir da hinkämen und was wir da taten. Wir verstanden ihn nicht, aber Mutti erriet den Sinn seiner Frage und stieg mit dem Schreiben, das sie hatte, zu ihm hinunter. Dabei erwähnte sie immer »Oberleutnant« und zeigte auf Redden zurück. Er besah sich das Schreiben, nickte, überlegte noch einen Augenblick und reichte es dann zurück. »Karascho«, sagte er, es war also in Ordnung. Wir waren fest davon überzeugt, daß er es nicht lesen konnte, denn seine Augen verfolgten beim Draufschauen gar nicht die Reihen.

Aber was ging uns das an. Es war die Hauptsache, daß er uns gleich gehen ließ. Er hatte zwar gesehen, daß wir wegen der Erdbeeren da saßen, von den Rucksäcken bemerkte er nichts, und das war besonders gut. Erstens konnte er sie uns dann nicht wegnehmen und zweitens nicht glauben, wir seien ohne Erlaubnis im Dorf gewesen. Als er dann wieder losritt, und zwar dem Dorf zu, machten wir uns sofort auf den Heimweg. Wir wollten es doch nicht darauf ankommen lassen, noch mehreren Soldaten zu begegnen. Wir gingen in den Wald, hielten uns jedoch immer an der Straße, sonst war uns das zu gefährlich. Noch schien die Sonne durch die hohen, geraden Tannen, die hier noch nicht abgesägt waren. Da kamen wir schon nach Domnau, und nicht viel später waren wir in Salau. Es war immer noch hell, und erst als wir nach Georgenau einbogen, begann es zu dämmern. Es war allerdings noch so hell, daß wir von allen Seiten begrüßt wurden. Über die Äpfel war die Freude besonders groß. Boten sie doch eine Abwechslung in unserem täglichen Einerlei des Essens.

## Immer mehr liebe Menschen verlassen uns

Und jetzt, im Juni, konnten wir auch wieder Blaubeeren sammeln. Sie wuchsen wieder ziemlich dicht, die Hauptsache war, man kannte die Stellen. Mutti und wir Kinder waren noch immer ziemlich kräftig, trotz der schlechten Ernährung. Mutti meinte dann immer, daß wir von zu Hause eine gute »Unterlage« gehabt hätten und es uns deshalb nicht ganz soviel ausmachte. Tante war sowieso schon immer schwächlich gewesen, und ihre Kräfte nahmen täglich ab.

Als wir eines Tages vom Blaubeerenpflücken heimkamen, lag sie noch immer im Bett. Auch am nächsten und übernächsten Tag war das so, und dann war sie am andern Morgen tot. Wir Kinder konnten das gar nicht begreifen. In der Küche hatte Mutti sie aufgebahrt, wo sollten wir sie sonst in der Hitze hinbringen? Wir Kinder sammelten alle Wiesenblumen, die wir an den Grabenrändern fanden und brachten sie für Tante. Es waren ganze Arme voll, aber Tante wachte nicht auf, es war für sie zuviel gewesen, und so war sie nun auch gestorben. Ob wir noch lange lebten? Oder würden wir ihr auch bald folgen? Jeden Tag starben mehr.

Besonders jetzt, wo es wärmer wurde, war es wieder schlimm. Und einen Sarg oder etwas ähnliches konnte auch niemand mehr machen, es waren weder Zeit noch Material noch Männer dafür da. Am Abend begruben wir sie auf dem Georgenauer Friedhof. Wir hatten noch ein langes Brett gefunden, so lang, daß Tante gerade darauf paßte. Mit einem alten Läufer, der aus alten Lappen gewebt war, wurde sie umwickelt und dann auf dem Friedhof von Mutti begraben.

Wenig später wurde niemand mehr begraben, weil weder Zeit noch Kraft bei den Deutschen vorhanden war. Sie wurden einfach zwischen Nesseln und Disteln geworfen, die überall wer weiß wie hoch wucherten. Man sah sie nicht mehr, und niemand störte sich daran. Die Menschen waren neben der Schwäche nun auch schon gleichgültig geworden. Es rechnete ja jeder damit, auch bald bei den Toten zu sein, wenn es auch keiner hoffte.

Die Arbeit wurde immer härter und das Essen immer knapper. Von früh bis spät, solange es nur einigermaßen hell war, mußten die Frauen auf die Felder, und um diese Jahreszeit war es ja lange hell. Um vier Uhr, wenn es eben erst anfing zu grauen, läutete es, und sie mußten schon wieder bereitstehen. So gingen viele gar nicht erst nach Hause, um die knappe Zeit nicht zu verkürzen. Sie legten sich gleich neben die Felder in die Gräben und schliefen dort, bis sie durch die Klingel aufgeweckt wurden. In dieser Zeit kippte jeden Tag mindestens eine der Arbeiterinnen um. Aber die Posten kannten kein Mitleid und keine Pause. Wer umfiel, bekam einen Schlag mit dem

Gewehrkolben, damit er wieder auf die Beine kam. Wer das nicht schaffte, blieb liegen, weil es dann meist sowieso zu spät war. Nach der Arbeit wurden die so Gestorbenen, wie schon beschrieben, bis in die Unkrautfelder gebracht und dort hingelegt.

Die Arbeitskräfte wurden somit immer knapper, und da wurden dann auch die kleineren Kinder zur Arbeit geholt. Klaus hatte ja schon wie ich längere Zeit gearbeitet, mal hier, mal da, wo sie ihn gerade brauchten. Jetzt bekam er seiner Geschicklichkeit wegen ein Gespann zu führen. Er war jetzt immerhin nicht älter als zehn Jahre. Unser Ernst war neun geworden und mußte genau wie die Erwachsenen Korn binden. Er hatte es schwerer als Klaus, aber jeder mußte das tun, wozu man geholt wurde, Wünsche durfte niemand äußern. Klaus saß oben auf dem Sitz der »Harke« und zog damit das Stroh zusammen, körperlich hatte er es noch am besten. Ich selber war immer noch in der Gärtnerei.

Eines Tages wurde ich jedoch am Morgen bei der Arbeitsverteilung an die Seite gestellt. Ich machte mir Gedanken. Was sollte das bedeuten? Bekam ich schwerere Arbeit? Oder hatte ich irgend etwas falsch gemacht? Ich bekam Angst, und dabei ging es den anderen fast jeden Tag so, daß sie eine andere Arbeit bekamen. Die Gärtnereiabteilung war nun auch weg, und ich stand immer noch da. Was hatte der Oberleutnant nur mit mir vor? Meine Angst war dann aber ganz unbegründet. Ich sollte nichts anderes als im alten, jetzt ziemlich verwilderten Schloßgarten für die Frau des Oberleutnants die reifen Beeren pflücken. Am Nachmittag sollte noch ein kleineres Mädchen dazukommen, jetzt mußte ich alleine anfangen.

Ich quälte mich nun zuerst durch die Unmengen von Unkraut, um an die Sträucher heranzukommen. Die Sonne schien heiß vom Himmel. Es war jetzt Juli, der Monat, wo es sonst immer so schön war wegen der Wärme und der Sonne. Wer achtete jetzt noch darauf? Endlich war ich an den Sträuchern von weißen, roten und schwarzen Johannisbeeren. Auch Himbeeren und Stachelbeeren waren da, aber nicht so viel, und dann schienen davon auch schon welche abgepflückt zu sein. Hier an den Sträuchern war das Unkraut nicht so hoch und dann an einer Stelle sogar ganz kurz geschnitten. Auf dieser freien Stelle stand ein Bienenhaus, und viele Bienen summten drum herum. Ich zog mich dann auch an die Sträucher zurück, die am weitesten von der Stelle weg waren.

Das Bienenvolk versorgte Herr Bania, der im Haus über uns wohnte. Der Honig war natürlich nicht für ihn, sondern es war nur seine Arbeit, und den Ertrag bekam der Oberleutnant geliefert.

Auf dem freien Platz davor hatte Herr Bania eine Sonnenuhr errichtet, die zu lesen Spaß machte. Es war an ihr die Zeit noch einfacher und genauer abzulesen als mit dem Schrittezählen auf dem Feld. Herr Bania hatte außer den Bienen auch noch andere Arbeit und war nicht im Garten, da war es für mich sehr langweilig so alleine. Alles so furchtbar still, nur die summenden Bienen um mich herum, es war ganz unheimlich. Der Vormittag wurde daher auch sehr lang, und ich dachte an die Gärtnerei.

Am Nachmittag kam dann wirklich das andere Mädchen, und es war alles gleich schöner. Die Langeweile war weg, und dadurch schafften wir auch gut. Spielen, oder auch nur faulenzen gab es nicht, jeder hatte Angst, daß der Oberleutnant kam oder doch einen der Soldaten schicken würde, um uns zu prüfen. Da hielten wir uns fleißig an die Arbeit, um die Eimer vollzukriegen. Wir schafften im Durchschnitt an den Tagen einen Eimer am Vormittag und einen am Nachmittag. Nach den Johannisbeeren kamen die Himbeeren dran. Weil da nicht so viel dran waren, durften wir auch nicht viel essen, wie wir das bei den Johannisbeeren gemacht hatten, sonst wäre das aufgefallen, und das hätte wieder Strafe gegeben.

Wieder war ein Geburtstag von mir vor der Türe. Was würde ihn von den anderen Tagen unterscheiden? Da erwischte ich zwischen den Himbeersträuchern fünf kleine Spatzen. Es war eine Seltenheit, überhaupt noch ein Tier oder einen Vogel zu sehen oder gar noch zu fangen. Was tut Hunger nur weh! Ich war überglücklich, daß ich etwas für eine Suppe mitbringen konnte. Doch auch Christel empfing mich mittags mit einem »Braten«. Ihr war es geglückt, einen Frosch zu fangen. Obwohl Mutti gegen die Frösche war, weil man schon so viel von Krankheiten und dergleichen gehört hatte, freuten sich alle über die richtige Fleischmahlzeit.

Vor einigen Tagen war schon ein ganzer Trupp mit Frauen und Mädchen weiter weggebracht worden, um dort ein oder mehrere Felder abzuernten. Sie konnten in dieser Zeit nicht nach Hause, weil die Strecke zu weit war. Aber so etwas war nichts Besonderes. Sie sollten nach der Ernte wieder zurückgebracht werden. Als ich nun mit dem Beerenpflükken fast fertig war – in den letzten Tagen war ich wieder alleine – hörte ich in der Mittagsstille eines Tages ein Auto brummen. Es konnte nicht weit weg sein und schien außerdem ein Lastauto zu sein, denn es brummte dicht und laut. Ich war es gar nicht gewohnt, hier so etwas zu hören, denn bis hier kam nie ein Geräusch. Es war wie im tiefen Park, weit von allem anderen weg. Was wollte wohl ein Auto hier in der Nähe des Gartens? Dann sah ich es auf einmal. Es hielt auf der Straße hinter dem Zaun, direkt an der Seite, wo ich beim Beerenpflücken war. Sofort sprangen einige uniformierte Soldaten herunter. Sie fielen mir besonders deshalb auf, weil sie andere Uniformen anhatten als die Soldaten, die wir immer sahen. Was war das wohl für eine Sorte? Ich pflückte weiter an den Beeren und hatte doch Herzklopfen. Beim Pflücken verhielt ich mich ganz ruhig und so, daß ich nicht gesehen werden konnte.

Was mochten die nur wollen? Ich wurde unruhig und bekam ganz schreckliche Angst, zumal ich doch ganz alleine weit und breit in dem großen, stillen, verwilderten Garten war. Meine Erlösung war die Mittagsklingel. Vorher durfte ich meinen Arbeitsplatz ja nicht verlassen. Jetzt zog ich mich eiligst zurück. Mein Heimweg ging sowieso nach der vorderen Seite hinaus, während die Soldaten hinten an dem Bienenhaus waren. Beim Nachhauselaufen kam mir erstmals der Gedanke, ob die Soldaten wohl etwas bei Herrn Bania suchen wollten. Jetzt lief ich noch schneller, denn der wohnte doch in unserm Haus. Ich hatte die Haustüre gerade geöffnet, als ich erregte Stimmen in russischer Sprache hörte. Ängstlich machte ich unsere Küchentüre auf: Was mochte bei uns passiert sein? Es wurde nämlich nicht so gesprochen wie bei den Arbeit bringenden Russen. Im Zimmer saßen alle etwas verängstigt und schweigsam zusammen, von Russen war aber keine Spur. So waren die Stimmen also nicht aus unserer Stube gekommen, und ich war etwas erleichtert. Im gleichen Moment fragte Mutti mich dann, ob ich irgendwo irgend etwas bemerkt hätte. Sie meinte natürlich im Haus. Ich konnte ihr nur sagen, daß ich so aufgeregte Stimmen auf russisch gehört hätte, die dann wohl aus dem Zimmer von Frau Penk kommen mußten. Gesehen hatte ich im oder vor dem Haus nichts. Dann erzählte Mutti kurz, daß die GPU, die russische Geheimpolizei, dagewesen sei und Herrn Bania abgeholt hätte.

Jetzt ging mir ein Licht auf. Es war die GPU gewesen, die da am Schloßgarten gewesen war, und sie hatte am Bienenhaus herumgesucht, alles galt demnach Herrn Bania. Frau Penk mußte bei dem Verhör dolmetschen, und dann wurde ihre Wohnung, wie die von Herrn Bania und Frau Steputat, die alle in unserm Haus wohnten, durchsucht. Was sie suchten, wußten wir noch nicht, aber wir durften das Zimmer nicht verlassen. Dann fuhren sie ab, alles wurde wieder still, und langsam getrauten wir uns, aus dem Zimmer zu gehen. Alles war wie ausgestorben, und außer uns schien niemand im Haus zu sein.

Kurze Zeit darauf hörten wir dann, daß von den Frauen, die außerhalb auf den Feldern arbeiteten, ebenfalls einige nicht mehr zurückkommen würden. Sie waren auch von der GPU vom Feld abgeholt worden. Unter anderem war unter den Verhafteten die Frau Penk. Wir konnten uns keinen Reim darauf machen, weshalb. Gerade Herr Bania war immer so vorsichtig gewesen und hatte immer gesagt, daß er ja noch immer die Hoffnung habe, einmal wieder zu seiner Familie zu kommen.

Und dann hörten wir hinter vorgehaltenen Händen den angeblichen Grund der Verschleppung. Es sollten eine oder auch einige der Frauen ein Gedicht über das Leben der Deutschen in einer Kolchose, wie unsere eine war, gemacht haben. Daß da nicht viel, wenn überhaupt etwas Gutes dabei herausgekommen war, konnte ja jeder ahnen. Die Russen hatten davon gehört und dann die, die das Gedicht verfaßt hatten und alle, die beim Lesen gesehen worden waren, abgeholt. Von einzelnen hatten sie nur gehört, daß die es gelesen haben sollten, auch die wurden mitgenommen.

Ob das nun wirklich ein ausreichender Grund war oder ob sie das nur als Grund angaben, konnten wir nicht erfahren. Uns war äußerlich auch nicht danach zumute, dem nachzuforschen. Wir hätten ja damit rechnen müssen, ebenfalls dazuzukommen. Es wurde dann gesagt, sie kämen zum Verhör und könnten nach ein paar Tagen wieder zurück, aber in der ganzen Zeit, in der wir dort noch wohnten, kam niemand mehr zurück. Sie waren wohl, wie viele schon früher, nach Sibirien oder wenigstens in die Richtung abtransportiert worden.

# Alles dreht sich ums Essen

Das Leben ging weiter, ein Tag war wie der andere. Jeden Tag mußte man daran denken, daß man am anderen vielleicht nicht mehr leben würde. Es war nicht zu sagen, wie der Hunger nagte. Jetzt waren nur noch Mutti, Christel und die beiden Kleinen im Haus. Wir anderen mußten beim Morgengrauen aus dem Haus und kamen beim Dunkelwerden wieder. Wenn Mutti die Scheibe Brot, die wir als Tagesration bekamen, für alle teilte, so daß jeder einen Würfel davon erhielt, war es mir oft arg bitter. Ich hatte solchen Hunger und mußte dafür arbeiten, und dann bekam ich nur so ein Stückchen. Aber Klaus und Ernst ging es nicht anders. Wir teilten immer alles und wußten auch, daß es nicht anders ging, aber der Hunger wollte es nicht begreiflich machen.

Mutti und Christel mußten nähen, bekamen aber nicht die tägliche Ration an Suppe und Brot und die Kinderprodukte, die es am Anfang einmal im Monat und dann etwas seltener gegeben hatte. Ich war nun wieder in der Gärtnerei, nachdem die Beeren abgepflückt waren. Jetzt war die Gurkenzeit, und wir hatten die Gurken zu ernten. Frau Iwanov machte immer mehr ihr mürrisches Gesicht. Vielleicht war sie genauso unzufrieden wie wir oder wenigstens zum Teil.

Die Gurkenernte verlief so: Wir gingen die langen Reihen über das Feld entlang und pflückten die Gurken in die Schürze, um sie am Ende auf einen Haufen zu schütten. Zurück war es das gleiche. An beiden Seiten entstanden dann kleine Berge von Gurken. Mutti hatte mir extra eine starke Schürze aus gestreiftem Inlett genäht. Es war nur schade, daß die Flecken von den Gurken nicht herausgingen.

Es war besonders in den feuchten Morgenstunden ganz eklig, durch die nassen Ranken und Blätterreihen zu gehen. Deshalb zogen wir uns meistens unsere selbstgearbeiteten

Klumpschuhe von den Füßen und gingen barfuß durch die Reihen, auch wenn es am Morgen immer ziemlich kalt war.

Wenn Frau Iwanov außer Sichtweite für uns war, aßen wir schnell etwas. Nicht etwa ein mitgebrachtes Frühstück, nein, woher hätten wir etwas Eßbares haben sollen? Wir aßen Gurken, um etwas in den leeren Magen zu bekommen. Sie wurden einfach ein wenig an der Schürze abgewischt und dann mit Schale möglichst schnell gegessen. Zum Mitnehmen gab es nichts, da mußte man wenigstens auf diese Weise versuchen, etwas in den Magen zu kriegen. Es war streng verboten, etwas mitzunehmen, und es wurde sehr streng bestraft, daß es keiner wagte, aber ich habe es doch oft getan. Fast jeden Tag bekam Mutti ein bis zwei Gurken von mir, die sie mit in die Suppe kochte. Ich hatte bis dahin gar nicht gewußt, daß man Gurken kochen konnte, wir mußten es einfach, und alles schmeckte.

Mein Heimweg zur Mittagszeit war allerdings vom Feld bis nach Hause mit Angst und Herzklopfen verbunden, aber ich durfte mir nichts anmerken lassen, die Kleinen mußten ja auch etwas zu essen haben. Ich machte das nun immer so: Als Strickjacke hatte ich eine Bluse mit langen Ärmeln, die am Handgelenk Bündchen hatte. Mittags war es ja meistens so warm, daß ich sie nicht anzuziehen brauchte. Da hatte ich die Ärmel unten am Bündchen einfach von innen zugebunden und in jeden Ärmel eine Gurke gesteckt. Manchmal auch nur in einen eine. Dann faßte ich die Bluse locker am Kragen an und hängte sie mir so über eine Schulter. Dann ging ich nicht zu schnell mitten durch die Posten hindurch und dann nach Hause. Jedesmal war es die gleiche Angst und Gefahr, aber es ging immer gut. Die Gurken gaben der Nesselsuppe einen anderen Geschmack, und sonst war nichts zu holen.

Man muß sich mal so eine Suppe vorstellen: Die abgeholte Kohlsuppe, die fast nur aus gewürztem Wasser bestand, darein dann die Brennesseln und dann die Gurken. Aber für uns war es gut, wenn wir es nur immer hatten. Nach einiger Mühe von früh bis spät war dann das Gurkenfeld eines Tages abgeerntet. Einerseits tat es uns leid. Was sollten wir nun essen? An das Möhrenfeld ließ Frau Iwanov uns nicht heran, nur ab und zu für kurze Zeit, aber dann blieb sie auch stur daneben stehen. Wir wußten nur zu gut, warum, aber weder sie noch wir konnten nun etwas daran ändern. Am Rande fehlten sowieso schon die meisten. Die hatten wir uns schon geholt und gegessen, während wir in dem nebenliegenden Kohlfeld gearbeitet hatten.

Ja, und nun war es soweit, daß wir noch einmal den Kohl hacken mußten. Es waren mittlerweile schon schöne, feste Köpfe geworden, aber das Unkraut sah drüber hinweg und war fast so hoch wie ich selber. Jetzt konnte man immer deutlicher sehen, wo wir gehackt hatten und wo es noch zu tun war. Meistens war ich jetzt mit einem dreizehn Jahre alten Mädchen zusammen. Wir verstanden uns ganz prima, und wir wünschten, daß wir immer zusammen arbeiten dürften.

Beide ahnten wir nicht, daß ihr Tod in kurzer Zeit diese kleine Freundschaft beenden würde. Jetzt hackten wir wieder zusammen, und als wir Hunger bekamen, aßen wir Kohl. Das mußten wir aber ganz raffiniert anstellen. Meine Freundin, den Namen weiß ich gar nicht mehr, kam auf eine glänzende Idee. Wir bogen die Außenblätter der Kohlköpfe vorsichtig auseinander, aßen den Inhalt des Kopfes auf und schlossen die Außenblätter wieder über dem leeren Kopf. Man sah dann nichts von dem leeren Inhalt, und Frau Iwanov merkte beim Abmessen auch nichts. Wir selber konnten sie nicht mehr erkennen, wenn wir uns umdrehten. Was mochten die Erntenden später wohl gedacht haben? Aber da waren wir nicht mehr dabei. Es mag auch möglich sein, daß sie es gar nicht bemerkt haben, weil die Köpfe mit Maschinen zerschnitten und dann in Silos zu Sauerkohl gestampft wurden.

Dieses Kohlhacken zog sich wieder lange Zeit hin, es waren nämlich fast nicht zu übersehende Felder und meistens nur zwei oder drei Arbeiterinnen. Ein drittes Feld war kleiner und lag direkt unserem gegenüber, nur durch die Straße getrennt. Aber an diesem war nicht an Essen zu denken. Erstens sollte es schnell geerntet sein, und deshalb waren mehr Frauen eingesetzt, und dann war es direkt im Dorf an der Straße und immer im Blickpunkt von allen vorbeigehenden und fahrenden Russen. Die Kornernte war längst vorbei, nun auch die Gurken- und die Möhrenernte, und wenn auch noch etwas an Kartoffeln zu ernten war, so war der größte Rummel doch vorbei.

Später zum Dreschen wurden zwar noch wieder viele Hände gebraucht, aber dafür waren die Gärtnerei- und die Feldarbeiterinnen frei.

## Wir ziehen wieder um

Der Oktober war bereits angebrochen, und ein neuer Winter lag vor uns. Alle Bauernregeln wurden befragt, ob es ein kalter oder ein milder Winter werden würde. Zu dieser Zeit wurden einige Familien nach Postehnen übergesiedelt. Das wurde immer so gemacht; Wo man gerade gebraucht wurde, wurde man hingeschickt, und wen man nicht mehr gebrauchen konnte, der wurde weggeschickt. Postehnen war etwa eine halbe Stunde »Bahnschienenweg« entfernt, der Straße nach war es etwa das Doppelte an Zeit. Wir gingen fast immer den Schienen entlang, wie wir es schon zum schwarzen Markt nach Friedland gemacht hatten. Jedes Mal mußte man sich aber erst wieder neu eingehen, von Schwelle zu Schwelle war es kürzer als ein gewöhnlicher Schritt, und jede zweite wäre zu weit gewesen, aber es ging ganz gut und ziemlich schnell. Züge fuhren sowieso nicht, und da war es sicherer als auf der Straße, nur wenn man durch ein Stück Wald mußte, war es besser, nicht alleine zu gehen.

Die Umzüge von Georgenau nach Postehnen sollten mit einem Pferdewagen stattfinden. Das war wieder etwas anderes. Alle, die nicht als wichtige Arbeiter registriert waren, wurden ausgegliedert. Meistens waren es ältere oder kränkliche Menschen. Mutti zählte somit mit ihrer Näherei auch nicht zu den wichtigsten. Wahrscheinlich wollten sich die Russen alle die aus der Nähe schaffen, die die meisten Esser und wenigsten Kräfte hatten und wahrscheinlich im Winter das meiste an Essen rauben mußten, um ihn zu überleben.

Was in Postehnen mit uns geschah, das sahen sie dann ja nicht, und bis Georgenau konnten wir nicht nach einer Rübe laufen. In welches Gemäuer wir nun bei diesem, unserem dritten Umzug ziehen sollten, war ungewiß. Den Russen war es egal, und wir selber kannten den Ort noch zuwenig. So kam der Tag, an dem wir diese dritte »Heimat« wieder verlassen sollten. Der Pferdewagen kam, und wir hatten ihn zu beladen. Er war noch klapperiger als damals das Lastauto, so war es auch schwieriger, alles möglichst fest daraufzupacken. Mutti verstand das zwar immer gut, und wenn sie es nicht konnte, hätte es sicher auch kein anderer geschafft, aber hier, das war für sie ein Problem! Alles wackelte und schüttelte, und wir hatten Angst, da nun auch noch zwischenkriechen zu müssen. Aber dann waren wir doch alle untergebracht. Einige saßen eng zwischen den Möbeln und Kisten, dic anderen standen krumm dazwischen. Die Hauptsache für alle war, daß alle mitkamen. Bis zum Dorf hinaus ging es einigermaßen gut. Dann rutschte die ganze Ladung nach der einen Seite. Mutti schob und rückte sie wieder einigermaßen zurecht und ging dann mit Klaus nebenher. So konnte sie im Falle, daß es wieder kippen wollte, etwas stützen oder wenigstens anhalten lassen. Ein Stückchen weiter wünschten wir alle, daß wir gegangen wären. Wir wurden so eingedrückt, daß uns alles weh tat. Aber jetzt durften wir den Wagen nicht verlassen, sonst wäre alles zusammengefallen. Das konnte ja noch gut werden. Mutti drückte schon seit einer ganzen Weile von einer Seite gegen die ganze Ladung, um sie zu halten. Es wackelte und rüttelte, und so ging es im Schrittempo weiter. Keiner glaubte, daß wir heil nach Postehnen kommen würden. Wenigstens nicht mit einer heilen Ladung. Ja, und dann ging es nicht mehr. Die Ladung rutschte, und dazu war es noch dunkel geworden. Der Kutscher sagte, er müßte die Pferde jetzt zurückbringen, damit sie zur Ruhe kämen. Das stimmte ja, denn sie hatten den ganzen Tag auf dem Feld gearbeitet und waren uns nur gegen Abend geliehen. Wir wollten ja noch im Hellen in dem neuen Ort sein, um uns eine passende Wohnung zu suchen, und nun war es schon dunkel, und wir waren noch immer unterwegs. Aber was sollten wir denn jetzt hier mitten auf der Landstraße anfangen? Der Kutscher sagte uns, bevor er mit den Pferden loszog, daß er bei den Russen versuchen wollte, am nächsten Morgen noch einmal zu kommen, um uns dann weiterzubringen. Daran glaubten wir nur wenig, wir waren schon zu oft enttäuscht worden, daß wir kaum noch etwas glauben konnten.

Jetzt blieb uns nichts weiter übrig, als hier mitten auf der Straße im Freien zu übernachten. Wenigstens das Wetter war uns gut. Es war noch nicht zu kalt und auch trocken. Weil das Schlafen auf dem Wagen fast unmöglich war, taten wir es im Straßengraben. Das Bettzeug konnten wir uns von dem Wagen holen, und dann schliefen wir unter den Sternen.

Am Morgen packten wir dann alles noch einmal etwas fester zusammen und warteten dann. Ob der Kutscher wohl käme? An ihm lag es sicher nicht, aber ob er die Pferde bekam?! Aber er kam doch und auch die Pferde, die ja für uns die Hauptsache waren. Jetzt war die Ladung wenigstens einigermaßen fest, und wir konnten gleich losfahren. Es ging zwar im Schrittempo weiter, aber es war besser, als wenn wir es hätten tragen müssen. So kamen wir in Postehnen an. An dem ersten Haus, das leer stand, wurde alles abgeladen. Ob hier überhaupt noch Leute wohnten, wußten wir noch nicht. Dann, als der Kutscher weg war, sahen wir uns erst einmal an, wo wir waren. Schon beim Abladen hatten sich ein paar Kinder an der Ecke herumgedrückt, und so wußten wir, daß wenigstens das ganze Dorf nicht tot dalag wie viele der kleinen Ortschaften.

In dem Haus waren weder Fenster noch Türen, es sah schlimm aus. Dann machten wir die Bekanntschaft mit dem Haus. Es hatte vier Eingänge. Die beiden an der Vorderseite waren kaputt und auch nicht bewohnt, in den beiden Wohnungen, die nach hinten lagen, wohnten Deutsche. Nun machte Mutti zuerst zwischen zwei Steinen Feuer und kochte uns Gerstenkaffee zum Frühstück. Wie das gut tat, nach der Nacht im Freien etwas Heißes in den Bauch zu bekommen! Dann gingen wir in die nächsten Häuser, ob da nicht etwas Besseres an Wohnung für uns war, aber sie schienen uns noch ungeeigneter, und Mutti fand die zweite Wohnung im ersten Haus noch am besten. Das Schlimmste an dieser war, daß sie als Toilette benutzt worden war. Weil keine Fenster darin waren, war alles getrocknet, und wir begaben uns an die Arbeit. Es war alles andere als angenehm, zumal wir keine Seife und kein Waschpulver besaßen. Erst wurde alles ausgeschippt und dann nachgefegt.

Nachdem wir die Stube dann wirklich »ausgemistet« hatten, konnten wir einziehen. Einen Besen mußten wir immer selbst aus Reisig zusammenbinden, und das war dann die größte Reinigung, die man sich leisten konnte. Eine Haustür paßte Mutti von einem anderen Haus ein, und auch die Fenster wurden von ihren Händen mit unserer Hilfe wieder so zurechtgezimmert wie schon einige Male vorher in den anderen Wohnungen. Wo die verschiedenen Scheiben nicht reichten, wurden einfach wieder Bretterreste drüber genagelt. Nun hatten wir wenigstens wieder ein Dach über dem Kopf. Den einzigen Spiegelrest, den wir noch immer hatten und für die Näharbeit auch benötigten, verloren wir auch. Er war auf dem Umzug zerbrochen, und alle meinten: »Das gibt sieben Jahre Pech!« Mutti meinte dann aber, so genau stimme das wohl auch nicht, und ich dachte, wenn es auch sieben Jahre lang Pech gäbe, wenn wir sie nur erleben würden. Mutti hatte auch hier noch Näharbeit und begab sich schnellstens wieder daran.

Klaus ging die Kühe hüten und war somit auch nur des Nachts daheim. Ich selber brauchte jetzt nicht mehr zu arbeiten, aber dafür mußten wir versuchen, etwas an Essen zu beschaffen, und das war noch schwerer.

Jetzt stand der Winter vor der Tür, und wie sollten wir den durchhalten? Wenn es nicht mehr weitergehen wollte und wir nichts, aber auch gar nichts an Eßbarem im Hause oder in Aussicht hatten, dann sagte Mutti: »Kommt, laßt uns beten, bis jetzt ist uns noch immer geholfen worden. Was sollen wir klagen und jammern? Das hilft uns auch nicht weiter!« Und dann hatten wir auch wieder etwas, aber was hatten wir für den ganzen Winter? Da reichte nichts. Wie sollten wir den überstehen? Jetzt nähte Mutti manchmal auch etwas für Deutsche, die irgendwo arbeiteten und daher manchmal etwas an Kohl oder Rüben bekamen. Im Moment waren sie überall mit dem Rest der Kartoffelernte beschäftigt.

In unserer Nähe war ein Feld, das nicht mehr zu Georgenau gehörte und auf dem jetzt auch geerntet wurde. Von hier kamen oft die Frauen zu uns und ließen sich etwas abkochen. Meistens waren es Pellkartoffeln, dafür bekamen wir dann auch welche davon ab. Zu dieser Zeit fragte der Oberleutnant aus Friedland wieder an, ob Mutti bei ihm im Haus nähen käme. Er hatte immer allerhand zu tun für sich, seine Frau und seine Kinder. Mutti entschloß sich auch dazu, was blieb ihr sonst übrig? Wir Kinder mußten in dieser Zeit besonders vorsichtig sein, denn so wie Mutti wußten wir noch nicht unsere Augen aufzuhalten.

So kamen eines Tages auch einige Russen und sprachen über alles mögliche und fragten nach Mutti. Sie wollten wohl sichergehen, ob sie da war. Im Moment war ich alleine im Zimmer, und sie sprachen von einem Kauf. Ich wollte nichts alleine verkaufen und lief nach draußen, um Christel, die ja die Älteste war, zu holen. Als wir wieder zurückkamen, sprachen sie nicht mehr vom Kaufen, und nach einigem Hin und Her gingen sie dann auch wieder weg. Als sie noch gar nicht lange weg waren, merkten wir, daß der einzige Füllfederhalter, den wir immer noch hatten, weg war. Er lag sonst immer an einer bestimmten Stelle in einem Kasten und hatte heute bei der Näharbeit gelegen, weil kurz vorher eine Quittung ausgestellt worden war. Jetzt war er weg und noch so einige Sachen, die dabeilagen. Wir hatten Angst, und Mutti schimpfte dann auch tatsächlich beim Heimkommen. Aber weil die Sachen davon auch nicht wiederkamen, mußten wir uns eben wie immer dareinfügen.

So verschwanden um diese Zeit noch die kleinen Reste, die wir noch nicht verloren oder verrubelt hatten. Alles wurde weniger, und von keiner Seite kam etwas hinzu. Es wurde immer unerträglicher, das ganze Leben mit der Not und der Angst, vor allem, was vor uns lag. Für eine Näharbeit hatten wir etwas Hafer bekommen, so wie er vom Feld geschnitten war. Zuerst mahlten wir ihn in der Kaffeemühle und siebten ihn wegen der spitzen Grannen durch ein Sieb, um dann Suppe davon zu kochen. Als wir dann aber wieder welchen bekamen, sparten wir noch mehr. Der Hafer wurde im Wasser nur gequollen und dann in der Pfanne getrocknet oder Suppe gekocht. Es war scheußlich zu essen, weil man kaum schlucken konnte, es stach im Mund und im Hals von den spitzen Grannen, daß wir uns nur wunderten, keine Bauchschmerzen davon zu bekommen.

Das war eigentlich überhaupt erstaunlich: Es war selten, daß jemand über irgendwelche Beschwerden, außer über Hunger, klagte. Vielleicht lag es auch daran, daß es sowieso nirgends einen Arzt gab, der hätte helfen können. So aßen wir das bißchen Hafer mit den »Spickern« und waren froh, überhaupt etwas zu haben. Wie sollte das nur im Winter werden, wo es keine Brennesseln gab, die im Sommer immer unsere Rettung waren?

Zu dieser Zeit verschwanden immer mehr Menschen verbotenerweise nach Litauen, wo sie sich ein bißchen mehr Essen erhofften. So nahmen die Menschen schnell ab, die einen starben, die anderen flüchteten nach Litauen. Ob sie dort überhaupt ankamen, wußten sie nicht und auch wir nicht. Einige, die wieder zurückgekommen waren, erzählten, daß es am Anfang gut gewesen sei. Sie hatten zu essen bekommen und waren auch freundlich aufgenommen worden. Jetzt war das aber schon anders. Man konnte sich das ja auch denken. Erstens kamen zu viele, und dann kamen ja alle, um zu betteln. Da konnten die Menschen in Litauen auch nicht mehr so helfen wie bei den ersten, die nur vereinzelt gekommen waren. Wie es genau war, wußten wir nicht. Mutti ließ einfach keinen von uns Kindern mitziehen und ging selber auch nicht. Sie sagte immer: »Bis jetzt sind wir zusammengeblieben, was würde Papa sagen, wenn wir nicht alle zusammen kämen, wenn wir am Leben blieben?« Also mußten wir hier aushalten, bis irgendein Wunder geschah. In welcher Weise das geschehen könnte, wußten wir allerdings nicht und wollten und konnten auch nicht mehr daran denken.

Da gab es eines Tages einen Bescheid, daß wir noch einmal Kinderprodukte bekommen sollten. Wir wollten es zuerst gar nicht glauben. Es war schon zu lange her, seit wir etwas bekommen hatten. Da machte Mutti sich gleich mit mir auf den »Schienenweg« nach Georgenau. Es konnte ja etwas Wahres daran sein, und wenn man dann einen Tag gewartet hätte, wäre wieder alles weggewesen. Ja, und dann gab es wirklich noch einmal die ersehnten Produkte. Sie fielen allerdings knapper als die früheren aus, aber es war wieder ein Trost, nicht ganz zu verzagen. Außer dem Essen gingen jetzt auch noch die letzten Schuhe kaputt. Was konnte man da nur tun? Die gefundenen waren auch schon hin, es waren immerhin fast drei Jahre, in denen wir nichts Neues bekommen hatten. Klaus machte uns allen »Klumpen« für den Winter zurecht. Die Sohlen schnitzte er aus Kiefernholz, das wir selber abgesägt hatten, und oben nagelte er die besten Stücke der alten Schuhe fest. So mußte das dann halten. Aber auch das Leder war brüchig, weil ja nie Schuhfett darauf gekommen war. Es hielt alles immer nur für kurze Zeit. Die Kleidung wurde von Mutti und Christel aufgebessert. Aus gefundenen Kleiderresten und Soldatenmantelteilen entstanden oft schöne Sachen. Das mußte allerdings immer so nebenbei genäht werden, damit es von den Soldaten keiner merkte.

Hier war das aber nicht mehr so schlimm wie in Georgenau. Erstens kamen die Soldaten hier nicht so oft, und dann bekamen wir ja auch nichts an Lohn für täglich.

# Abschied

Dann kam ein ereignisreicher Tag: Es war schon kalt geworden, und wir mußten tüchtig heizen, um nicht zu frieren. Mutti war in Friedland zum Nähen, und da ging ganz plötzlich eine Parole durch die Häuser, daß alle Alten, Kranken und die kinderreichen Familien ausgeliefert werden sollten. Wohin? Niemand wußte, woher es eigentlich kam und wohin wir sollten. Mutti sollte nur auf dem schnellsten Wege nach Georgenau kommen und sich dort Papiere abholen. Wir konnten sie nicht rufen und nicht holen. Erstens war der Weg nach Friedland noch ein gutes Stück, und wir kannten das genaue Haus gar nicht, und wer von uns Kindern hätte gehen sollen?

Wir warteten und waren ganz schrecklich aufgeregt. Endlich kam Mutti nach Hause. Wir erzählten ihr alles, was wir wußten und gehört hatten. Es war wohl alles etwas durcheinander und ohne richtigen Zusammenhang. Nur so viel stand fest, daß sie noch am gleichen Abend nach Georgenau mußte. Sie war müde und kaputt von dem Tag und dem Weg. Zuerst ging sie zu unseren Nachbarn im Haus hinter uns, um da Genaueres zu erfahren. Als sie dort das gleiche hörte, machte sie sich auf den Weg in das Dunkel hinein. Schlimmer als das Vorherige konnte es ja nicht werden, und gehorchen mußte man auf jeden Fall.

In der Nacht kam sie wieder zurück und brachte alle möglichen Papiere mit. Die wichtigsten Dokumente waren, daß wir auf keiner »schwarzen Liste« standen. Für uns war aber im Augenblick wichtig zu hören, was nun kommen sollte. Schon am nächsten Morgen sollten wir mit Handgepäck am Wegrand stehen, um mitgenommen zu werden. Es ging plötzlicher als alle anderen Umzüge vorher. Gegen halb neun Uhr sollten die Georgenauer Wagen uns von der Straße mitnehmen. Uhren hatte keiner, wir mußten uns auch bei solchem wichtigen Termin nur nach der Sonne richten. Wenn wir nicht pünktlich da standen, würden sie weiterfahren, ohne uns.

Sollten wir nun lachen oder weinen? Wir Kinder freuten uns. Für uns stand plötzlich die weite Welt offen und erwartete uns. Ob das wirklich so war, danach fragten wir nicht. Mutti war traurig und erleichtert in einem, soviel ich mich entsinnen kann. Die Hoffnung für ein Leben war wieder da, aber zugleich der Abschied von der Heimat. Zum Nachdenken war keine Zeit. Es durfte nur Handgepäck mitgenommen werden, und was konnte man da mitnehmen? Nicht einmal die Betten, die wir noch hatten. Wer sollte etwas tragen? Alle waren schwach und klein, nur Mutti mußte viel leisten. Sie packte aber für jeden ein Bündel, immer nach Größe.

Der Schlaf war unruhiger denn je, und der Morgen kam. In Hast und Eile machten sich alle fertig, nahmen die Bündel und kamen vor die Tür. Mutti ging noch einmal zurück, um etwas zu holen, und wir weinten fast, weil wir Angst hatten, die Hoffnung auf ein Leben zu verlieren, wenn wir zu spät an der Straße ankämen.

Und dann ging es los. Wir waren kaum an der Straße, als die Wagen auch schon kamen und uns aufluden. Der Novembermorgen war kalt und auch nebelig. Was würde nun aus uns werden? Zuerst sollten wir mit den LKW's, die die Amerikaner geschickt haben sollten, von Friedland nach Königsberg gebracht werden und von dort dann mit dem Güterwagen nach ...? Das war uns noch unbekannt. Es sollte nach Deutschlands Mitte gehen, damit wir dort eine neue Zukunft bekamen, aber was für eine? Würden wir je wiederkommen? Es war ergreifend, wie die gesammelten Menschen sangen: »Nun ade, du mein lieb Heimatland!« Essen würden wir wohl bekommen oder verdienen, aber eine Heimat?

Alles war ungewiß. Es waren drei schlimme Jahre, aber wir waren zu Hause! Das Neue lockte besonders uns Kinder, aber den Druck am Herzen spürte ich so deutlich und mußte dabei wieder an meinen heimlichen Wunsch der ersten Flucht denken, als ich gerne weg wollte. Der Abschied tat weh.

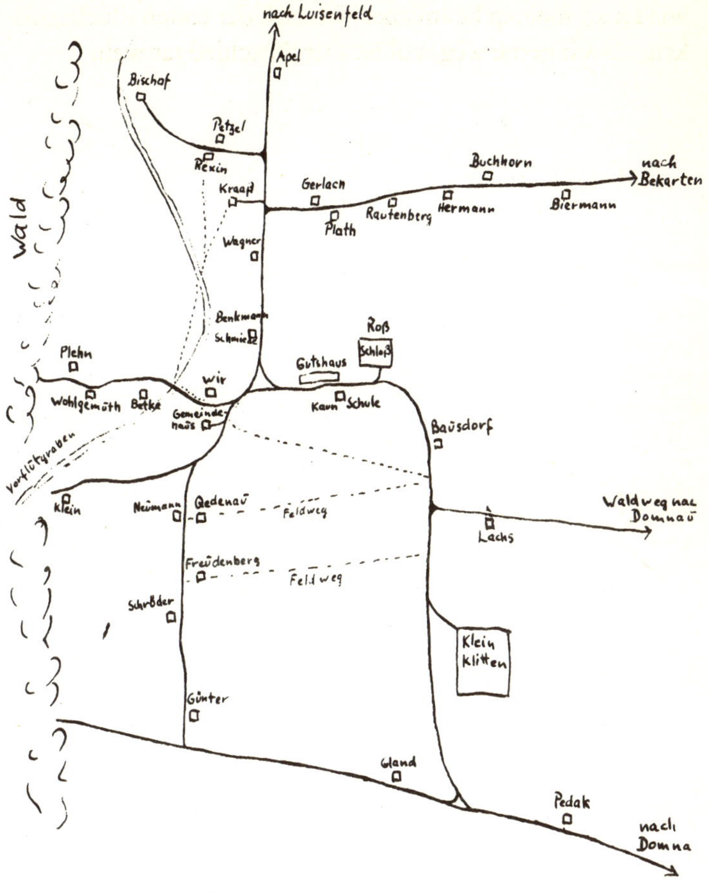


*Skizze des Heimatortes Redden*

*Kurzbriefe des Vaters an die Familie, die nicht zugestellt werden konnten und erst später im Westen die Adressaten erreichten (siehe S.252 und 253).*

d. 24. 11. 45

Mein liebes Frauchen - meine lieben Kleinen! Mit welcher Freude ich wohl diese paar Zeilen schreibe kannst Du Dir wohl vorstellen. Wohl weiss ich nicht ob ich Dich hierdurch finnde oder ob Dich diese Zeilen erreichen u. doch soll alles darin liegen was uns so am meisten bewegt. Habe schon so oft versucht Dich zu ermitteln - doch immer ohne Erfolg - nun hoffe ich ja endlich Euch zu finnden. Ach wenn ich nur wüsste wie es Euch Lieben ging ob Ihr genügend Essen u. Bekleidung hättet, denn lies es sich alles leichter ertragen. Wie geht es Dir mein Guter - mein Christel - Lilli - Helma - Klaus - Ernst - Utelein u. Volkerchen? Bei jedem Essen u. an jedem Abend sind meine Gedanken nur bei Euch meine Lieben. Wo befinnden sich Freudenbergs - Petzeis u. die Eltern? Hoffentlich sehen wir uns bald wieder! Über mich u. mein Befinnden darfst Du Dir keine Sorgen machen, gesund bin ich ja bis auf die alten Fehler u. so geht es mir gut - Essen u. Unterkunft sind sehr gut u. selbst auch die Arbeit ist passend. Ach ich möchte ja so viel wissen und weiss nicht was zuerst! Was mich am meisten bewegt ist nur Du u. die Kleinen. Wie mag mein Betrieb aussehn u. wer mag wohl dort drin arbeiten! Bitte gieb doch sofort Nachricht! Bleibt alle schön gesund u. brav Gott soll Euch stets schützen vergesst ihn nie!! Wo wir sind kann ich leider noch nicht schreiben. Immer nur bei Euch Dein Gustel u. Papa.

1.21.12.45

Mein liebes Frauchen, meine lieben Kinder!

Wohl steht das Weihnachtsfest vor der Tür und noch im vergangenen Jahr durfte ich dieses schöne Fest bei Euch und mit Euch verleben. Ich denke jede Stunde an Euch, doch aber was nützt es alles. Um dich wie die Kleinen zu ermitteln habe ich schon so allerhand versucht und auch schon so einige Briefe geschrieben, doch bis heute noch keine Nachricht. Es ist nun fast ein ganzes Jahr wo einer vom andern nichts weiss, doch verzagen wollen wir nicht denn wie es auch sein mag Gott verlässt uns nicht. Wie Du meine liebe Frau siehst bin

ich Gott-sei-dank noch immer gesund und ich hoffe ja das Du meine Liebe es auch noch immer bist und desgleichen auch unsere lieben Kleinen! Sorgen sich auch die Kleinen um ihren Papa? Strübbelkind und die Jungs. Ach möge uns der liebe Herrgott doch bald wieder zusammen führen damit das Leid ein Ende hätte. Nun verlebt die Feiertage gut, auch ein wenig an mich denkend und ein recht frohes und besseres neues Jahr wünscht Euch allen (Eltern-Geschwister-) Dein immer [illegible]

Sterberegister Nr. .................... des Jahres 1 .................... J

# Todesschein

Vornamen und Familienname: ....................

Lilli Anita Ursula Schlicht

....................

aus Redden Kreis Bartenstein

Stand: ....................

10 3/4 Jahre alt, geboren in Redden

b. Domnau Kreis Bartenstein

gestorben am vier ten Februar 1945

in Kreis Pr. Eylau

.................... am .................... 19....

Der Standesbeamte

(Siegel)

Für Vermerke (Todesursache, Begräbnis-Zeit und -Stätte usw.) Wurde am 4. Febr. auf der Straße zwischen Heilsberg-Bartenstein von russischen Panzern überfahren und starb etwa 23 Uhr, nach drei Stunden schwerster Schmerzen. Beide Beine bis zum Oberschenkel zermalmt.

*Ein Photo der Familie Schlicht aus dem Jahre 1940. Es zeigt die Eltern und die ersten fünf Kinder. Die Autorin ist das kleine Mädchen rechts unten, damals fünf Jahre alt.*

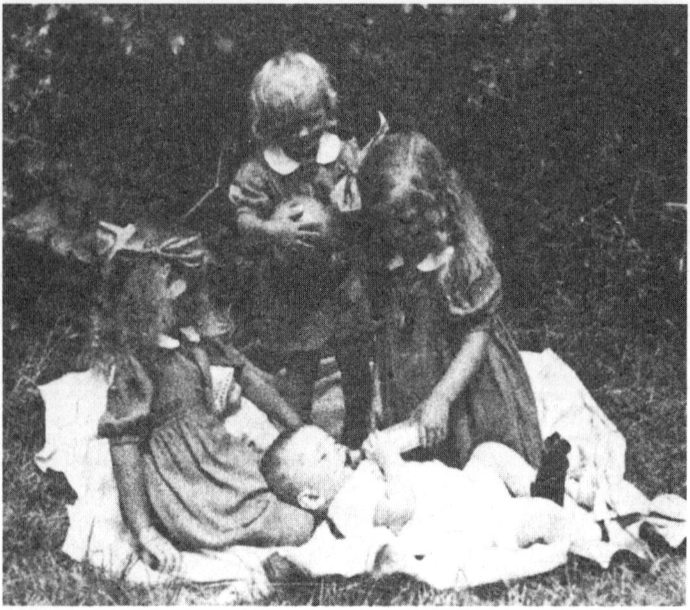

*Die vier ältesten Kinder im Jahre 1936.*